ADGG027PO

GESTIÓN DE SITIOS WEB

ADGG027PO

GESTIÓN DE SITIOS WEB

Pablo E. Fernández Casado

La ley prohíbe
fotocopiar este libro

ADGG027PO - GESTIÓN DE SITIOS WEB
Thema: UGB Gráficos y diseño web
Bisac:COM062000
© Pablo E. Fernández Casado
© De la edición: Ra-Ma 2025

Editado por:
RA-MA Editorial
Calle Jarama, 3A, Polígono Industrial Igarsa
28860 PARACUELLOS DE JARAMA, Madrid
Teléfono: 91 658 42 80
Fax: 91 662 81 39
Correo electrónico: *info@grupoeditorialrama.com*
Internet: *www.ra-ma.es* y *www.ra-ma.com*
ISBN: 979-13-8764-216-7
Depósito legal: M-1865-2025
Maquetación: Antonio García Tomé
Diseño de portada: Antonio García Tomé
Filmación e impresión: Safekat
Impreso en España en enero de 2025

Para ti, mi amiga de cuatro patas, mi leal compañera.

ÍNDICE

GLOSARIO DE TÉRMINOS

A continuación, se explican algunos conceptos previos que se deben tener antes de empezar con el curso.

Concepto	Descripción
Accesibilidad Web	La accesibilidad web es una de las partes que engloba la usabilidad web. Mientras que la usabilidad web, entre otras cosas, se centra en el rendimiento, la semántica y la universalidad, la accesibilidad web, se asegura de que todo tipo de usuario tenga o no una limitación, discapacidad o incapacidad, puedan usar las páginas y aplicaciones con una experiencia de usuario óptima.
Agente de usuario	Es un programa informático o software que funciona como interfaz de interacción web o cliente de red. Habitualmente, este tipo de software hace referencia a los navegadores web y herramientas de asistencia a la accesibilidad como puedan ser los magnificadores de pantalla, los lectores de pantalla, etcétera.
Diseño Gráfico	Podría definirse como una disciplina que consiste en presentar información visual y cuyo objetivo es que, los usuarios, capten mensajes específicos sobre un tema o materia determinada.

IDE	IDE es un acrónimo que significa Entorno de Desarrollo Integrado. Su función, es la de mejorar la productividad de los desarrolladores valiéndose de unas herramientas para la edición de código, de construcción automáticas que evitan, entre otras cosas, errores de sintaxis y de estructuración y, un depurador. También pueden contener un compilador y/o intérprete como es el caso de NetBeans o Eclipse.
Lenguaje de marcado	Un lenguaje de marcado es un mecanismo para codificar documentos con todo tipo de objetos, sean textuales o no textuales. Esta codificación, a menudo, permite el uso de etiquetas y atributos para proporcionar información adicional a la estructura del texto o su presentación.
Metadato	Un metadato puede definirse como información adicional acerca de los propios datos. Muchos autores lo definen como datos sobre los datos, que es una forma de decir el contexto de los datos o a qué se refieren esos datos. Normalmente, el identificador del metadato ya indica su objetivo y, su valor, indica la explicación o contextualización.
Microdato	Los microdatos son unas marcas adicionales que se emplean para anidar metadatos sobre una información concreta dentro de un documento basado en lenguaje de marcado.
Polyfill	Un polyfill es un componente o fragmento de código que habilita o posibilita una funcionalidad que el agente de usuario no es capaz de proporcionar, ya sea porque es antiguo, ya sea porque utiliza un estándar incompatible.
Mobile First	Mobile First es una disciplina que considera que las páginas se deben diseñar dando prioridad a los dispositivos móviles, es decir, primero se tiene en cuenta el diseño para un dispositivo móvil y, si el escenario lo permite o es diferente, se le aplican una serie de reglas para su adecuado funcionamiento y correcta visualización.
Seguridad Web	La seguridad web se refiere cómo se debe contemplar o proveer la seguridad de la información en las páginas y aplicaciones, sean del tipo que sean. Su objetivo es evitar ataques de usuarios malintencionados y de softwares diseñados con un propósito no lícito o ético. En otras palabras, es una disciplina que permite proteger contra el acceso, manipulación, destrucción e interrupción de información no autorizada.
Semántica Web	La semántica web es un conjunto de recomendaciones y estándares desarrolladas por la W3C (World Wide Web Consortium) que están pensadas para hacer que los datos se vuelvan más legibles.
Usabilidad Web	En términos generales, la usabilidad se refiere a la facilidad con la que las personas utilizan los programas y máquinas que deben de manejar. En el campo de la informática, la usabilidad se refiere a la facilidad con la que las personas manejan las páginas y aplicaciones, sean web o móviles. Por tanto, un diseño usable es aquel que está centrado en el usuario.

1

INTRODUCCIÓN AL USO DE INTERNET

1.1 INTERNET ¿QUÉ ES Y QUÉ PODEMOS HACER?

Internet se define como una red global de computadoras interconectadas que se comunican entre sí a través de una serie de protocolos estándar. Se concibió como un sistema descentralizado de comunicaciones que permitía el intercambio de información entre computadoras ubicadas en diferentes partes del mundo y su creación y desarrollo han sido un proceso evolutivo que ha involucrado a múltiples investigadores, instituciones y organizaciones a lo largo de varias décadas.

Según se cree, el origen de Internet se remonta a los primeros experimentos de redes de computadoras en la década de 1960, como el proyecto ARPANET financiado por el Departamento de Defensa de los Estados Unidos. ARPANET fue una red pionera que utilizó el conmutado de paquetes como método de transmisión de datos, sentando las bases para el desarrollo de la red global que conocemos hoy.

No obstante, a medida que la tecnología de redes fue evolucionando, surgieron nuevos protocolos y estándares que permitieron la conexión de redes más amplias y la creación de servicios y aplicaciones innovadoras. Entre los protocolos fundamentales que sustentan Internet podemos encontrar el Protocolo de Internet (IP), que permite la identificación y el enrutamiento de paquetes de datos, y el Protocolo de Control de Transmisión (TCP), que facilita la transmisión confiable de datos entre sistemas finales.

El objetivo principal de Internet es facilitar la comunicación y el intercambio de información a escala mundial y, entre sus principales usos y funciones destaca:

- **Comunicación**: puesto que permite la comunicación instantánea entre personas ubicadas en diferentes partes del mundo a través de servicios como el correo electrónico, la mensajería instantánea, las redes sociales y las vídeoconferencias.

- **Acceso a la información**: puesto que proporciona acceso a una vasta cantidad de información y recursos en línea, incluidos sitios web, enciclopedias en línea, bibliotecas digitales, blogs y foros de discusión.

- **Comercio electrónico**: puesto que ha transformado la forma en que se realizan las transacciones comerciales, permitiendo la compra y venta de bienes y servicios a través de tiendas online, plataformas de comercio electrónico y sistemas de pago digitales.

- **Educación y entretenimiento**: también es importante destacar este punto puesto que se ha convertido en una herramienta invaluable para la educación, ofreciendo recursos educativos en línea, cursos en línea, tutoriales, clases virtuales y plataformas de aprendizaje colaborativo. Y, cómo no, también se ha vuelto una fuente importante en el entretenimiento ya que ofrece múltiples opciones, como la reproducción de música y vídeo, juegos online, interacción en redes sociales, creación y reproducción de podcasts y publicación de blogs especializados y de contenido multimedia.

1.2 SERVICIOS DE INTERNET

1.2.1 Navegación web

Los navegadores de Internet son aplicaciones de software diseñadas para permitir a los usuarios acceder y visualizar contenido en Internet. Estas aplicaciones interpretan el código HTML, CSS y JavaScript de los sitios web y presentan el contenido de manera gráfica en la pantalla del usuario. Fueron creados para facilitar la navegación por la World Wide Web, permitiendo a los usuarios buscar, acceder y consumir información en línea de manera intuitiva y eficiente.

El primer navegador web fue desarrollado por Tim Berners-Lee en 1990 y se denominó como WorldWideWeb, aunque más tarde fue rebautizado como Nexus.

Este navegador se diseñó como parte del proyecto World Wide Web (WWW) que Berners-Lee había iniciado en el CERN (Organización Europea para la Investigación Nuclear) y su objetivo principal era el de crear un sistema de información distribuido que permitiera a los científicos compartir y acceder a documentos y recursos de investigación de una manera fácil y eficiente.

El navegador WorldWideWeb (o Nexus) fue una aplicación de software bastante rudimentaria en comparación con los navegadores actuales. Sin embargo, sentó las bases para el desarrollo de navegadores más avanzados que surgirían en los años venideros.

En la actualidad, los navegadores web permiten a los usuarios acceder y consumir contenidos de manera rápida, segura y eficiente. Algunas de sus funciones principales son:

- **Navegación por páginas web**: permitiendo a los usuarios visitar sitios web escribiendo la dirección o URL en la barra de direcciones o haciendo clic en enlaces.

- **Renderización de contenido**: interpretando el código HTML, CSS y JavaScript de los sitios web y presentar el contenido de manera adecuada y legible en los dispositivos de usuario, generalmente pantallas.

- **Gestión de sitios favoritos**: permitiendo guardar y organizar sus direcciones o URLs favoritas (actualmente más conocidos como marcadores) para acceder rápidamente a sitios web específicos.

- **Gestión de pestañas**: permitiendo tener abiertas múltiples páginas o sitios web en pestañas separadas dentro de la misma ventana del navegador.

- **Búsqueda Web**: ofreciendo herramientas de búsqueda integradas que permitan a los usuarios buscar información en Internet utilizando motores de búsqueda tan populares como Google, Bing o Yahoo!.

- **Seguridad y Privacidad**: proporcionando características de seguridad y privacidad, como bloqueo de ventanas emergentes, navegación privada, protección contra malware y phishing, y administración de cookies.

1.2.2 El correo electrónico en Internet

El correo electrónico, comúnmente conocido como email, es uno de los servicios más antiguos y fundamentales de Internet. Permite el intercambio de mensajes y archivos digitales entre usuarios a través de la red.

El correo electrónico es una herramienta fundamental en el mundo moderno, ya que proporciona un medio eficiente, rápido y económico para la comunicación y la transferencia de información online. Es ampliamente utilizado tanto a nivel personal como profesional y sigue siendo uno de los servicios más utilizados en Internet, a pesar del surgimiento de nuevas formas de comunicación digital.

Su historia se remonta a la década de 1960, cuando se desarrollaron los primeros sistemas de mensajería electrónica en las redes de computadoras. Sin embargo, el correo electrónico moderno, tal y como hoy lo conocemos, surgió en la década de 1970 con la creación del protocolo SMTP (Simple Mail Transfer Protocol), que es el responsable de estandarizar o normalizar el intercambio de mensajes entre servidores de correo.

Su funcionamiento es, a grandes rasgos, sencillo. Esto es, se realiza a través del intercambio de mensajes entre diferentes direcciones de correo electrónico. Cada dirección de correo electrónico está asociada a una cuenta de correo que puede gestionarse a través de un cliente de correo electrónico o una interfaz web. Cuando se envía un mensaje, este se transfiere desde el cliente de correo del remitente al servidor de correo saliente (SMTP) que lo envía al servidor de correo entrante (POP3, IMAP) del destinatario, desde donde se entrega al cliente de correo del destinatario.

Pero, ¿qué se necesita para que se produzca esta comunicación? Pues, básicamente, tres cosas:

- **Dirección de correo electrónico**: habitualmente definida como una cadena de caracteres que identifica de manera única una cuenta de correo electrónico y que se compone de un nombre de usuario seguido del símbolo "@" y un nombre de dominio de proveedor.

- **Cliente de correo electrónico**: una aplicación informática utilizada para enviar, recibir, organizar y gestionar todos los posibles correos electrónicos. Entre los más populares podríamos destacar Gmail, Outlook y Thunderbird.

- **Servidor de correo**: un sistema que almacene, envíe y reciba los mensajes de correo electrónico en un disco duro o sistema de almacenamiento interno o externo. Los servidores de correo saliente (SMTP) se encargan de enviar mensajes, mientras que los servidores de correo entrante (POP3, IMAP) almacenan y entregan los mensajes entrantes a los destinatarios.

Por último, cabe destacar que el correo electrónico se utiliza para una gran variedad de objetivos o propósitos, tanto personales como profesionales, que incluyen cosas como comunicación personal y social, el intercambio de correo empresarial y comunicación interna, el envío de documentos, archivos y otros contenidos multimedia, acceso a boletines informativos y comunicaciones comerciales y confirmaciones de registro, recibos y notificaciones automáticas.

1.2.3 Redes Sociales

Las redes sociales se han transformado en plataformas que cambian la forma en que las personas se conectan y comparten sus vidas con los demás. A través de plataformas como Facebook, Twitter, Instagram y LinkedIn, se permite a los usuarios crear perfiles, compartir actualizaciones, fotos y vídeos, y mantenerse en contacto con amigos, familiares y colegas. Además, las redes sociales se han convertido en una herramienta poderosa para el marketing y la comunicación empresarial, permitiendo que las empresas lleguen a un público más amplio e interactúen con sus clientes de manera directa.

1.2.4 Streaming de contenidos multimedia

El streaming es una tecnología que permite la transmisión de contenido multimedia, como vídeos y música, a través de Internet en tiempo real. En lugar de descargar el archivo completo antes de poder verlo o escucharlo, el contenido se envía en una secuencia continua de datos, lo que permite que se reproduzca casi de inmediato.

Cuando se utiliza un servicio de streaming, el contenido se almacena en servidores remotos. Al solicitar ver un vídeo o escuchar una canción, el servidor envía pequeños fragmentos del archivo al dispositivo del usuario. Estos fragmentos se reproducen en el orden correcto, permitiendo una experiencia fluida y continua. Este proceso se realiza de manera simultánea, es decir, mientras se está viendo o escuchando una parte del contenido, el siguiente fragmento ya está siendo descargado y preparado para su reproducción.

A través de plataformas como Netflix, YouTube, Spotify y Apple Music, se permite a los usuarios ver películas, series y escuchar música o podcasts sin necesidad de descargar los contenidos. Este servicio ofrece una gran comodidad, ya que se puede acceder a una vasta biblioteca de contenido desde cualquier dispositivo con conexión a Internet. Además, el streaming ha cambiado la industria del entretenimiento, ofreciendo nuevas oportunidades para creadores de contenido y artistas.

1.2.5 E-Commerce

Las compras online se han revolucionado, permitiendo que los consumidores compren productos y servicios desde la comodidad de sus hogares. A través de sitios web como Amazon, eBay y Alibaba, se ofrece una amplia variedad de productos que pueden adquirirse con unos pocos clics. Este servicio no solo ofrece comodidad, sino también la posibilidad de comparar precios y leer reseñas de otros usuarios, lo que ayuda a tomar decisiones de compra informadas. Además, las compras online han abierto nuevas oportunidades para pequeñas y medianas empresas, permitiéndoles llegar a un mercado global.

1.2.6 E-Learning

La educación online ha democratizado el acceso al conocimiento, ofreciendo cursos y recursos educativos a través de plataformas como Coursera, Khan Academy, Udemy, edX, etcétera. A través de estos servicios, se permite a los usuarios aprender nuevas habilidades y obtener certificaciones desde cualquier lugar del mundo. La educación online es especialmente valiosa para aquellos que buscan mejorar sus habilidades profesionales o explorar nuevos campos de estudio sin las restricciones de tiempo y lugar que imponen las instituciones educativas tradicionales.

1.2.7 Juegos online

Los juegos online son una forma popular de entretenimiento que permite a los usuarios jugar y competir con personas de todo el mundo. A través de plataformas como Steam, PlayStation Network o Xbox Live, se ofrece una amplia variedad de juegos online que van desde juegos de estrategia y aventura hasta deportes y simulaciones. Además, estos juegos permiten crear comunidades de jugadores que comparten intereses y participan en torneos y eventos, fomentando la interacción social y la colaboración.

1.2.8 Servicios Bancarios on-line

Los servicios bancarios online han facilitado la gestión de las finanzas personales y empresariales. A través de aplicaciones y sitios web de bancos, se permite a los usuarios realizar transacciones, pagar facturas, transferir dinero y gestionar sus cuentas desde cualquier lugar con conexión a Internet. Este servicio ofrece comodidad y seguridad, permitiendo que se realicen operaciones bancarias sin necesidad de visitar una sucursal física.

1.2.9 Otros servicios

Además de las funciones básicas de comunicación, como es caso del correo electrónico o el acceso a la información, Internet puede proveer de otras aplicaciones y usos como son:

- ➤ **Telemedicina**: permitiendo la prestación de servicios médicos a distancia, como consultas médicas online, telecirugía, telediagnóstico, seguimiento de pacientes y educación médica a distancia.

- ➤ **Trabajo remoto**: facilitando la colaboración en equipo, la comunicación entre colegas, la gestión de proyectos y la realización de reuniones virtuales a través de herramientas como vídeoconferencias y aplicaciones de productividad online.

- ➤ **IoT (Internet de las Cosas)**: posibilitando la conexión de dispositivos inteligentes y sensores a la red, permitiendo la recopilación y el intercambio de datos en tiempo real para una variedad de aplicaciones, como domótica, salud, agricultura, industria y transporte.

- ➤ **Gobierno electrónico**: ofreciendo servicios online, como trámites administrativos, pago de impuestos, solicitud de documentos y acceso a información pública, a través de portales gubernamentales y plataformas electrónicas.

- ➤ **Comunicación VoIP**: permitiendo realizar llamadas de voz y vídeo a través de Internet, a menudo de forma gratuita o a costos reducidos en comparación con las llamadas tradicionales.

En realidad, éstas son sólo algunas de las muchas aplicaciones que posee Internet en la actualidad. Esto es porque la versatilidad y la omnipresencia de Internet ha transformado fundamentalmente la forma en que vivimos, trabajamos, nos comunicamos y nos relacionamos con todo lo que nos rodea.

1.3 VENTAJAS DE INTERNET COMO MEDIO DE COMUNICACIÓN

Internet se ha reconocido como un medio de comunicación revolucionario que ha transformado la manera en que las personas interactúan y comparten información. A continuación, se describen algunas de las principales ventajas que son proporcionadas por Internet, presentadas de manera detallada y formal.

1.3.1 Acceso Global

Se permite la comunicación instantánea con personas de todo el mundo a través de Internet. Las barreras geográficas se han eliminado, facilitando la conexión entre individuos y organizaciones sin importar su ubicación. Esta capacidad de conectar a nivel global ha sido fundamental para el desarrollo de relaciones personales y profesionales.

1.3.2 Rapidez y Eficiencia

La velocidad con la que se puede enviar y recibir información a través de Internet es impresionante. Correos electrónicos, mensajes instantáneos y vídeollamadas permiten que la comunicación se realice casi en tiempo real. Esta rapidez es crucial para la toma de decisiones rápidas y la colaboración eficiente, especialmente en entornos empresariales y académicos.

1.3.3 Variedad de Formatos

Se soportan múltiples formatos de comunicación en Internet, incluyendo texto, audio, vídeo e imágenes. Esta diversidad permite que la comunicación sea más rica y adaptada a diferentes necesidades y preferencias. Por ejemplo, se pueden realizar presentaciones en vídeo, enviar mensajes de texto o compartir archivos de audio, todo a través de la misma plataforma.

1.3.4 Interactividad

Las plataformas en línea permiten que la comunicación sea bidireccional, donde los usuarios pueden interactuar, comentar y compartir opiniones. Esta interactividad fomenta un diálogo más dinámico y participativo, permitiendo que se establezcan conversaciones más significativas y colaborativas.

1.3.5 Accesibilidad

Con la expansión de dispositivos conectados a Internet, como smartphones, tablets y computadoras, la comunicación en línea es accesible para una gran parte de la población. Esta accesibilidad ha democratizado el acceso a la información y la comunicación, permitiendo que más personas participen en el intercambio de ideas y conocimientos.

1.3.6 Costos Reducidos

Comparado con los métodos tradicionales de comunicación, como el correo postal o las llamadas telefónicas internacionales, Internet ofrece opciones más económicas. Muchas plataformas de comunicación en línea son gratuitas o tienen costos muy bajos, lo que ha permitido que más personas y organizaciones puedan comunicarse sin incurrir en grandes gastos.

1.3.7 Almacenamiento y Registro

Internet permite que las comunicaciones sean almacenadas y registradas de manera eficiente. Los correos electrónicos, mensajes y archivos compartidos pueden ser guardados y consultados en cualquier momento, facilitando la organización y el seguimiento de la información. Esta capacidad de almacenamiento es especialmente útil para mantener registros detallados y accesibles.

1.3.8 Flexibilidad

La comunicación a través de Internet no está limitada por horarios específicos. Los mensajes pueden ser enviados y recibidos en cualquier momento, lo que es especialmente útil para la comunicación entre diferentes zonas horarias. Esta flexibilidad permite que las personas se comuniquen a su conveniencia, sin las restricciones de tiempo que imponen otros medios.

1.3.9 Personalización

Las herramientas y plataformas en línea permiten que la comunicación sea personalizada según las necesidades del usuario. Desde la configuración de notificaciones hasta la creación de grupos específicos, Internet ofrece una gran flexibilidad para adaptar la comunicación a diferentes contextos. Esta personalización mejora la experiencia del usuario y facilita una comunicación más efectiva.

1.3.10 Innovación Continua

La tecnología de Internet está en constante evolución, lo que significa que siempre se están desarrollando nuevas herramientas y plataformas para mejorar la comunicación. Esta innovación continua asegura que las personas y organizaciones puedan aprovechar las últimas tecnologías para comunicarse de manera más efectiva y eficiente.

1.4 WORLD WIDE WEB

En los años 60 se produjo una nueva forma de compartir información con otros usuarios. Se trataba de un servicio de comunicación que sólo permitía la inclusión de textos y eran manipulables a través de navegadores de sólo texto. Sin embargo, no fue hasta principios de los noventa cuando se creó HTML, lo que provocó que la web empezara a tener una aceptación suficiente y extenderse como la pólvora.

En aquel entonces, la web era un sistema unidireccional de publicación estático de sólo texto que no presentaba gráficos o imágenes, no ofrecía opciones de personalización, no permitía la actualización y, mucho menos, la posibilidad de realizar intercambio de datos, por lo que los usuarios no podían interactuar con el contenido y, únicamente, se limitaban a consultar o leer la información que el administrador de la página web hubiese subido a la red. A esto, se denominó la Web 1.0.

La web 2.0, término que fue bautizado por O'Reilly en el año 2004, supuso la segunda generación de sitios y páginas web. Este tipo de webs ya no eran estáticas, ni de sólo lectura y permitían, entre otras cosas, compartir e interactuar con la información de una manera sencilla. Como consecuencia de ello, se produjo un desarrollo de la inteligencia colectiva que fomentaba la colaboración y el intercambio de información a través de comunidades y redes sociales.

Es, por esta época, cuando se crean y extienden sistemas tan conocidos como son los blogs, chats, wikis o foros. Sistemas bidireccionales, los cuales, permitían manipular y gestionar la información de forma sencilla, además de permitir la adición de comentarios y opiniones o interactuar con otros usuarios que presentaban las mismas inquietudes, pero que no requerían tener el mismo nivel técnico o cultural.

Sin embargo, no fue hasta la web 3.0 dónde se produjo un salto cuantioso en lo referente a los sistemas en red. La web 3.0, la tercera generación de sitios y páginas web, ya no sólo era una forma de interactuar y compartir la información de manera sencilla, ahora, su objetivo darle significado y enriquecer la experiencia del usuario.

Es aquí, como alguno ya habrá pensado, cuando nace la Semántica web y las páginas web empiezan a estructurarse a través de un lenguaje natural que puede ser interpretado por el software definiendo qué parte tiene qué función. De esta forma, acceder a la información resulta más sencillo y rápido de procesar, porque hasta las máquinas son capaces de "entender" los contenidos y su objetivo.

Se dice que la web 3.0 también tiene bastante que ver con la inteligencia artificial puesto que las páginas y aplicaciones web ya poseen la capacidad de conectarse entre sí para ofrecer un mejor servicio a los intereses de cada usuario. No obstante, es en la web 4.0 donde esta premisa está más presente puesto que es quién obtiene un comportamiento más inteligente, predictivo y simple que implica menos movimientos y más acciones con mejores resultados.

Con la web 4.0, nacen el aprendizaje profundo (Deep Learning) y el aprendizaje automático (Machine Learning), tecnologías que forman parte de una familia de métodos de aprendizaje automático basados en redes neuronales con aprendizaje de representación. En otras palabras, tecnologías basadas en sistemas capaces de aprender a realizar tareas tras analizar diferentes patrones y muestras mediante técnicas de aprendizaje que permiten descubrir de manera automática las características de una entidad a partir de datos sin procesar.

El ejemplo más conocido o extendido de todo esto quizás sea Watson de IBM, un software capaz de responder preguntas realizadas en lenguaje natural y de realizar tareas como Speech To Text, el cual permite hablarle a una máquina y convertir lo dicho en texto escrito.

Pero esto no es todo, la web 4.0 es la responsable de que los usuarios sean advertidos por sus dispositivos móviles antes de que ellos mismos se den cuenta.

Por ejemplo, ¿quién no ha recibido notificaciones con la ruta más corta al trabajo, avisos por atascos en la carretera, alertas por fuertes tormentas o lluvias o mensajes de advertencia sobre tu elevado ritmo cardiaco?

1.4.1 Cómo funciona la web

De forma básica, cuando un usuario se conecta a Internet con un dispositivo cualquiera, se le asigna un identificador único mediante los protocolos TCP/IP (Protocolo de Control de Transmisión / Protocolo de Internet). El protocolo TCP proporciona el medio para crear las conexiones y el protocolo IP proporciona el mejor "camino" para alcanzar su destino.

Este identificador único, más conocido como dirección IP, suele estar compuesto por cuatro códigos de 8 bits y vinculado a un nombre, también único, el cual utilizamos para acceder a un sitio web (véase, por ejemplo, *https://google.es*).

¿Qué es lo que sucede entre medias? Como hemos dicho, Internet se mueve a través de direcciones IP, por lo que, para conseguir la dirección IP asignada a ese nombre que hemos introducido, primero se debe acceder a un sistema intermedio que almacena dicha relación.

Ese sistema intermedio se conoce como DNS (Sistema de Nombres de Dominio) y, fundamentalmente, lo que hace es recopilar un catálogo de correspondencias de nombres e IPs y devolver un valor concreto como, por ejemplo, 216.58.211.35.

Una vez que se tiene el objetivo al que dirigirse, el navegador, también llamado Cliente en términos de comunicaciones, abre una instancia de comunicación con el Servidor mediante el protocolo HTTP (Protocolo de Transferencia de Hipertexto). Este protocolo es quién dicta las normas para que el Cliente se comunique con el Servidor Web asignado a la IP anteriormente adquirida y es, además, quién define la sintaxis y semántica que se debe utilizar en cada conexión.

No obstante, si accedemos a la consola del navegador (pulsando F12) y recuperamos la información de la pestaña NETWORK, al recargar la página veremos que la mayoría de estas conexiones entre el Cliente y el Servidor se realizan a través de HTTPS, o lo que es lo mismo, la versión segura del protocolo HTTP.

En este tipo de comunicación, el servidor establece un cifrado basado en la seguridad de textos mediante los protocolos criptográficos SSL/TLS, los cuales, permiten crear una capa codificada intermedia entre los protocolos HTTP y TCP/IP por el que envía el código HTML que el navegador muestra al usuario.

A continuación, se muestra un gráfico que representa todo el proceso:

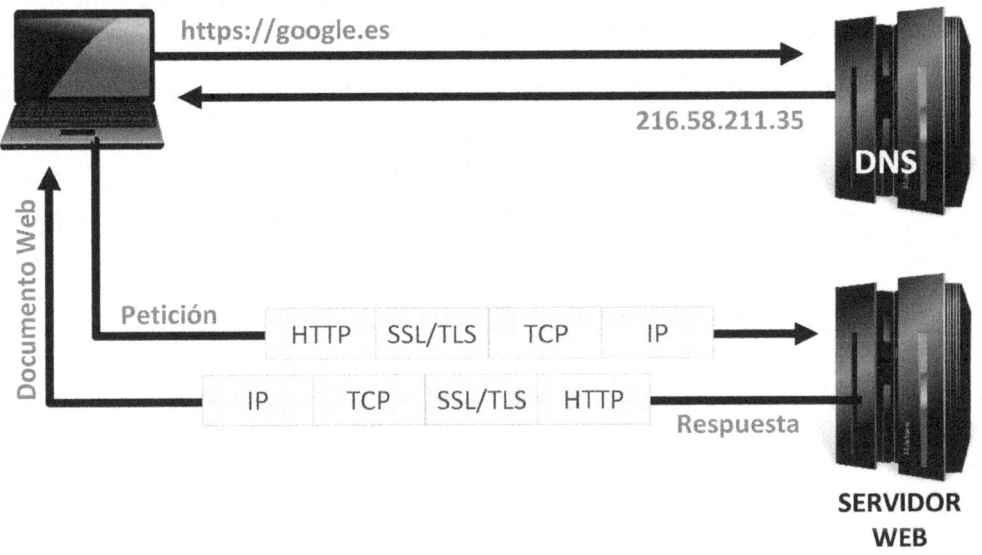

1.5 HTTP: PROTOCOLO DE TRANSFERENCIA DE HIPERTEXTO

El Protocolo de Transferencia de Hipertexto, conocido por sus siglas en inglés como HTTP (Hypertext Transfer Protocol), es considerado uno de los pilares fundamentales de la World Wide Web.

Se podría definir como un protocolo de comunicación que se utiliza para la transferencia de información en la web y que establece unas reglas y estándares para hacer posible que los navegadores web y los servidores se comuniquen entre sí. A través de HTTP, se permite que los usuarios accedan a páginas web, descarguen archivos y envíen datos a través de formularios en línea.

Para entender un poco mejor cómo funciona pensemos en el modelo cliente-servidor. En este modelo, se realiza una solicitud por parte del cliente (generalmente un navegador web o una herramienta de asistencia para personas con discapacidad) al servidor, solicitando un recurso específico, como una página web o un archivo. El servidor, a su vez, procesa la solicitud y envía una respuesta que contiene el recurso solicitado o un mensaje de error si el recurso no está disponible.

1.5.1 Tipos de solicitud

El modo de realizar la solicitud se puede hacer a través de varios métodos, cada uno de ellos con un propósito específico, y entre los que podemos encontrar:

- **GET**: se utiliza para solicitar la recuperación de un recurso específico. Es el método más comúnmente utilizado para cargar páginas web.

- **POST**: se utiliza para enviar datos al servidor, como los datos de un formulario. Este método permite que se envíen datos que no se pueden incluir en la URL.

- **PUT**: se utiliza para actualizar un recurso existente o crear uno nuevo si no existe.

- **DELETE**: se utiliza para eliminar un recurso específico en el servidor.

1.5.2 Versiones de HTTP

A lo largo de los años, HTTP se ha actualizado para mejorar su eficiencia y seguridad. Las versiones más importantes incluyen:

- **HTTP/1.0**: la primera versión ampliamente utilizada, que introdujo el concepto de solicitudes y respuestas.

- **HTTP/1.1**: introdujo mejoras significativas, como la reutilización de conexiones y el soporte para encabezados adicionales.

- **HTTP/2**: mejoró la eficiencia y la velocidad de las transferencias de datos mediante la multiplexación de solicitudes y respuestas en una sola conexión.

- **HTTP/3**: la versión más reciente, que utiliza el protocolo QUIC para mejorar aún más la velocidad y la seguridad.

1.5.3 Seguridad en HTTP

Esto se verá más adelante, no obstante, cabe destacar que, para garantizar la seguridad de la información transmitida, se utiliza HTTPS (HTTP Secure), que es una versión segura de HTTP. A través de HTTPS, se cifra la comunicación entre el cliente y el servidor utilizando el protocolo SSL/TLS, protegiendo así los datos contra interceptaciones y ataques malintencionados.

1.6 HTML (HYPERTEXT MARKUP LANGUAGE)

El lenguaje HTML (HyperText Markup Language o lenguaje de marcado de hipertexto) es un lenguaje de marcado dedicado a la elaboración de páginas web. Fue definido por primera vez en 1991 y, en aquel entonces, se caracterizaba por tener algo más de una docena de etiquetas. Más tarde, en 1995 se publicó el primer estándar oficial de HTML al que denominaron HTML 2.0.

En 1997 entró en juego la W3C y desarrolló tres estándares más hasta llegar a lo que hoy conocemos como HTML5 en 2014.

Si bien HTML es un lenguaje formado por entidades que ayudan a estructurar y proporcionar significado a las diferentes partes del documento, cada una de estas entidades, usualmente denominadas elementos o etiquetas, están formadas por un contenido y cero, uno o varios atributos.

```
<p>Esto es un párrafo</p>
<div class="layer">Esto es una capa</div>
```

Cada uno de los atributos tiene una función y puede estar o no asociado a un comportamiento o definición específica. Por ejemplo, el atributo ID habitualmente es utilizado para poder manipular el elemento a través de un nombre corto, sin embargo, también puede declararse para vincularse con otro elemento generando una entidad mayor, como es el caso del siguiente código.

```
<label for="nombre">Nombre</label>
<input id="nombre" placeholder="Inserte el nombre completo" />
```

Figura 1.1. Etiquetado de un campo de formulario en HTML

El atributo FOR, utiliza el atributo ID para vincular el LABEL con el INPUT y generar un elemento combinado o pequeño componente.

Cabe destacar que, aunque puede haber etiquetas sin cierre, como es el caso del elemento INPUT, lo normal es que todas las etiquetas o marcas tengan un principio y un final, como es el caso de la etiqueta LABEL.

En lo referente a las novedades de HTML5, como muchos sabrán, una de las más significativas es el valor semántico. La semántica es una característica que dota a los documentos web de mayor significado porque, entre otras cosas, proporciona una mayor estructuración y ayuda a la compresión gracias a lo que se denomina identificador semántico.

El identificador semántico es un término que hace referencia a lo que contiene o representa la etiqueta, es decir, cada etiqueta o elemento tiene un nombre asociado que representa o indica su objetivo. Por ejemplo, en general, la etiqueta SECTION siempre contendrá un conjunto de elementos agrupados que tendrán o guardarán una relación.

1.6.1 Herramientas de diseño de páginas web con HTML

Existen diversas herramientas de diseño de páginas web disponibles en el mercado, cada una con sus propias características y funcionalidades. A continuación, se presentan algunas de las herramientas más populares para diseñar y desarrollar páginas web:

1.6.1.1 ADOBE DREAMWEAVER

Dreamweaver es una herramienta de desarrollo web líder en la industria que proporciona un entorno visual y de código para diseñar, codificar y administrar sitios web. Ofrece funciones de diseño responsivo, previsualización en tiempo real y compatibilidad con numerosos lenguajes de programación.

1.6.1.2 WORDPRESS

WordPress es un sistema de gestión de contenidos (CMS) que permite crear sitios web dinámicos y flexibles mediante la utilización de temas y plugins. Es especialmente popular para la creación de blogs y sitios web de contenido, ofreciendo una interfaz intuitiva y una amplia comunidad de desarrolladores.

1.6.1.3 WIX

Wix es una plataforma de diseño y desarrollo web online que proporciona herramientas drag-and-drop para crear sitios web de aspecto profesional sin necesidad de conocimientos de programación. Ofrece una amplia variedad de plantillas y widgets personalizables para adaptarse a las necesidades de cualquier proyecto.

1.6.1.4 SQUARESPACE

Squarespace es otra plataforma de diseño web que ofrece plantillas elegantes y personalizables, así como herramientas integradas para la gestión de contenido, comercio electrónico y análisis de sitios web. Es ideal para diseñadores y emprendedores que buscan crear sitios web visualmente impactantes.

1.6.1.5 NOTION

Notion es una plataforma de productividad y gestión de proyectos "no code" que permite a los usuarios crear, organizar y colaborar en una variedad de contenido, como notas, documentos, listas de tareas, bases de datos, calendarios y mucho más. Se destaca por su flexibilidad y capacidad para adaptarse a una amplia gama de casos de uso, desde la organización personal hasta la colaboración en equipo en entornos empresariales.

1.6.1.6 SKETCH

Sketch es una herramienta de diseño gráfico centrada en la creación de interfaces de usuario (UI) y diseño de experiencia de usuario (UX). Es ampliamente utilizado por diseñadores para crear wireframes, mockups y diseños de sitios web y aplicaciones móviles.

1.6.1.7 ADOBE XD

Adobe XD es otra herramienta de diseño de experiencia de usuario (UX) y prototipado que permite a los diseñadores crear diseños interactivos, wireframes y prototipos de alta fidelidad para sitios web y aplicaciones móviles.

1.6.1.8 BOOTSTRAP, FOUNDATION Y BULMA Y OTROS FRAMEWWOKS

Bootstrap, Foundation, Bulma y otros son frameworks de desarrollo front-end que proporcionan un conjunto de herramientas y componentes preestablecidos para crear interfaces web responsivas y adaptables. En este contexto, quizás el más pospular sea Bootstrap, por su facilidad integración con otros frameworks y sistemas, por su facilidad de uso y su enfoque en el diseño receptivo.

1.7 ESTRUCTURA DE DOCUMENTO HTML

De forma resumida, en la estructura de un documento web se pueden distinguir 3 partes, la cabecera, el pie de página y el contenido.

1.7.1 Cabecera

La cabecera es un elemento de la interfaz que, al igual que el pie de página, debe ser constante en todas las secciones o páginas. Al igual que el pie de página, debe diferenciarse del resto de elementos, pero no destacar demasiado para no distraer la atención del usuario.

La información que en ella se encuentra suele ir englobada dentro del elemento HEADER.

Al ser una sección con mucha visibilidad debe contener los principales elementos de identidad, acceso e información para el usuario:

- Logo de la empresa u organización con un enlace a la página de inicio.

- Un buscador que permita acceder a la información de forma rápida y efectiva.

- El menú de navegación con las principales acciones a realizar.

- Selector de idioma.

- Información y acceso sobre el usuario logado.

- Si es un comercio electrónico se debe establecer un indicador con el número de elementos en la cesta de la compra, un acceso a la página del carrito o cesta de la compra, un resumen de su contenido y, si procede, un selector de cambio de moneda.

1.7.2 Pie de página

El pie de página es un elemento de la interfaz que, al igual que la cabecera, debe ser constante en todas las secciones o páginas. Al igual que la cabecera, debe diferenciarse del resto de elementos, pero no destacar demasiado para no distraer la atención del usuario.

La información que en ella se encuentra suele ir englobada dentro del elemento FOOTER.

Al ser una sección de poca visibilidad debe contener los elementos más informativos sobre la empresa u organización:

- Acceso a los textos legales y normas, a través de enlaces, como son la información corporativa, condiciones de uso, avisos legales, política de cookies, política de privacidad, etcétera.

- Información sobre las distintas formas de pago y envío.

> ☞ Información de cómo contactar y, si procede, acceso al formulario de contacto.

> ☞ Acceso a las diferentes redes sociales de la empresa u organización.

1.7.3 Reglas sobre el contenido

El contenido de un documento debe estar estructurado y organizado para adquirir significado propio. De hecho, existen varias etiquetas o elementos para definir cada una de las áreas del contenido.

Hay unas reglas básicas que no deben romperse:

> ☞ Sólo puede existir un encabezado de nivel 1 en el documento. Este debe de coincidir con el elemento título del documento.

> ☞ El orden de los niveles de encabezado no se puede romper. Por ejemplo, no se puede empezar por un nivel 2 ni establecer, después de un nivel 1, un nivel 3.

> ☞ Una sección genérica puede contener uno o varios artículos, cero o varias secciones genéricas y cero o varias secciones laterales.

> ☞ Una sección lateral sólo puede contener contenido no directamente relacionado con el contenido principal como pueden ser una lista de enlaces externos o categorías, acciones secundarias de un perfil de usuario, calendarios, publicidad, …

> ☞ Un artículo no debe contener secciones genéricas ni laterales y sólo puede tener una cabecera y un pie.

> ☞ Una cabecera sólo puede contener un nivel de encabezado que indica el título del artículo.

> ☞ El pie del artículo sólo puede contener las acciones asociadas (como el enlace de para continuar la lectura o compartir el artículo), información sobre el autor o de contacto (ambos dentro de un elemento de dirección) o datos sobre los derechos.

Si el contenido es una imagen o un vídeo debe ir encerrado dentro de un elemento de contenido independiente y con un elemento de subtítulo o legenda, si procede.

Etiqueta HTML	Hace referencia a
SECTION	Una sección genérica.
ARTICLE	Un artículo.
ASIDE	Una sección lateral.
HEADER	Una cabecera de artículo o página.
H1...H6	Los niveles de encabezado.
FOOTER	El pie del artículo o página.
FIGURE	Un contenido independiente.
FIGCAPTION	Un subtítulo o legenda.

1.8 QUÉ ES UN NAVEGADOR WEB

Un navegador web, también conocido como explorador de Internet, se puede definir como una aplicación de software que permite a los usuarios acceder, recuperar y visualizar información en la web o World Wide Web. A través de un navegador web, los usuarios pueden navegar por sitios web, interactuar con el contenido online y realizar diversas actividades.

En su origen, el navegador web se diseñó para interpretar y mostrar el contenido de las páginas web, que están escritas a través de lenguajes de marcado como HTML y el cual permite a los usuarios que vean texto, imágenes, vídeos y otros elementos multimedia en una interfaz gráfica, además de proporcionar varias funciones esenciales como:

- **Navegación**: para que los usuarios se puedan desplazar entre las diferentes páginas web mediante enlaces o hipervínculos.

- **Búsqueda**: para facilitar la localización de información específica en la web mediante los motores de búsqueda integrados.

- **Marcadores**: para que los usuarios guarden y organicen sus sitios web favoritos para un acceso rápido.

- **Historial**: que registran las páginas visitadas, permitiendo que los usuarios revisiten sitios previamente accedidos.

- **Seguridad**: que implementan medidas de seguridad, como la navegación privada y la protección contra sitios web maliciosos.

1.9 CUÁLES SON LOS PRINCIPALES NAVEGADORES WEB

A lo largo de los años se han desarrollado multitud de navegadores web y que se han utilizado ampliamente. Durante este tiempo, también ha habido muchos que han desaparecido, como Internet Explorer o NetScape, y otros que han evolucionado o diseñado. A continuación, se presentan los navegadores más populares y algunas de sus características más destacables.

1.9.1 Google Chrome

Google Chrome es desarrollado por Google y es considerado uno de los navegadores más utilizados a nivel mundial. Destaca por su velocidad, simplicidad y eficiencia. Chrome es conocido por su interfaz minimalista y su capacidad para manejar múltiples pestañas sin afectar el rendimiento. Además, se integra con otros servicios de Google, como Gmail y Google Drive, ofreciendo una experiencia de usuario cohesiva.

1.9.2 Mozilla Firefox

Mozilla Firefox es desarrollado por la Fundación Mozilla y es valorado por su enfoque en la privacidad y la seguridad del usuario. Firefox ofrece una amplia gama de extensiones y complementos que permiten personalizar la experiencia de navegación. Además, se destaca por su rendimiento y su compromiso con el código abierto, lo que permite que la comunidad de desarrolladores contribuya a su mejora continua.

1.9.3 Microsoft Edge

Microsoft Edge es desarrollado por Microsoft y es el sucesor de Internet Explorer. Edge se basa en el motor Chromium, lo que le permite ofrecer una experiencia de navegación rápida y eficiente. Se integra perfectamente con el ecosistema de Windows y ofrece características únicas, como la capacidad de tomar notas directamente en las páginas web y la integración con Cortana, el asistente virtual de Microsoft.

1.9.4 Safari

Safari es desarrollado por Apple y es el navegador predeterminado en dispositivos macOS y iOS. Safari es conocido por su rendimiento optimizado y su eficiencia energética, lo que lo convierte en una excelente opción para usuarios de dispositivos Apple. Además, Safari ofrece características de privacidad avanzadas, como la prevención de seguimiento inteligente, que protege la privacidad del usuario mientras navega por la web.

1.9.5 Opera

Opera es desarrollado por la empresa noruega Opera Software y es conocido por sus características innovadoras. Opera incluye un bloqueador de anuncios integrado, una VPN gratuita y un modo de ahorro de batería, lo que lo convierte en una opción atractiva para usuarios que buscan una experiencia de navegación mejorada. Además, Opera ofrece una interfaz de usuario personalizable y soporte para extensiones.

1.9.6 Crear un Blog

Un blog es una plataforma en línea que permite compartir pensamientos, conocimientos, experiencias o intereses sobre un tema específico. Crear un blog implica establecer un espacio personal o profesional en internet donde se publica contenido regularmente. Los blogs pueden ser educativos, informativos o personales, y su creación no requiere ser un experto en tecnología, ya que existen muchas herramientas accesibles, como WordPress, Blogger o Wix.

Para crear un blog, lo primero es definir un tema o nicho de interés y un nombre atractivo. Posteriormente, se elige una plataforma de blogging, se diseña la apariencia del blog, y se crean las primeras entradas o publicaciones. Un blog efectivo es aquel que mantiene una voz auténtica y ofrece contenido útil para sus lectores. Además, es importante mantener la consistencia en las publicaciones y emplear técnicas de SEO (optimización para motores de búsqueda) para aumentar la visibilidad.

1.10 BUSCADORES

Desde el nacimiento de Internet los seres humanos han intentado de diversas formas satisfacer todas sus necesidades de adquirir datos e información y, precisamente por esta razón, nacieron los buscadores. Sin embargo, como veremos a continuación, los buscadores o motores de búsqueda pueden ser de muy diversa índole y tener objetivos muy distintos.

De hecho, las búsquedas se suelen hacer por palabras clave con o sin metacaracteres o comodines que buscan en el contenido de las páginas o en los metadatos descritos en la cabecera de estas.

1.10.1 Tipos de buscadores

1.10.1.1 BUSCADORES HORIZONTALES O GENÉRICOS

Un buscador horizontal o genérico es un tipo de buscador que rastrea e indexa todas las páginas de Internet utilizando técnicas de crawling, un proceso por el cual los bots y/o spiders (robots y arañas) buscan información analizando todo el contenido de cada página, incluyendo todos los enlaces internos que puedan tener.

Estos bots y spiders resultan ser unas herramientas que llevan asociado uno o varios algoritmos que permiten recuperar toda la información disponible y luego, tras analizarla, crear un índice ordenado o categorizado por nivel de relevancia, el cual hace que se muestre una u otra entrada en correspondencia con la información solicitada por el usuario.

Los buscadores horizontales o genéricos suelen, además, ofrecer servicios adicionales, como la posibilidad de traducir documentos, obtener noticias o descargar imágenes y documentos, pero lo más destacable de estos es que siempre están intentando innovar y realizando mejoras tanto a nivel de contenidos, como a nivel de usabilidad y accesibilidad. Por ejemplo:

- Siempre está intentando aumentar la velocidad con la que la información es incluida (indexada) en la base de datos.

- Están en constante búsqueda para obtener el mayor número de entradas y documentos indexados.

- Siempre están mejorando la búsqueda gracias a las pantallas de "búsqueda avanzada", enlaces a "páginas similares" y metacaracteres que permiten realizar búsquedas con coincidencias exactas o parciales. En Google, por ejemplo, es posible buscar entre comillas dobles para mostrar sólo las coincidencias exactas y, así, evitar los resultados que no contienen las palabras buscadas justo en ese orden.

No obstante, el inconveniente de los buscadores horizontales o genéricos es que, en general, presentan una cantidad de información tan diversa, y a veces contradictoria, que el usuario solo puede obtener una idea general o respuesta superficial a su duda inicial. Además, el orden de los resultados puede no corresponderse con la información más fidedigna, sino que puede ir por la cantidad de visitas o promociones que se hayan contratado.

Entre los buscadores horizontales más conocidos podemos encontrar **Google, Yahoo, Aol** o **Bing**, sin embargo, existen otros muchos como **DuckDuckGo, WebCrawler, Qwant, MSN** o **Lycos**.

1.10.1.2 BUSCADORES VERTICALES O ESPECIALIZADOS

Un buscador vertical o especializado es un tipo de buscador que está centrado en un sector o nicho concreto, lo que le permite analizar y recuperar la información con un mayor grado de rigurosidad y profundidad que un buscador genérico, disponer de unos resultados más actualizados y ofrecer una serie de herramientas de búsqueda más específicas que ayuden a encontrar la información deseada del usuario.

Es difícil decidir qué buscadores verticales son los más conocidos, pero entre ellos podemos destacar Amazon para buscar y comprar toda clase de productos, **Educaweb** para encontrar cursos, becas, ayudas, centros, ofertas de empleo,..., **Softonic** para buscar y encontrar todo tipo de programas informáticos, **IMDB** para buscar y encontrar información sobre cine y televisión o **Allmusic**, el cual permite buscar información sobre todo lo que tenga que ver con la música, entre otros muchos.

1.10.1.2.1 Buscadores jerárquicos

Los buscadores jerárquicos, a veces denominado temáticos, son un tipo de buscador que está organizado en forma de jerarquía y clasifica los resultados según la relevancia que tenga el sitio en el motor de búsqueda.

También se caracterizan por tener una interfaz de interrogación textual y hacer revisiones de las bases de datos de las páginas web a través de sus spiders o arañas, las cuales recopilan toda la información pertinente que tiene relación con la búsqueda que realiza el usuario y muestran los resultados en función del historial de búsqueda del usuario.

Ahora bien, como todo, los buscadores jerárquicos presentan ventajas e inconvenientes. Entre sus ventajas que podemos destacar son:

> ⚑ Permiten obtener toda la información existente sobre una materia particular de una forma rápida y sencilla.

▶ Presentan los resultados mejor ordenados y con unas síntesis o descripciones cortas más completas que las que aportan los buscadores horizontales o genéricos.

▶ Posicionan en primer lugar las páginas más interesantes o relevantes.

▶ Suelen aportar datos o informaciones adicionales coherentes con los temas que tratan. Esto es, suelen ofrecer información adicional sobre bases de datos específicas, listas de distribución o grupos de noticias, entre otras cosas.

Entre sus inconvenientes que podemos destacar son:

▶ Pueden ser más lentos ya que las interfaces visuales que utilizan suelen tener mayor peso y eso puede repercutir en la velocidad de carga.

▶ Suelen requerir un mayor número de pasos previos para encontrar la información deseada.

▶ Pueden aumentar la frustración y provocar el abandono del usuario ya que pueden tener mayores distracciones que los genéricos.

▶ Aunque todo es posible clasificarlo, algunos resultados pueden resultar difíciles de categorizar y no ser del todo fidedignos con el tema que está buscando el usuario.

Entre los buscadores jerárquicos más conocidos podemos encontrar **Amazon**, **Wikipedia**, **Google Books**, **RedIris**, **Youtube**, **Softonic**.

1.10.1.2.2 Metabuscadores

Los metabuscadores son un tipo de buscador que no posee base de datos propia y localiza información en los motores de búsqueda más usados, es decir, recopilan la información de otros buscadores en tiempo real y muestran los resultados ordenados tras haberlos analizado y filtrado para no mostrar coincidencias repetidas.

Pensemos que, mientras un buscador normal recopila la información de las páginas mediante un proceso de indexación (como pueda ser Google), los metabuscadores no almacenan nada, por ello se suelen denominar comúnmente buscadores en buscadores.

Los metabuscadores pueden parecer una buena opción como recurso de búsqueda, como pasa con todo, presentan ventajas e inconvenientes. Entre sus ventajas que podemos destacar son:

- Proporcionan una mayor cantidad de resultados gracias a que amplían claramente el ámbito de búsqueda.

- Permiten evaluar la relevancia de cada sitio o página web en base a la posición en el buscador del que se extrajo el resultado.

- Permiten que el usuario pueda aplicar diferentes criterios o puntos de vista ya que las páginas de mayor relevancia en un buscador no tienen por qué coincidir con las páginas del resto de buscadores.

Entre sus inconvenientes que podemos destacar son:

- Cada buscador suele presentar una sintaxis de búsqueda diferente, lo que puede acabar en malas experiencias ya que los metabuscadores no distinguen cada una de las sintaxis utilizadas.

- La forma de combinar los resultados puede depender mucho de cada metabuscador, lo que puede frustrar a los usuarios.

- Los criterios de ordenación pueden resultar confusos para los usuarios al estar definidos por cada empresa o corporación.

- El tiempo de obtención de resultados puede ser mucho mayor que los buscadores "normales" ya que tienen que realizar múltiples operaciones en tiempo de ejecución.

Entre los metabuscadores más conocidos podemos encontrar **MetaCrawler**, **TotalSeek**, **Tripadvisor**, **Trivago**, **Booking** o **Google Hotel Ads**.

1.10.1.2.3 Directorios web

Los directorios web, también denominados directorios de enlaces, son un tipo de buscador que presenta un listado o estructura organizada de datos o enlaces a otros sitios web.

Se caracterizan por estar dispuestos a modo de categorías y subcategorías, requieren la intervención del ser humano para su correcto funcionamiento y organizan las solicitudes en función de la fecha de publicación.

Además, cabe destacar que, en general, este tipo de buscadores añaden los enlaces a los sitios web a través de peticiones directas de los propios webmasters o creadores de contenido y no antes de haber hecho un proceso de revisión verificado por los editores autorizados que permite comprobar que los enlaces se adecúan a los requisitos de aceptación determinados por el directorio web.

Entre los directorios web más conocidos podemos encontrar **EcuRed, Hotfrog, Nextdoor, Axesor, Yalwa, 11870, Yelp** o **FourSquare**.

1.10.2 Cómo hacer una búsqueda sencilla

Realizar una búsqueda sencilla implica ingresar palabras clave específicas en la barra de búsqueda del buscador. Esta técnica es útil cuando se necesita información general sobre un tema.

Pasos para una búsqueda sencilla:

- Abrimos el navegador y accedemos a un buscador (por ejemplo, Google).

- Escribimos las palabras clave de lo que se desea buscar. Por ejemplo: "qué es un buscador web".

- Y presionamos la tecla Enter o hacemos clic en el botón "Buscar".

Cabe destacar que es recomendable usar palabras claras y directas para obtener mejores resultados. Por ejemplo, en lugar de escribir "Quiero aprender a hacer un blog", es más efectivo escribir "Cómo crear un blog".

1.10.2.1 CÓMO INTERPRETAR LOS RESULTADOS DE LA BÚSQUEDA

Cuando se realiza una búsqueda, el buscador muestra una lista de resultados clasificados por relevancia. No obstante, es fundamental saber cuáles son sus principales elementos y cómo interpretar estos resultados para acceder a fuentes confiables y fidedignas que no provoquen un efecto de desinformación.

Los elementos principales de los resultados son:

- **Título del enlace**: que aparece en color y suele describir brevemente el contenido de la página.

- **URL**: que es la dirección web del sitio.

- **Descripción**: que es un pequeño resumen del contenido que se puede encontrar en la página.

Consejos para interpretar los resultados:

▶ **Verificar la fuente**: debemos asegurarnos de que la página provenga de un sitio confiable que cite sus fuentes de información y posea una buena escritura y razonamiento lógico con una buena ortografía y gramática.

▶ **Leer la descripción**: esto se traduce en un análisis del resumen de contenido para ver si el resultado es relevante para nuestra búsqueda.

▶ **Prestar atención a los detalles**: por ejemplo, la información más reciente suele ser más útil, especialmente en temas que cambian con el tiempo. También es importante el origen de las fuentes, la claridad con la que se habla, la fecha de actualización (si tiene), si el autor está reconocido y posee una buena reputación (que no influencer, ya que los influencers a menudo publican y escriben lo que otros les dicen), etcétera.

1.10.2.2 CÓMO HACER UNA BÚSQUEDA AVANZADA

La búsqueda avanzada permite obtener resultados más precisos utilizando filtros y operadores específicos. Esto es útil cuando se necesita información detallada o específica.

En la tabla siguiente se muestran los operadores de búsqueda que funcionan según qué servicio de búsqueda. A continuación, de esta tabla, se comentan cada uno de ellos.

Servicio de Búsqueda	Operador
Búsqueda Web	allinanchor:, allintext:, allintitle:, allinurl:, cache:, define:, filetype:, id:, inanchor:, info:, intext:, intitle:, inurl:, link:, related:, site:
Búsqueda de imágenes	allintitle:, allinurl:, filetype:, inurl:, intitle:, site:
Grupo	allintext:, allintitle:, author:, group:, insubject:, intext:, intitle:
Directorio	allintext:, allintitle:, allinurl:, ext:, filetype:, intext:, intitle:, inurl:
Noticias	allintext:, allintitle:, allinurl:, intext:, intitle:, inurl:, location:, source:
Búsqueda de productos	allintext:, allintitle:

Cabe destacar que las búsquedas en Google son insensibles a mayúsculas y minúsculas y que no se buscan en el orden especificado, a no ser que se indique lo contrario a través de unos operadores especiales como son las comillas dobles.

Esto es, si se definen las palabras entre comillas dobles, Google Search sólo devolverá aquellos resultados que tengan esas palabras y en ese orden. Por tanto, la búsqueda "mejores museos Madrid" nunca devolverá los mismo que si se realiza una búsqueda sin las comillas dobles.

1.10.2.2.1 Operadores comunes y "simbólicos"

OR	ACI OR TEA	Muestra aquellos resultados que contengan cualquiera de las palabras que se hayan incluido.
AND	ACI AND TEA	Muestra aquellos resultados que contengan todas y cada de las palabras que se hayan incluido.
""	"ACI TEA"	Muestra aquellos resultados que contengan todas las palabras que se hayan incluido en el orden indicado.
+	ACI +TEA	Muestra aquellos resultados que contengan todas las palabras que se hayan incluido en cualquier orden.
-	ACI -TEA	Muestra aquellos resultados que no contengan las palabras que se hayan incluido.
*	ACI *TEA	Muestra aquellos resultados que contengan las palabras que se hayan incluido con cualquier otra entre medias.
()	(ACI OR ACCI) -TEA	Permite la combinación de diferentes operadores para realizar búsquedas combinadas. En este caso muestra aquellos resultados que contengan una u otra palabra en los paréntesis y no contengan la palabra TEA.
#...#	#200..1000#	Muestra aquellos resultados que contengan el intervalo de número que se hayan incluido. En este caso de 200 a 1000.
@	@islavisual	Muestra aquellos resultados que tengan etiquetas de redes sociales como Youtube, Instagram o X / Twitter.
#	#rtve	Muestra aquellos resultados que tengan el hashtag indicado.
$	$250	Muestra aquellos resultados que hagan referencia al valor en dólares indicado.
€	€400	Muestra aquellos resultados que hagan referencia al valor en euros indicado.

También hay otros operadores que no vienen mucho al caso como son los matemáticos para calcular logaritmos, raíces cuadradas, potencias, multiplicaciones, divisiones, senos, cosenos, etcétera. Todos se pueden consultar en Internet buscando "operadores de búsqueda Google".

1.10.2.2.2 Operadores allinanchor / inanchor

Estos operadores restringirán los resultados a aquellas páginas que contengan todos los términos dentro del texto de los enlaces o texto de anclaje. La diferencia entre ambos es que, si utilizamos el que no tiene el prefijo "all", restringirá por un único término.

```
allinanchor: mejores museos Madrid
```

Esta búsqueda mostrará todos los resultados que tengan como texto de anclaje las palabras "mejores", "museos" y "Madrid". Esto quiere decir que se mostrarán resultados como "Mejores Museos de Madrid", "Madrid, los mejores museos" o cualquier otra combinación de estas.

1.10.2.2.3 Operadores allintext / intext

Estos operadores restringirán los resultados a aquellas páginas que contengan todos los términos dentro del texto de la página, sean o no enlaces. La diferencia entre ambos es que, si utilizamos el que no tiene el prefijo "all", restringirá por un único término.

```
allintext: mejores museos Madrid
```

Esta búsqueda mostrará todos aquellos resultados que contengan las palabras "mejores", "museos" y "Madrid" estén o no en el mismo contexto, elemento, línea o párrafo.

1.10.2.2.4 Operadores allintitle / intitle

Estos operadores restringirán los resultados a aquellas páginas que contengan todos los términos dentro del título. La diferencia entre ambos es que, si utilizamos el que no tiene el prefijo "all", restringirá por un único término.

```
allintitle: mejores museos Madrid
```

Esta búsqueda mostrará todos los resultados que contengan las palabras "Mejores", "Museos" y "Madrid" dentro del título del documento, es decir, dentro de la etiqueta TITLE de HTML.

1.10.2.2.5 Operadores allinurl / inurl

Estos operadores restringirán los resultados a aquellas páginas que contengan todos los términos dentro de la URL del documento al que redirigen. La diferencia entre ambos es que, si utilizamos el que no tiene el prefijo "all", restringirá por un único término.

```
allinurl: google faq
```

Esta búsqueda mostrará todos los resultados que contengan las palabras "Google" y "faq" como parte de la URL. Esto, por tanto, provocará que se muestren resultados como "wallet.google/faq/" o "/forums/codigo-google-faq/".

1.10.2.2.6 Operador author

Este operador restringirá los resultados de Grupos de Google que contengan documentos del autor que coincida con las palabras especificadas, las cuales podrán ser nombres o una dirección de correo electrónico (completa o parcial).

```
author: Pablo author: Enrique author: Fernández
```

Esta búsqueda mostrará todos los resultados que contengan en la parte de autores las palabras "Pablo", "Enrique" y "Fernández".

```
author: islavisual
```

Esta búsqueda mostrará todos los resultados que contengan en la parte de autores las palabras "nombreCuenta", correspondiente, en este ejemplo, a un identificador de email.

Cabe destacar que, este, es uno de esos casos en los que la búsqueda con comillas dobles puede ser beneficiosa ya que la consulta autor: "Pablo Fernández" (con comillas), no mostrará aquellos resultados donde el autor se haya especificado como "Fernández, Pablo".

1.10.2.2.7 Operador cache

Este operador sólo mostrará las versiones que tenga en la caché de Google de una página web, en lugar de la versión actual de la página, que puede no estar todavía cacheada.

```
cache:  www.islavisual.com
```

Esta búsqueda mostrará la versión en caché que posee Google de la página de Islavisual, y que podrá ser diferente a la actual según el momento en el que se realice la petición de recuperación.

> **ⓘ NOTA IMPORTANTE**
>
> Cabe destacar que si, al ejemplo anterior, no le añadimos un espacio entre medias de la palabra clave "cache:" y el dominio, lo que pasará es que se nos mostrará la página cacheada (si la tiene), en vez de la lista de resultados de Google que están cacheados.

1.10.2.2.8 Operador define

Este operador mostrará, como primer resultado, la definición de las palabras, frases y acrónimos que se describen a continuación.

```
define: vlog
```

Esta búsqueda mostrará la definición de "vlog" asociada a algún diccionario como Oxford Languages, la Real Academia Española o el que proceda para cada caso. Además, podrá mostrar una lista de preguntas, un pequeño diálogo de asociado a sugerencias y los resultados de la búsqueda.

1.10.2.2.9 Operadores filetype y ext

Filetype y ext (su alias) son operadores que restringirán los resultados a aquellas páginas o documentos que terminen en el término descrito a continuación.

```
ACI filetype: pdf
```

Esta búsqueda mostrará aquellos resultados que contengan la palabra "ACI" y que sean de tipo PDF. No obstante, si no encuentra muchos resultados, podrá añadir aquellos que contienen ambas palabras.

Cabe destacar que, en este tipo de búsquedas es muy frecuente recurrir a la combinación de operadores como por ejemplo:

```
ACI filetype: pdf OR filetype: docx
```

1.10.2.2.10 Operador group

Este operador restringirá los resultados de Grupos de Google que contengan en el nombre de grupo o subárea las palabras especificadas.

```
group: W3C
```

Esta búsqueda mostrará todos los resultados que contengan un grupo creado con la palabra "W3C".

1.10.2.2.11   Operadores info e id

Info e id (su alias) son operadores que restringirán los resultados a aquellas páginas de información acerca del sitio web que se especifique a continuación.

```
info: www.islavisual.com
```

Esta búsqueda mostrará aquellos resultados que contengan información acerca del dominio de islavisual.com, incluyendo datos como la dirección, teléfono, correo electrónico, artículos, redes sociales, etcétera.

1.10.2.2.12   Operador insubject

Este operador restringirá los resultados de Grupos de Google que contengan en el asunto las palabras especificadas.

```
insubject: sinestesia figura literaria
```

Esta búsqueda mostrará aquellos resultados que contengan la frase "sinestesia figura literaria" en el asunto de los Grupos de Google.

1.10.2.2.13   Operadores link y site

Estos operadores restringirán los resultados a aquellas páginas que apunten a un dominio o URL. La diferencia entre ambos es que, si utilizamos site, en vez de link, se restringirá por el dominio y no por la posible URL.

```
link: www.islavisual.com
```

Esta búsqueda mostrará aquellos resultados que contengan un enlace hacia www.islavisual.com, lo que nos ayudará a conocer los enlaces los backlinks asociados a esa URL o dominio.

1.10.2.2.14   Operador location

Este operador restringirá los resultados de Grupos de Google que contengan en la ubicación las palabras especificadas.

```
location: España
```

Esta búsqueda mostrará aquellos resultados que contengan la palabra "España" en la ubicación de los Grupos de Google.

1.10.2.2.15   Operador related

Este operador restringirá los resultados a aquellas páginas que estén relacionadas con la URL que especifique.

```
related: www.islavisual.com
```

Esta búsqueda mostrará aquellos resultados que Google considere que estén relacionados con www.islavisual.com, es decir, del mismo tipo de industria, sector, negocio o cualquier otro parecido que considere oportuno.

1.10.2.2.16   Operador weather

Este operador informará del clima para la ubicación solicitada, que podrá ser un distrito, un pueblo, una ciudad, provincia o, incluso, un código postal.

```
weather: Vara de Rey Cuenca
```

Esta búsqueda información climática sobre un pueblo denominado Vara de Rey, ubicado en Cuenca.

No obstante, cabe destacar que como weather no es un operador avanzado, no hay necesidad de incluir signos de puntuación ni antes ni después de la palabra. Por ejemplo, "weather Madrid" mostrará la previsión del tiempo en la ciudad de Madrid, sin embargo, la búsqueda "weather 28050" nos mostrará la previsión para la zona asignada a ese código postal de Madrid.

1.11 INTRODUCCIÓN A LA PROGRAMACIÓN PARA LA WEB

La programación para la web es un campo fundamental en la era digital, ya que permite crear páginas y aplicaciones que funcionan a través de internet. Desde sitios informativos hasta plataformas de comercio electrónico y redes sociales, cada componente web es resultado de una combinación de lenguajes de programación y tecnologías que permiten a los usuarios interactuar de manera efectiva con la información.

Para comprender cómo funcionan las páginas web, es fundamental conocer los distintos tipos de lenguajes de programación que hacen posible su desarrollo, aunque, básicamente, son unos pocos como ya veremos. Estos lenguajes varían según su función o propósito y pueden ir desde la definición de la estructura de una página hasta la creación de interacciones dinámicas y gestión del contenido en el servidor remoto.

1.11.1 Lenguajes de programación para la web

Los lenguajes de programación web se dividen en dos grandes categorías:

- ▶ **Lenguajes del lado del cliente (Client-Side)**: que se ejecutan en el navegador del usuario, por ejemplo, HTML, CSS o JavaScript y son fundamentales para proporcionar una estructura, interacción y apariencia adecuadas.

- ▶ **Lenguajes del lado del servidor (Server-Side)**: que se ejecutan en el servidor antes de enviar la información al navegador, por ejemplo, PHP, .NET o JSP y son fundamentales para que una página web pueda gestionar las bases de datos, autenticar usuarios y generar contenido dinámico.

1.11.2 Lenguajes orientados a objetos

Los lenguajes orientados a objetos son aquellos que organizan el código en "objetos", que suelen representar elementos del mundo real y tienen unas propiedades o atributos y métodos o funciones. Este enfoque suele facilitar la reutilización del código y la creación de aplicaciones más complejas.

Entre los más populares podemos encontrar PHP, Java y Python, y que se utilizan tanto en programación web como en otros campos tecnológicos.

1.11.3 Lenguajes de programación más populares

1.11.3.1 HTML (HYPERTEXT MARKUP LANGUAGE)

Aunque lo veremos más adelante, el HTML es el lenguaje base para la creación de páginas web y se utiliza para definir la estructura de una página, indicando qué partes son títulos, párrafos, imágenes, enlaces, etc.

Por ejemplo:

```html
html
Copiar código
<!DOCTYPE html>
<html>
  <head>
    <title>Mi página web</title>
  </head>
  <body>
    <h1>Ejemplo de título</h1>
    <p>Este es un párrafo de ejemplo.</p>
  </body>
</html>
```

1.11.3.2 DHTML (HTML DINÁMICO)

El DHTML está en desuso y no es un lenguaje en sí mismo, sino una combinación de HTML, CSS y JavaScript que permitía crear páginas web dinámicas y más interactivas antiguamente.

1.11.3.3 JAVASCRIPT

JavaScript es un lenguaje de programación interpretado, basado en el estándar ECMAScript (European Computer Manufacturer's Association Script). Se ca-racteriza por ser un lenguaje de programación orientado a objetos y basado en prototipos, dinámico y no demasiado tipado.

Sus orígenes se sitúan en 1995 y su nombre original era Mocha. Sin embargo, no tardó mucho en renombrarse a LiveScript hasta que, finalmente, fue bautizado como JavaScript. La razón de este último cambio fue porque Sun Microsystems (propietaria de Java) compró Netscape y, como estrategia de marketing, decidió llamarlo como su "perla" más preciada. En resumen, que JavaScript no es el lenguaje script de Java.

Cabe destacar que ya, en el año 2012, todos los navegadores soportaban el estándar ECMAScript 5.1, con alguna excepción. No obstante, fue en el año 2015 cuando JavaScript alcanzó casi todo su potencial, con la llegada de EC-MAScript 6.

El uso que se le da a JavaScript está, básicamente, en el lado del cliente y son los navegadores quienes lo implementan como parte de su potencial. Es por esta razón que muchas sentencias, métodos y eventos no funcionan igual, dependiendo de en qué navegador estemos trabajando y puede que, incluso, algunas funcionalidades ni si siquiera, funcionen. Por suerte parece que, no tardando mucho, esto va a cambiar.

También existe, como muchos sabrán, un JavaScript que trabaja en el lado del servidor, aunque su uso está más encaminado a la programación orientada a eventos, desarrollo de microservicios y diseño de aplicaciones con alta carga de computación.

En lo referente a su sintaxis, JavaScript resulta tener un cierto parecido con Java, sin embargo, se construyó basándose en la sintaxis de C.

Ejemplo de uso:

```
function mostrarMensaje() {
    alert("¡Hola, bienvenido a mi página web!");
}
```

1.11.3.4 PHP

PHP (Hypertext Preprocessor) es un lenguaje de programación de código abierto, ampliamente utilizado, especialmente para el desarrollo de sitios web, que puede integrarse fácilmente dentro del HTML.

Ejemplo de uso:

```
<?php
    echo "¡Hola, bienvenido!";
?>
```

A diferencia de lenguajes como C o Perl, que requieren escribir muchos comandos para generar HTML, las páginas PHP incluyen código que se inserta directamente en el HTML para realizar acciones específicas (en este caso, mostrar el mensaje "¡Hola, bienvenido!").

El código PHP está contenido entre las etiquetas especiales <?php y ?>, que marcan el inicio y el final del bloque de código PHP y lo que distingue a PHP de otras tecnologías como JavaScript que se ejecutan en el navegador (o lado del cliente), es que el código PHP se ejecuta en el servidor.

El servidor genera el HTML y lo envía al cliente, quien recibe solo el resultado de la ejecución del script, sin ver el código PHP subyacente. De hecho, el servidor web puede estar configurado para procesar todos los archivos HTML a través de PHP, de modo que los usuarios no puedan acceder al código detrás de la página.

Una de las principales ventajas de PHP es su simplicidad para los principiantes, mientras que al mismo tiempo ofrece poderosas funcionalidades para desarrolladores más experimentados. No se preocupe por la extensa lista de características de PHP; en pocas horas podrá comenzar a escribir sus primeros scripts.

Aunque PHP se utiliza principalmente para desarrollar scripts del lado del servidor, sus aplicaciones son mucho más amplias como programas CGI, como recopilar datos de formularios, generar páginas con contenidos dinámicos, enviar y recibir cookies y variables de sesión, y mucho más.

1.11.3.5 ASP Y .NET

ASP (Active Server Pages) es una tecnología desarrollada por Microsoft que permite crear aplicaciones web dinámicas utilizando lenguajes como VBScript o C#. Aunque ASP clásico ha sido reemplazado por ASP.NET, sigue siendo relevante en algunos entornos.

.NET es una evolución del ASP clásico que permite desarrollar aplicaciones web utilizando el framework .NET de Microsoft. Se caracteriza por su seguridad, escalabilidad y soporte para múltiples lenguajes de programación, como C# y Visual Basic.

1.11.3.6 JAVA

Java es un lenguaje de programación muy versátil que se utiliza tanto en el desarrollo web como en aplicaciones móviles y de escritorio. Su característica más importante es que es independiente de la plataforma, lo que significa que puede ejecutarse en diferentes sistemas operativos sin necesidad de modificar el código.

1.11.3.6.1 Lenguaje JSP (JavaServer Pages)

JSP es una tecnología de Java que permite crear contenido web dinámico utilizando páginas HTML con código Java incrustado. Es similar a PHP, pero orientado a aplicaciones empresariales.

1.11.3.6.2 Independencia de la Plataforma del Lenguaje JAVA

La independencia de plataforma de Java se logra gracias a la Máquina Virtual de Java (JVM), que traduce el código Java a un formato que puede ejecutarse en cualquier dispositivo que tenga una JVM instalada. Esto lo convierte en un lenguaje ideal para proyectos multiplataforma, asegurando que una aplicación desarrollada en Java funcione de manera uniforme en diferentes sistemas operativos.

1.12 AJAX

La programación AJAX (Asynchronous JavaScript And XML) es un modelo de desarrollo que, hoy día, está más que presente en muchos aplicativos y sistemas web.

La razón de que tenga tanto éxito es porque permite actualizar código dinámicamente sin tener que recargar la página o enviar y recibir datos del servidor en segundo plano sin que el usuario pierda la sensación de control ni tenga frustraciones por la falta de compresión de lo que hace la página.

1.12.1 El estándar CORS

El estándar CORS (Cross Origin Resource Sharing) es un mecanismo que permite configurar las capacidades y el modo de comunicación con el servidor cuando se realizan peticiones desde un cliente que está en diferente dominio. Esto es lo que se suele denominar Intercambio de Peticiones de Orígenes Cruzados.

Este mecanismo es muy recurrido, sobre todo, en aplicaciones móviles por su fácil manejo.

Por temas de seguridad, los navegadores restringen las solicitudes de orígenes cruzados que se realizan desde JavaScript. Por esta razón, si se quiere hacer peticiones Ajax a sitios remotos, tanto el servidor como el cliente deberán tener configurada la CORS.

Sin embargo, aunque no lo parezca, este estándar está más presente de lo que los usuarios normales puedan pensar. Esto se debe a que se utiliza, además de en peticiones Ajax, cuando se realizan peticiones de Web Fonts (como Google Fonts), o cuando se cargan hojas de estilo o scripts remotos.

1.12.1.1 ENCABEZADOS DE SOLICITUD HTTP

El estándar CORS dispone de una lista de cabeceras de solicitud que los clientes envían a los servidores y, de este modo, poder utilizar el mecanismo de intercambio de orígenes cruzados.

1.12.1.1.1 Access-Control-Request-Method

Este encabezado indica el método que se va a realizar en la solicitud. Este encabezado siempre se incluye, aunque el método sea un método HTTP simple como GET, POST o HEAD.

```
Access-Control-Request-Methos: GET
```

1.12.1.1.2 Access-Control-Request-Headers

Este encabezado indica qué cabeceras que se va a requerir la solicitud. Los valores de este encabezado deben ir separados por comas.

```
Access-Control-Request-Headers: X-Custom-Header
```

1.12.1.1.3 Encabezados de respuesta HTTP

El estándar CORS dispone de una lista de cabeceras de respuesta que los servidores devuelven a los clientes y, de este modo, poder utilizar el mecanismo de intercambio de orígenes cruzados.

1.12.1.1.4 Access-Control-Allow-Origin

Este encabezado indica quién puede tener acceso. Lo más frecuente es que este valor sea *, lo que significa que se admitirá cualquier origen.

```
Access-Control-Allow-Origin: "*"
```

1.12.1.1.5 Access-Control-Allow-Credentials

Es un valor booleano que indica si se deben incluir las cookies en los encabezados.

Si esta cabecera está establecida a true, el valor de la propiedad **withCredentials** también debe ser true.

```
Access-Control-Allow-Credentials: true
```

1.12.1.1.6   Access-Control-Expose-Headers

Es un String que indica las cabeceras que están expuestas. Los valores de esta cabecera deben ir separados por comas.

Por defecto, esta cabecera está configurada para acceder, únicamente, a encabezados de respuesta simple, es decir, los que se definen como Cache-control, Content-Language, Content-Type, Expires, Last-Modified y Pragma.

```
Access-Control-Expose-Headers: "X-UA-Compatible"
```

1.12.1.1.7   Access-Control-Max-Age

Es un valor entero que indica el tiempo, en segundos, que pueden estar almacenadas las respuestas en caché.

```
Access-Control-Max-Age: 900
```

1.12.1.1.8   Access-Control-Allow-Methods

Es un String que indica los métodos que están permitidos. Los valores de esta cabecera deben ir separados por comas.

```
Access-Control-Allow-Methods: "POST, GET, OPTIONS"
```

1.12.1.1.9   Access-Control-Allow-Headers

Es un String que indica los encabezados que están permitidos. Los valores de esta cabecera deben ir separados por comas.

```
Access-Control-Allow-Headers: "X-UA-Compatible"
```

1.12.1.2   CONEXIONES HTTP

Una solicitud de conexión HTTP es una comunicación entre cliente - servidor que se realiza a través del protocolo HTTP. El cliente demanda una conexión enviándole un mensaje con la solicitud y, el servidor, le contesta con otro mensaje parecido que, lleva consigo, el estado de la conexión y el resultado de esta.

Las conexiones HTTP pueden manejar varios métodos para demandar, al servidor, un tipo de acción que se desea realizar sobre un recurso concreto. Esto significa que, dependiendo de cuál sea, se podrán realizar unas determinadas acciones. A continuación, se muestra una lista con los tipos de conexión o métodos más utilizados.

Tipo/Método	Descripción
DELETE	Representa una eliminación de datos. Lo habitual es que, si la conexión tuvo éxito, devuelva un código de estado 200 o 204, en función de si retorna o no algún contenido.
GET	Representa una lectura, recuperación o descarga de datos, aunque se suele utilizar para envíos, con ciertas limitaciones. Lo habitual es que, si la conexión tuvo éxito, devuelva un código de estado 200.
HEAD	Representa una recuperación de datos cabecera HTTP, incluyendo su código de respuesta. Es decir, en la respuesta no se incluye el HTTP Response (cuerpo de la respuesta). Lo habitual es que, si la conexión tuvo éxito, devuelva un código de estado 200.
POST	Representa un envío de datos. Lo habitual es que, si la conexión tuvo éxito, devuelva un código de estado 201.
PUT	Representa una creación o actualización de datos. Lo habitual es que, si la conexión tuvo éxito, devuelva un código de estado 201 o 204, en función de si retorna o no algún contenido.
OPTIONS	Representa una solicitud de información sobre las opciones de comunicación. Lo habitual es que, si la conexión tuvo éxito, devuelva un código de estado 200.

En JavaScript, las conexiones HTTP se realizan a través de un objeto que, por cierto, lo diseñó Microsoft, fue adoptado por Mozilla y que, actualmente se ha convertido en un estándar de la W3C. Ese objeto era XMLHttpRequest, aunque, actualmente ya se usa más las promesas y la API Fetch.

1.13 LENGUAJES DE INTERCAMBIO DE DATOS JSON Y XML

Tanto JSON (JavaScript Object Notation) como XML (eXtensible Markup Language) son formatos de intercambio de datos muy utilizados en el mundo de la programación y el desarrollo web. Aunque ambos sirven para el mismo propósito principal –facilitar la comunicación y el transporte de datos entre diferentes sistemas–, lo hacen de formas ligeramente distintas. Ambos formatos son muy útiles, y conocerlos te ayudará a comprender cómo interactúan los sistemas hoy en día.

JSON es un formato ligero y fácil de leer que se utiliza principalmente para transmitir datos en aplicaciones web. Su estructura es simple y está basada en pares de clave-valor, lo que hace que sea muy intuitivo de entender y trabajar con él. Por ejemplo, si necesitas enviar información sobre un usuario, como su nombre y edad, el formato JSON se vería algo así:

```
{
    "nombre": "Juan",
    "edad": 30
}
```

Este formato es tan sencillo que es fácil de manipular tanto para los humanos como para las máquinas. Además, JSON se integra perfectamente con JavaScript, lo que lo convierte en una opción popular para aplicaciones web, especialmente cuando se interactúa con servidores y APIs (interfaces de programación de aplicaciones).

Por otro lado, XML es un formato más antiguo, basado en una estructura jerárquica de etiquetas. A diferencia de JSON, XML utiliza etiquetas de apertura y cierre para organizar los datos. Aunque es más verboso que JSON, es extremadamente flexible y se ha utilizado durante muchos años en diversas aplicaciones, desde el intercambio de datos entre sistemas hasta la configuración de servicios web. Un ejemplo de cómo se vería la misma información en XML es el siguiente:

```
<usuario>
    <nombre>Juan</nombre>
    <edad>30</edad>
</usuario>
```

XML es más detallado en su sintaxis y puede ser más complejo en algunos casos, pero su principal ventaja es que permite definir una estructura más rica y personalizada para los datos. Además, gracias a su extensibilidad, XML se utiliza ampliamente en escenarios que requieren una mayor formalidad o una estructura más compleja, como en el caso de los documentos de configuración, los servicios web y los estándares industriales.

Ambos formatos tienen su lugar dependiendo del contexto. JSON es generalmente preferido cuando se necesita velocidad y simplicidad, especialmente en el desarrollo web y móvil. XML, por su parte, sigue siendo valioso en escenarios más estructurados o cuando se necesita trabajar con sistemas heredados que dependen de su formato.

En resumen, tanto JSON como XML son herramientas poderosas para compartir datos entre sistemas, y elegir uno u otro depende de tus necesidades específicas. Si estás buscando algo sencillo y rápido, JSON probablemente sea la mejor opción. Si necesitas una estructura más compleja y flexible, XML podría ser lo que necesitas. Ambos tienen un papel fundamental en el desarrollo moderno, y saber cómo usarlos te permitirá abordar diferentes proyectos con mayor facilidad y eficiencia.

1.14 PRINCIPALES HERRAMIENTAS PARA DESARROLLAR UN SITIO WEB

El desarrollo de sitios web ha evolucionado significativamente en los últimos años, y hoy en día, los desarrolladores cuentan con una amplia variedad de herramientas para facilitar el proceso, mejorar la productividad y crear sitios web más dinámicos, accesibles y funcionales. Ya sea que estés comenzando tu carrera como desarrollador o buscando optimizar tus habilidades, conocer las herramientas adecuadas es crucial para crear experiencias web exitosas.

A continuación, se comentan algunas de las principales herramientas que se utilizan en el desarrollo web de hoy día.

1.14.1 Editores de código

Uno de los primeros pasos en el desarrollo web es escribir el código, y para ello, los editores de código juegan un papel fundamental. Herramientas como Visual Studio Code y Sublime Text son extremadamente populares. Visual Studio Code (VS Code) es especialmente apreciado por su versatilidad, soporte para múltiples lenguajes y extensiones que mejoran la experiencia de codificación. Tiene una gran comunidad de desarrolladores que crean complementos y mejoras constantes, lo que lo convierte en una opción confiable y muy completa.

Por otro lado, Sublime Text es un editor más ligero y rápido que también es bastante utilizado, especialmente cuando se necesita algo simple y eficiente. Ambos permiten la edición y depuración de código de manera rápida y efectiva, lo cual es crucial cuando trabajas en proyectos con múltiples líneas de código.

1.14.2 Frameworks y bibliotecas Front-End

Cuando hablamos de diseño y estructura visual de los sitios web, los frameworks front-end como Bootstrap y Tailwind CSS son esenciales. Bootstrap es uno de los frameworks más populares para desarrollar interfaces limpias y funcionales, gracias a su sistema de rejillas (grid) y componentes predefinidos como botones, formularios y menús. Esto permite a los desarrolladores crear sitios web responsivos y adaptables a diferentes tamaños de pantalla con facilidad.

Por otro lado, Tailwind CSS se ha ganado un lugar destacado en la comunidad por su enfoque de diseño basado en clases utilitarias, lo que permite una personalización rápida y eficiente sin la necesidad de escribir código CSS adicional. Tailwind se ha convertido en la opción preferida de muchos diseñadores y desarrolladores por su flexibilidad y capacidad de adaptarse a estilos más específicos y personalizados.

1.14.3 Herramientas de desarrollo Back-End

En el lado del servidor, las herramientas como Node.js y PHP siguen siendo muy populares. Node.js, que permite a los desarrolladores ejecutar JavaScript en el servidor, ha ganado mucho terreno por su rendimiento, escalabilidad y por ser ideal para crear aplicaciones en tiempo real, como chats o juegos multijugador. Es especialmente útil cuando se trabaja con JavaScript en todo el stack de desarrollo (lo que se conoce como un entorno "full-stack").

PHP, por su parte, sigue siendo una opción confiable para desarrollar aplicaciones web dinámicas y es ampliamente utilizado para gestionar bases de datos y generar contenido web dinámico. Plataformas como WordPress, que utilizan PHP, también facilitan la creación de sitios web incluso para quienes no tienen mucha experiencia técnica.

1.14.4 Sistemas de gestión de bases de datos (DBMS)

Las bases de datos son una parte integral de la mayoría de los sitios web modernos, ya que permiten almacenar y recuperar datos de manera eficiente. Herramientas como MySQL y PostgreSQL siguen siendo las opciones más comunes para bases de datos relacionales. MySQL es ampliamente utilizado por su simplicidad, fiabilidad y rápida integración con plataformas populares como WordPress y Drupal.

MongoDB, una base de datos NoSQL, se ha vuelto muy popular en el desarrollo de aplicaciones modernas, especialmente cuando se trabaja con grandes volúmenes de datos no estructurados o se necesita flexibilidad en el manejo de los datos.

1.14.5 Herramientas de diseño y prototipado

El diseño de interfaces visuales también es crucial para el desarrollo web. Herramientas como Figma y Adobe XD han revolucionado la forma en que los diseñadores crean prototipos de sitios web y aplicaciones. Figma, en particular, es muy apreciada por su enfoque colaborativo, ya que permite que equipos de diseñadores y desarrolladores trabajen juntos en tiempo real, lo que mejora la comunicación y la eficiencia del proceso de diseño.

Adobe XD también es una excelente opción para crear diseños interactivos, y su integración con otras herramientas de Adobe lo convierte en una opción ideal para diseñadores que ya están familiarizados con el ecosistema de Adobe.

1.14.6 Herramientas de control de versiones

El uso de sistemas de control de versiones es esencial para trabajar en equipo y gestionar los cambios de código de manera eficiente. Git es el sistema de control de versiones más utilizado, y su integración con plataformas como GitHub o GitLab permite a los desarrolladores almacenar, compartir y colaborar en proyectos de manera organizada. Git ayuda a mantener un historial de los cambios realizados, facilitando la resolución de conflictos y el trabajo en equipo.

1.14.7 Herramientas de pruebas y depuración

La calidad del código es crucial para el funcionamiento de un sitio web, y las herramientas de pruebas y depuración son esenciales en este proceso. Chrome DevTools es una herramienta imprescindible para cualquier desarrollador web, ya que permite inspeccionar, depurar y optimizar el rendimiento de las aplicaciones directamente en el navegador. Además, plataformas como Jest (para pruebas unitarias en JavaScript) y PHPUnit (para PHP) son herramientas poderosas para garantizar que el código funcione correctamente antes de desplegarse en producción.

1.14.8 Plataformas de despliegue y hosting

Finalmente, una vez que el sitio está listo, es necesario alojarlo en un servidor y asegurarse de que esté disponible para los usuarios. Netlify y Vercel son opciones populares para desplegar aplicaciones front-end con rapidez, especialmente aquellas construidas con frameworks modernos como React o Next.js. Estas plataformas no solo facilitan el despliegue, sino que también ofrecen funcionalidades como integración continua (CI), lo que asegura que el código siempre esté actualizado y libre de errores.

Para sitios más complejos o con necesidades de Back-End, Heroku y DigitalOcean son opciones muy utilizadas, ya que permiten el despliegue de aplicaciones completas, con bases de datos y servicios de escalabilidad.

2

HERRAMIENTAS DE TRANSFERENCIA DE ARCHIVOS

El término de "transferencia de archivos" suele referirse a un intercambio de información que se produce dentro de una red informática. Si bien es cierto que la transferencia de archivos suele darse a través del modelo FTP (File Transfer Protocol), este intercambio de ficheros también puede ocurrir mediante otras diversas formas.

2.1 PROTOCOLO FTP

El protocolo de transferencia de archivos, aludido genéricamente por el acrónimo FTP, es un protocolo de red que permite la transferencia de archivos entre dos sistemas conectados en TCP (Transmission Control Protocol) bajo una arquitectura de tipo cliente-servidor.

El servicio FTP se ofrece gracias a la capa de aplicación del modelo de capas de red TCP/IP al usuario, que usualmente usan los puertos de red 20 o 21. Sin embargo, no hay que olvidar que, aunque nos puede ofrecer la máxima velocidad durante las conexiones, no suele proporcionar la máxima seguridad ya que todo el intercambio de información se produce sin cifrar, lo que hace más fácil que un usuario malintencionado pueda capturar el tráfico, acceder al servidor o, incluso, conseguir los archivos transferidos.

2.1.1 Diferencia entre Cliente y Servidor FTP

Aunque se verán un poco más en detalle a continuación, podríamos afirmar que, mientras que un cliente FTP no es más que un programa que sirve para conectarse con un servidor de su mismo tipo e intercambiar archivos, un servidor FTP es una aplicación o servicio que hace uso del protocolo FTP.

2.1.1.1 SERVIDOR FTP

Un servidor FTP es un programa o aplicación específica que se ejecuta en un equipo servidor y que suele estar conectado a Internet, además de ofrecer conexiones LAN o MAN, entre otras. Su objetivo no es otro que el de permitir el intercambio de datos entre diferentes sistemas, servidores, equipos u ordenadores.

Por lo general, los servidores FTP no suelen encontrarse en ordenadores de sobremesa ni portátiles, sino que se encuentran en equipos especiales dedicados a ello. Por ello, el usuario de a pie normalmente utilizará el FTP para conectarse remotamente a un servidor con el objetivo de subir o intercambiar información.

Su uso o aplicación más común suele ser para el alojamiento de páginas web, aunque también puede utilizarse como fuente de respaldo o backup.

2.1.1.2 CLIENTE FTP

Un cliente FTP es un programa o aplicación específica que se ejecuta en un equipo remoto del usuario, véase por ejemplo un ordenador de sobremesa o portátil, y que tiene por objetivo conectarse con un servidor FTP para subir o descargar archivos.

Por lo general, para poder usar un cliente FTP, se necesita conocer el nombre del servidor, el sistema de cifrado si lo tiene (que habitualmente será así), el modo de acceso (que podrá ser incluso anónimo) y el usuario y contraseña. No obstante, habrá otros parámetros que podremos necesitar como el puerto, si usa proxi o no, los directorios local y remoto o el modo de transferencia, que podrá ser activo o pasivo.

Su uso o aplicación más común suele ser para consultar, descargar o actualizar las diferentes páginas de un sitio web, aunque también puede utilizarse como herramienta para respaldar información en un servidor FTP.

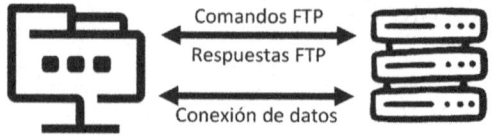

Iconos extraídos de https://www.iconfinder.com/

Cabe destacar que algunos clientes FTP pueden venir integrados con el sistema operativo, pero suelen ser de tipo o modo comando, es decir, sin interfaz gráfica. Sin embargo, como veremos, los clientes FTP más frecuentemente utilizados nos proveen de múltiples opciones adicionales que se manipulan a través de una interfaz gráfica que, normalmente, es bastante intuitiva, aunque al principio pueda parecer que no.

Entre los clientes de modo texto o consola tenemos el comando **ftp**, que suele funcionar tanto para Windows como para Linux.

Entre los clientes con interfaz gráfica podemos encontrar múltiples opciones, no obstante, los más frecuentemente utilizados son Filezilla y WinSCP, que son los que se verán un poco en profundidad en este libro.

2.1.2 Filezilla

FileZilla es una plataforma libre de código abierto que nació con el pensamiento de facilitar el almacenamiento de archivos de forma remota a través de una red LAN y se lanzó a principios de 2001. Funciona a nivel de cliente / servidor y soporta los protocolos FTP, SFTP, SSL y TLS.

Originalmente se diseñó para Windows, pero a partir de la versión 3 se volvió multiplataforma y ahora está disponible, además, para GNU/Linux, FreeBSD y macOS.

Presenta tres versiones:

1. La versión que incorpora un instalador y que permite instalar o desinstalarlo fácilmente el software. Esta versión suele estar indicada para usuarios novatos o juniors.

2. La versión con el software comprimido sin instalador y que funciona una aplicación stand-alone. Esta versión suele estar indicada para aquellos usuarios a los que no les gustan los instaladores o que tienen necesidades especiales.

3. La versión con el código fuente que permite ver, modificar y/o compilar el código fuente de FileZilla. Esta versión suele estar indicada para usuarios avanzados que desean conocer o ayudar a mejorar la plataforma.

2.1.2.1 INSTALACIÓN EN WINDOWS

La versión de Windows que lleva el instalador normalmente nos solicitará primero derechos de acceso mediante algún mensaje de confirmación:

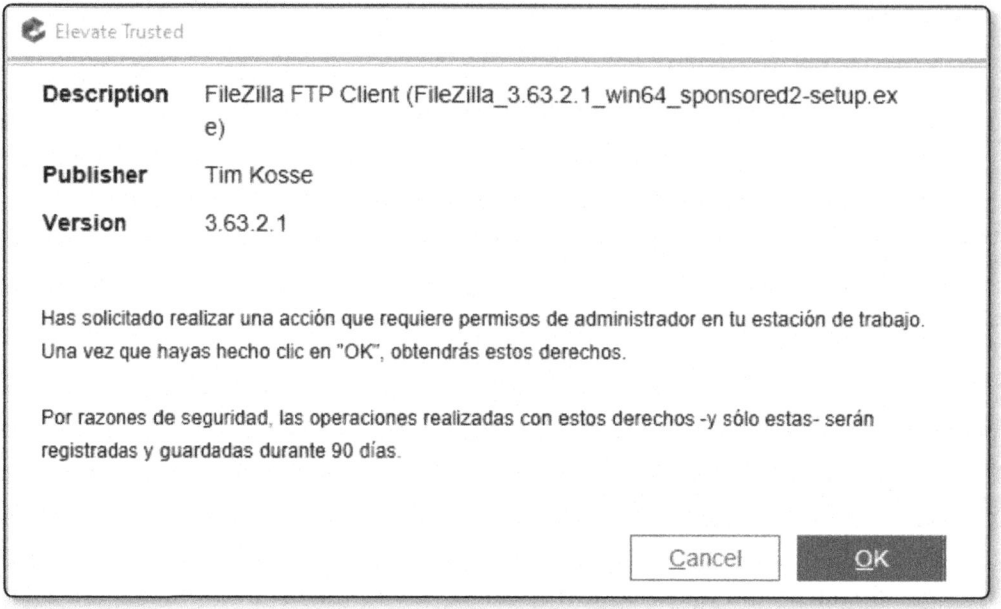

Mensaje de confirmación en Windows 10

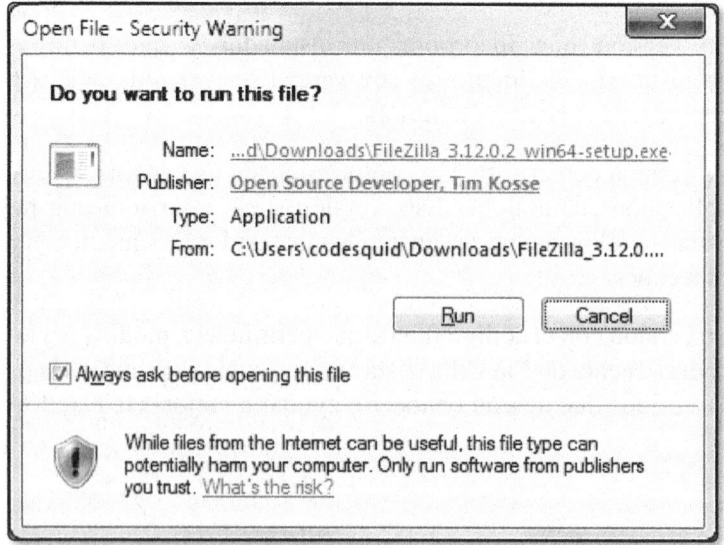

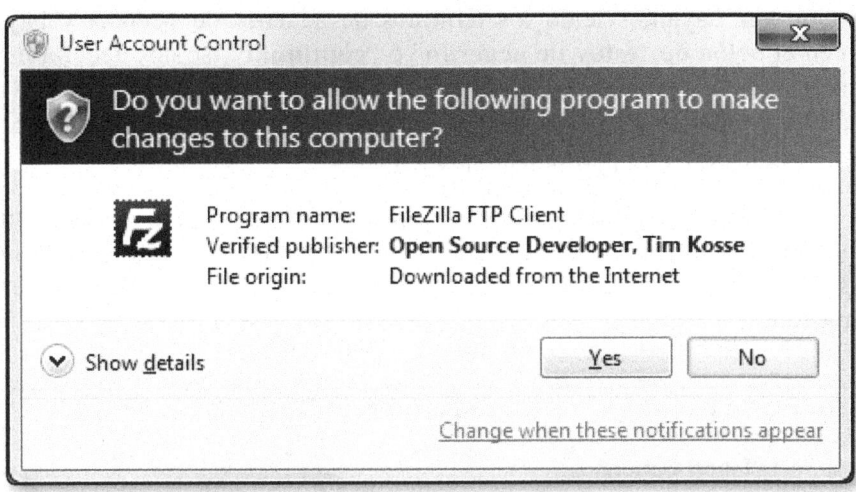

Mensajes de confirmación en Windows 8 extraídas de https://wiki.filezilla-project.org/Client_Installation

A continuación, se nos debería mostrar una pantalla con los términos del acuerdo de licencia.

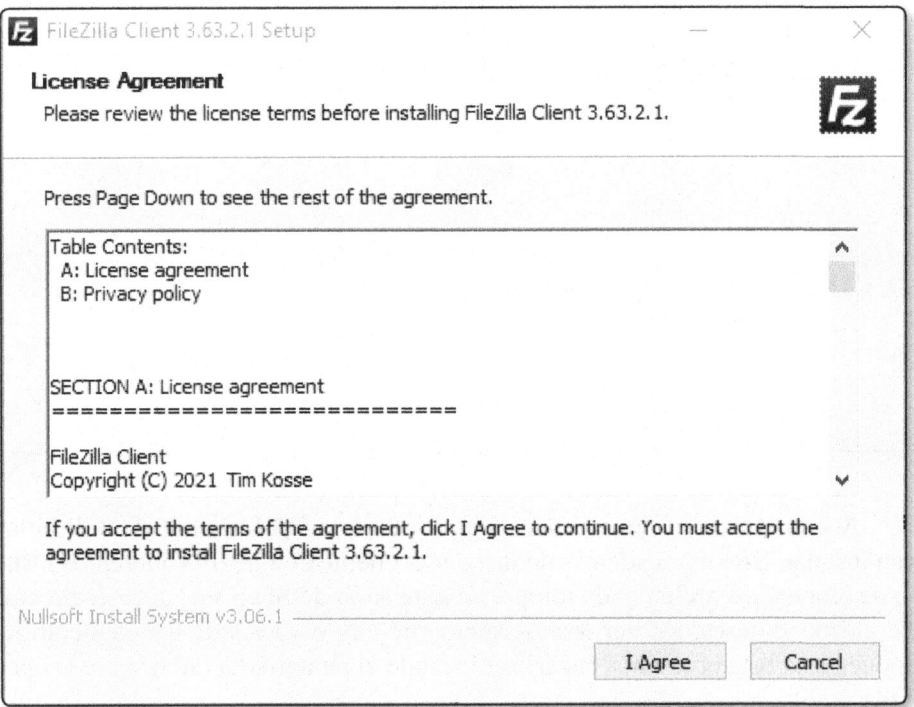

Una vez hayamos leído los términos de acuerdo de licencia y hayamos pulsado en el botón de "**estoy de acuerdo**" o "**continuar**", se nos debería mostrar una pantalla para seleccionar si la instalación va a ser sólo para nosotros o para todos los usuarios. No obstante, es posible que nos aparezca alguna pantalla anterior para ofrecernos algún software patrocinado por Filezilla.

A modo de apunte, cabe destacar que, la opción para todos los usuarios podrá afectar a la ubicación de los iconos del menú Inicio y requerir privilegios administrativos, sin embargo, permitirá que los usuarios tengan su propia configuración.

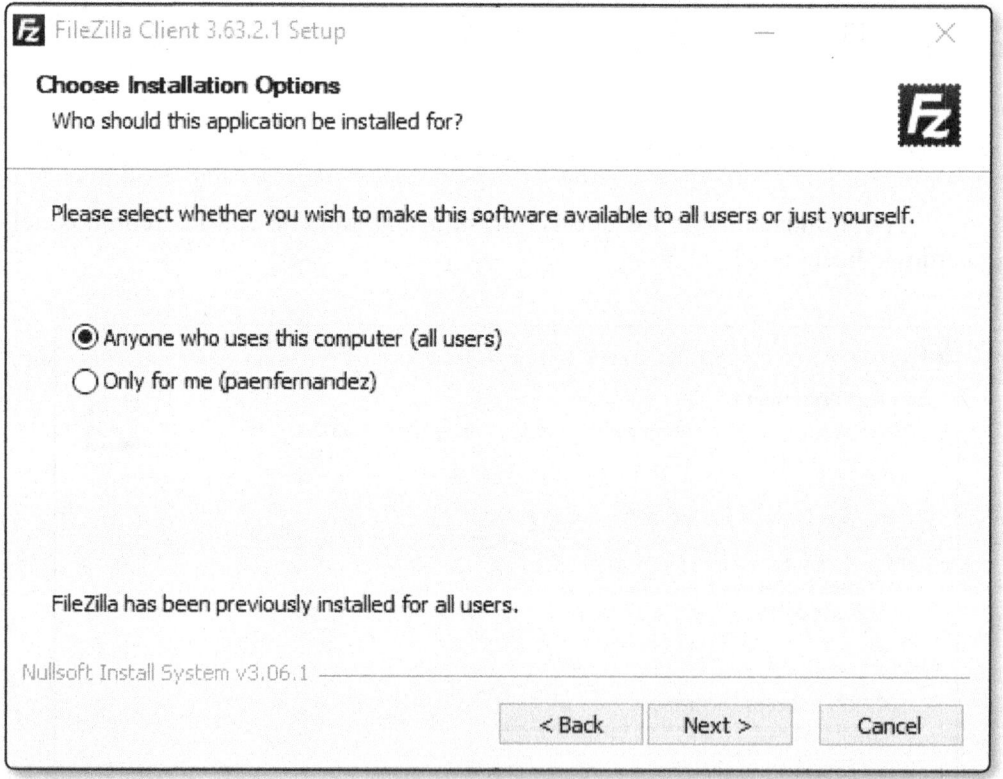

A continuación, deberemos elegir qué partes del cliente de FileZilla se desean instalar. Esto es, si además de instalar el cliente de Filezilla queremos instalar el set de iconos, los archivos de idioma, la extensión de Shell y el acceso directo en el escritorio. Si deseamos ver la descripción de uno o varios de los elementos que componen esta lista podremos hacerlo colocando el puntero del ratón sobre la opción deseada.

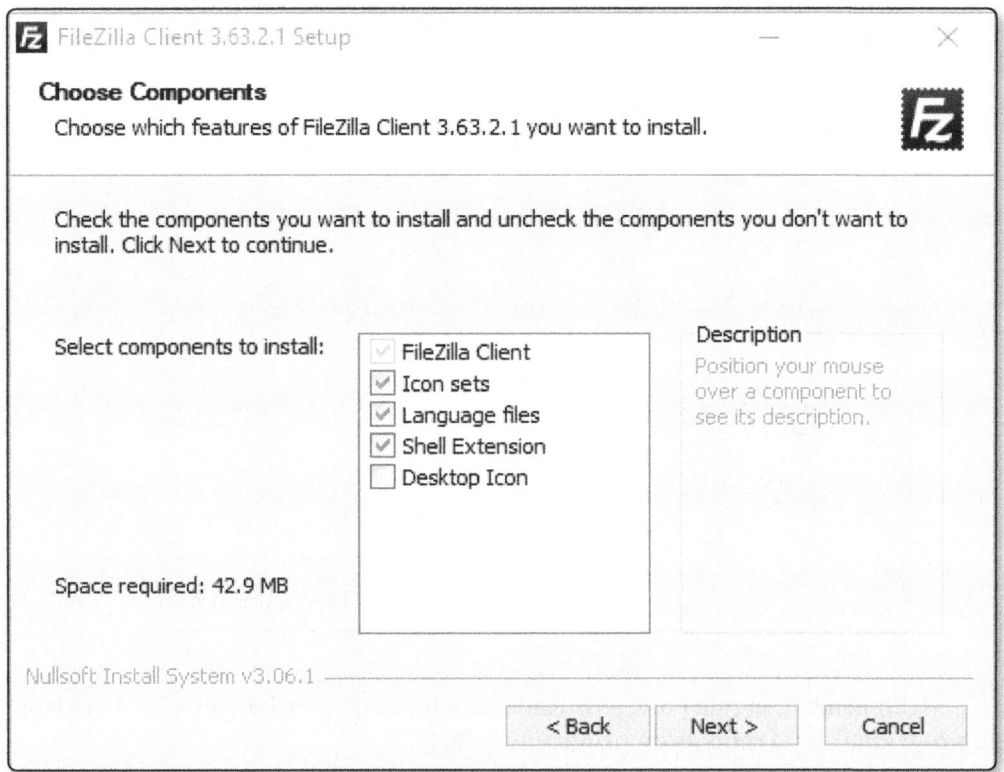

En lo referente a la extensión de shell es importante saber que la instalación o eliminación requerirá privilegios de administrador y que, aunque FileZilla para Windows solo está disponible como compilación de 32 bits, contiene una extensión de shell tanto para el shell de 32 bits como para el de 64 bits.

Justo después de seleccionar los componentes se nos mostrará una pantalla para poder elegir dónde instalar el software. Aquí, lo recomendable es que, si no se tienen necesidades especiales, se haga clic en "**Siguiente**".

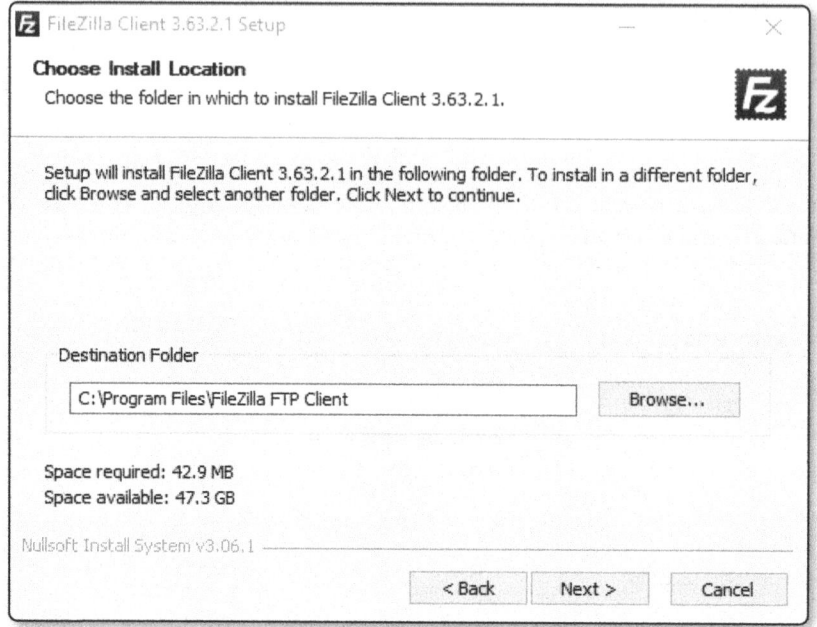

En general, la ruta predeterminada para instalar será el directorio "**Archivos de programa**" o "**Archivos de programa (x86)**".

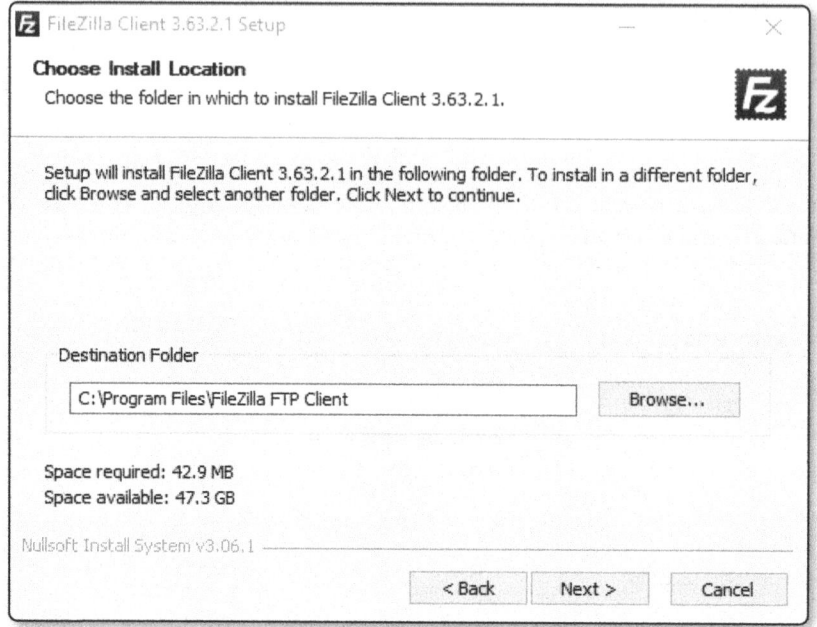

ⓘ **IMPORTANTE**

Si se va a actualizar desde una **versión 2**, es importante saber que **nunca debe instalarse en el mismo directorio** puesto que, al no ser una actualización, la mezcla de versiones podría generar un conflicto entre versiones.

Acto seguido, se nos preguntará cómo deseamos nombrar la carpeta con los accesos directos a FileZilla dentro del menú de inicio.

El descriptor predeterminado está establecido a "**FileZilla FTP Client**" y, en principio, este debería ser una buena elección para la mayoría de las personas, sin embargo, es posible cambiarlo al nombre o descriptor que se desee. Aun así, si no se desean accesos directos se puede optar por no instalar estos accesos directos pulsando en la opción de "**No crear accesos directos**".

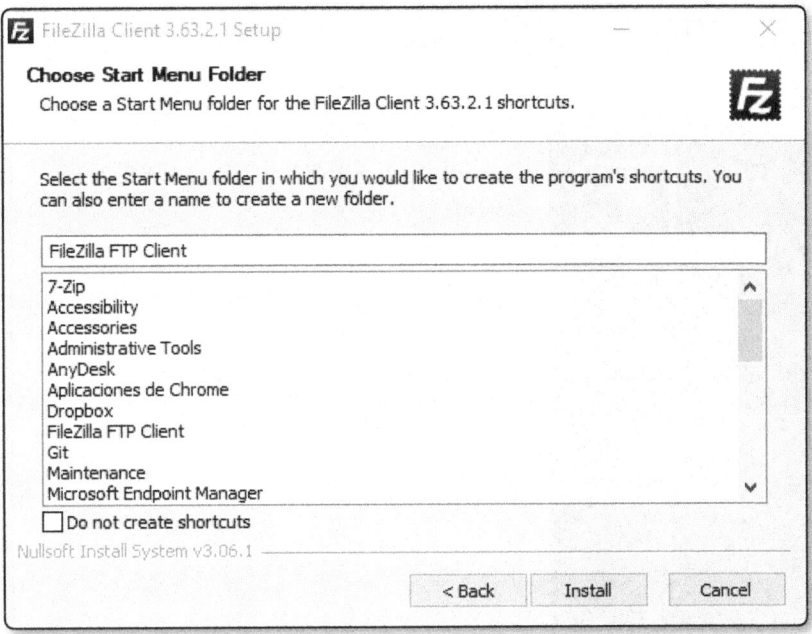

Finalmente, tras pulsar el botón de "**Instalar**", se nos mostrará una pantalla con el progreso de la instalación la cual, si no se producen errores, debería completarse en unos pocos segundos.

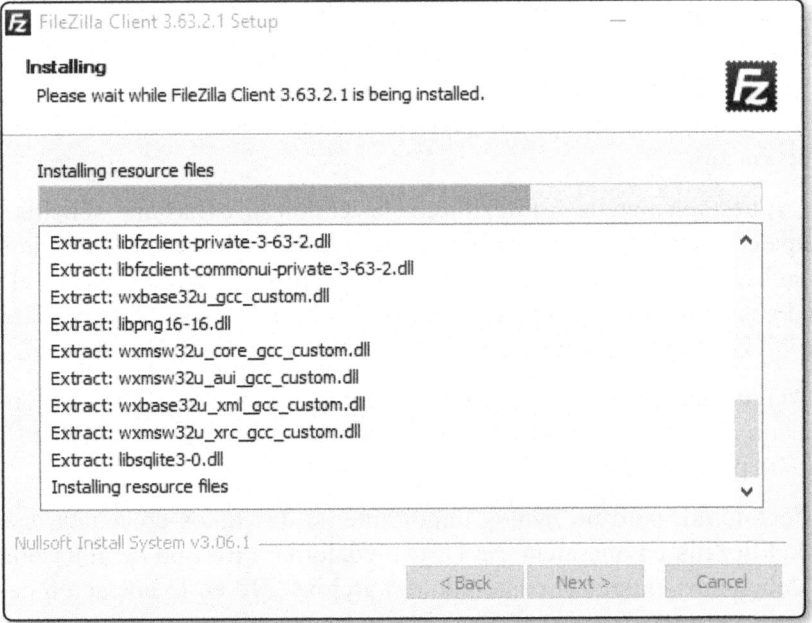

Tras lo cual, deberíamos pulsar en **"Siguiente"** y aparecernos una pantalla de finalización como la mostrada a continuación:

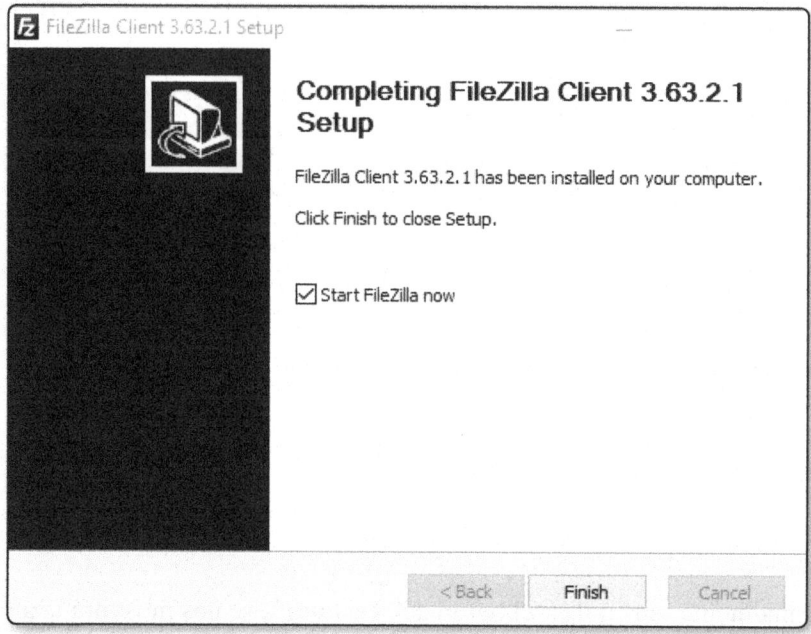

Cuando haya terminado, ya podremos hacer clic en **"Finalizar"** y, si está seleccionada la casilla de verificación de **"Comenzar Filezilla ahora"**, se nos abrirá la pantalla de inicio de Filezilla.

Bien, ya sabemos cómo instalar el cliente de FTP de Filezilla, pero, y si no queremos instalarlo o deseamos una versión en stand-alone ¿cómo lo hacemos? Pues con la versión zip.

La puesta en marcha de Filezilla con la versión zip es bastante sencilla siempre que se sepa cómo trabajar con archivos zip y se tengan derechos de administración para los archivos y directorios en Windows. Básicamente debemos extraer el archivo descargado en una carpeta de nuestro disco, por ejemplo, **"C:\Program Files\ FileZilla FTP Client\"** y, a continuación, ejecutar el archivo **"filezilla.exe"**.

Al igual que se puede hacer en la versión con instalador, puede ser una buena idea crear un acceso directo a este archivo en nuestro escritorio, menú de inicio o inicio rápido para poder acceder a él fácilmente.

Por último, pero no menos importante, si deseamos crear una instalación portátil de FileZilla en una memoria USB o cualquier otro tipo de almacenamiento portátil, deberemos extraer el contenido del archivo ZIP en la ubicación deseada y crear un archivo llamado "**fzdefaults.xml**" en el mismo directorio donde se encuentre el ejecutable de FileZilla.

Si se tienen dudas de cómo crear este último archivo, podemos consultar el de ejemplo que se encuentra en el subdirectorio "**./docs**" y usarlo como plantilla. Dentro de él, encontraremos instrucciones necesarias para establecer la ubicación de configuración en una ruta relativa en su dispositivo portátil.

2.1.2.2 INSTALACIÓN EN MAC OS X

Antes de instalar FileZilla en un sistema Mac OS X, se debe comprobar que la versión que tenemos instalada es la 10.9 o superior. Una vez comprobado, sólo tendremos que descargar el archivo de instalación.

Aunque lo normal será que el paquete de FileZilla se extraiga automáticamente si lo hacemos a través de Safari, es posible que se tenga que extraer manualmente si estamos usando un navegador diferente. Z

Una vez hecho esto, para iniciar FileZilla, únicamente deberemos hacer doble clic en el paquete de aplicaciones extraído.

ⓘ IMPORTANTE

Cuando iniciemos FileZilla en el Finder, observaremos que la ventana de FileZilla está cubierta por el menú superior y nos resulte difícil mover la ventana, porque no podemos hacer clic en la parte superior cubierta de la ventana de FileZilla.

Si esto sucede, normalmente podremos solucionarlo cambiando la resolución de la pantalla a otra y, posteriormente, devolviéndola a nuestra resolución original.

2.1.2.3 INSTALACIÓN EN GNU/LINUX Y OTROS SISTEMAS UNIX

Para la instalación de Filezilla en GNU/Linux y Unix es recomendable utilizar el administrador de paquetes de la distribución que tengamos instalada. No obstante, si estamos utilizando GNU/Linux, también podemos intentar usar los binarios precompilados.

Después de extraer los archivos a la ubicación deseada, podremos iniciar el software llamando al archivo ejecutable "**filezilla**" en el subdirectorio "**bin**".

Como nota final diremos que, debido a las diferencias en las distribuciones, es posible que los archivos binarios proporcionados no funcionen en nuestro sistema. Si esto sucede, siempre podemos compilar FileZilla con el código fuente.

2.1.3 WinSCP

WinSCP es otra aplicación libre de código abierto que emplea una interfaz gráfica de manera conjunta con el protocolo SSH, aunque permite otros protocolos SCP (de Secure Copy Protocol) para la transferencia de archivos de forma segura. Su principal objetivo, al igual que pasa con Filezilla, es el de facilitar la transferencia segura de archivos entre dos equipos montados a modo de cliente/servidor FTP.

2.1.3.1 INSTALACIÓN

Una vez tengamos descargado el instalable de Windows lo que deberemos hacer es abrir el programa de instalación haciendo doble clic en su icono o nombre de archivo. En este momento nos debería ofrecer la elección del modo de instalación, esto es, "**Instalar para todos los usuarios (recomendado)**" o "**Instalar para mí solamente**".

ⓘ NOTA

Si el idioma de Windows que tenemos instalado no es compatible con el instalador de WinSCP, siempre podremos seleccionar un idioma alternativo tanto para el proceso de instalación como para el posterior uso de WinSCP.

A continuación, se nos debería solicitar, al igual que pasaba con la instalación de Filezilla, los derechos de acceso mediante algún mensaje de confirmación. Una vez permitido el paso, deberíamos poder ver una pantalla con el acuerdo de licencia, el cual describe todas las cláusulas que se deben tener en cuenta al acceder a instalar este software.

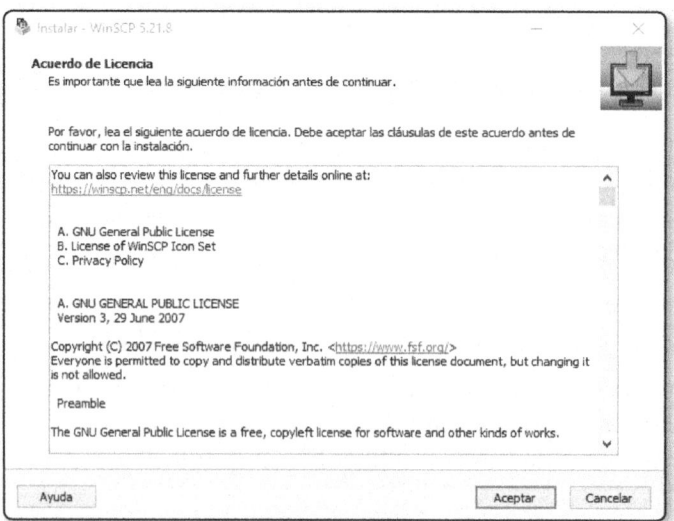

Tras haber pulsado en el botón de "**Aceptar**", se nos debería mostrar una pantalla donde se nos da a elegir el tipo de instalación. Esto es, si la queremos típica con el destino predeterminado, todos sus componentes y las características que ellos definen como típicas o, deseamos la instalación personalizada donde se nos irá preguntando qué deseamos para cada opción.

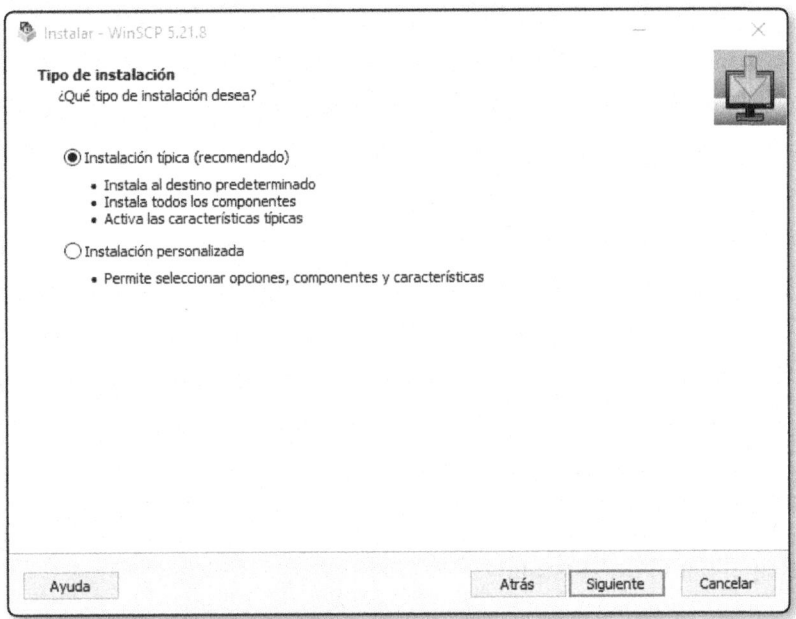

Después de haber seleccionado la opción deseada y, suponiendo que hayamos elegido la opción de "**Instalación típica**", si pulsamos en "**Siguiente**", se nos debería mostrar una pantalla con el estilo de la interfaz deseada.

En esta ocasión, se nos debería ofrecer dos opciones. Una denominada "**NC**" que presenta el local a la izquierda y el panel remoto a la derecha, permite usar atajos de teclado como NC y otros programas similares como (Total Commander o Midnight Commander) y la posibilidad de arrastrar y soltar entre paneles.

La otra opción es la que denominan "**Explorador**" que sólo nos mostrará el directorio remoto, nos permitirá utilizar los atajos de teclado como en el Explorador de Windows e, igualmente, la posibilidad de arrastrar y soltar, aunque, eso sí, de otra manera.

En general, la opción más utilizada es la de "**NC**" debido, fundamentalmente, a que es algo más vistosa y fácil de entender.

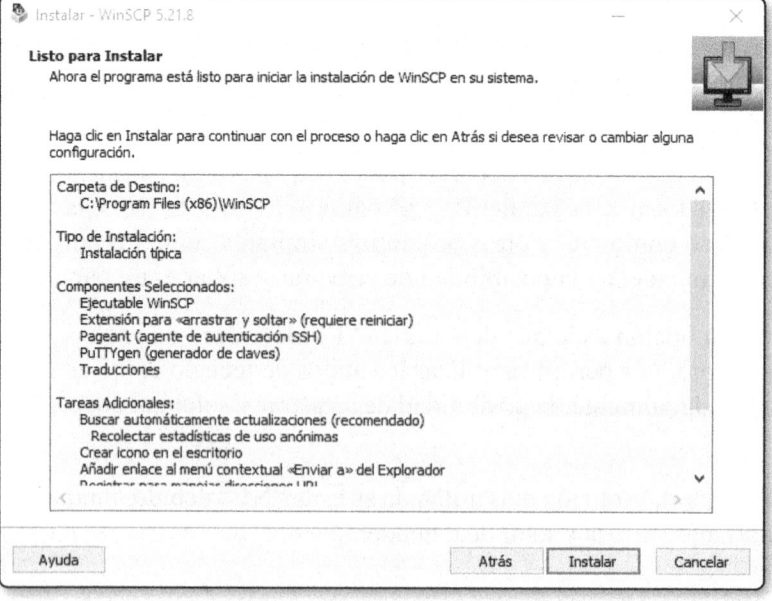

Una vez seleccionada la interfaz deseada, se nos mostrará la pantalla de "**Listo para instalar**" en donde podremos revisar todas las opciones de instalación que hemos seleccionado durante el proceso y, si estamos de acuerdo, bastará con hacer clic en el botón de "**Instalar**".

> **ⓘ NOTA**
>
> Durante el proceso de instalación es posible que nos soliciten reiniciar la computadora. Si esto sucede y elegimos no hacerlo, es posible que algunas funciones de WinSCP no estén disponibles hasta que el reinicio se vuelva efectivo.

2.1.4 Modos de conexión para clientes FTP

Cuando trabajamos con protocolos FTP se pueden establecer varios modos de conexión diferentes.

2.1.4.1 MODO ACTIVO

El modo de conexión activa, también conocida como modo de conexión estándar o sólo modo activo, es aquel que se produce cuando el cliente abre un puerto, se pone a escuchar y es el servidor quien se conecta activamente con el cliente.

Cuando un cliente FTP solicita una conexión con un servidor dado, lo que se está haciendo es establecer una comunicación a través de un puerto aleatorio, que normalmente es mayor al 1024, hacia el puerto 21 del servidor FTP y, por esa misma conexión, se le indica al servidor FTP cuál será el puerto de nuestro cliente FTP por el que se desea recibir los datos.

En general podemos afirmar que cuando usamos este modo, el servidor utilizará dos conexiones. Una por el puerto 20, que se usará para transferir los datos y otra por el puerto 21, que se usará para la transmisión de los distintos comandos.

La secuencia de conexión del modo activo será o debería ser como la siguiente descripción de pasos:

1. El cliente FTP emprende una conexión desde un puerto de control aleatorio con valor superior a 1024 y con destino al puerto 21 del servidor.

2. El servidor responde desde el puerto de control.

3. El servidor inicia la conexión del canal de datos. En general este canal será el puerto 20 para el servidor y puerto siguiente al indicado por el cliente en el paso previo.

4. El cliente responde desde el puerto de datos estableciendo así la conexión solicitada.

Por último, cabe destacar que, aunque este modo es bastante utilizado, presenta un inconveniente y es que, si no se ha definido directiva alguna en los firewalls del lado del cliente, la conexión puede llegar a bloquearse. Esto se debe precisamente a que este modo requiere dos conexiones, una para establecer el canal de control y otra para el envío de datos.

2.1.4.2 MODO PASIVO

El modo de conexión pasiva, también conocido como modo pasivo, surge por la cantidad de problemas que, históricamente, creó el modo activo y es aquel que se produce cuando el servidor abre un puerto, se pone a escuchar de manera pasiva y es el cliente quien se conecta con el servidor.

En este modo de conexión, el cliente FTP solicita la conexión con el servidor FTP a través del envío de un comando "**pasv**" y, cuando esto sucede, se establece una comunicación mediante un canal de control que normalmente se corresponde con un valor de puerto aleatorio mayor al 1024 y el puerto 21 del servidor.

Por tanto, para establecer la comunicación, primero se solicitará al servidor que abra un puerto aleatorio mayor que 1024 desde el cliente FTP. Seguidamente, y tras haber recibido la respuesta del servidor, el cliente FTP establecerá una conexión de datos a través del puerto indicado en la petición anterior.

La secuencia de conexión del modo pasivo será o debería ser como la siguiente descripción de pasos:

1. El cliente FTP emprende una conexión desde un puerto de control aleatorio con valor superior a 1024 y con destino al puerto 21 del servidor.

2. El servidor responde desde el puerto de control.

3. El cliente inicia la conexión del canal de datos. En general este canal será el puerto un puerto aleatorio alto con valor superior a 1024 para el servidor y puerto siguiente al indicado por el cliente en el paso previo.

4. El servidor responde desde el puerto de datos estableciendo así la conexión solicitada.

Si comparamos las secuencias del modo activo y el modo pasivo, lo que podremos observar es que la diferencia estriba en quién toma el control, siendo el servidor quien toma el control en el modo activo y el cliente quien toma el control en el modo pasivo.

2.1.5 Modos de acceso

De forma global podemos decir que los modos de acceso en un cliente FTP son anónimos, con usuario y contraseña y de invitado.

2.1.5.1 ACCESO ANÓNIMO

En el modo de acceso anónimo, el usuario puede acceder al contenido del servidor sin una cuenta de usuario asociada. Sin embargo, no se suele usar ya que, para que funcione el servidor debe aceptar conexiones anónimas sin nombre de usuario ni contraseña, lo que puede traer graves problemas de seguridad.

Si el servidor tiene el servicio FTP anónimo instalado y activado, podremos acceder a él con tan solo insertar el nombre de usuario "anonymous". Esto significa que, muy probablemente, no se nos pedirá contraseña alguna, aunque sí que puede que se nos solicite una dirección de correo electrónico o algún otro dato único en el campo de la contraseña a modo de control.

Tras introducir esta palabra clave, lo habitual será tener acceso directo al servidor, eso sí, con menos privilegios de los que tendría un usuario registrado con nombre de usuario y contraseña. Con este tipo de acceso, lo normal será que únicamente podamos acceder a archivos y directorios públicos sin demasiada relevancia ni información privilegiada.

2.1.5.2 ACCESO DE USUARIO

En el modo de acceso de usuario, el usuario puede acceder al contenido del servidor sólo si dispone de un nombre identificativo único y una contraseña.

En general, este tipo de acceso lo tendrán aquellos usuarios que necesiten subir o descargar tanto archivos como directorios y, por tanto, aquellos usuarios que tengan permisos para crear, modificar y/o borrar tanto los archivos, como los directorios.

2.1.5.3 ACCESO DE INVITADO

El modo de acceso de invitado se podría definir como una variación del modo de acceso de usuario ya que, el usuario requiere de un nombre identificativo único y una contraseña. No obstante, únicamente podrá trabajar en el directorio asignado para ese usuario, por lo que no podrá acceder a otros directorios que estén fuera de éste.

2.1.5.4 MODOS DE ACCESO EN FILEZILLA

En Filezilla podemos encontrar las siguientes:

▸ **Acceso anónimo**: el acceso al servidor se realiza sin una cuenta de usuario asociada. No se suele usar ya que, para que funcione el servidor debe aceptar conexiones anónimas sin nombre de usuario ni contraseña, lo que puede traer graves problemas de seguridad.

▸ **Acceso normal**: el acceso al servidor se realiza a través de un nombre de usuario y contraseña que, habitualmente, suelen estar almacenados dentro del programa.

▸ **Preguntar la contraseña**: es igual que la opción anterior, con la diferencia de que no guarda la contraseña y la solicita cada vez que iniciemos una nueva sesión.

▸ **Interactivo**: el acceso al servidor se realiza tras solicitar la contraseña, pero no mantiene la sesión, por lo que se solicita en cada nueva solicitud de conexión al servidor.

▸ **Cuenta**: permite especificar una cuenta. Este modo de acceso no es nada frecuente.

2.2 PROTOCOLO FTPS

El protocolo SSH File Transfer Protocol, aludido genéricamente por el acrónimo SFTP o FTP/SSL, es un protocolo de red que permite la transferencia de archivos entre dos sistemas conectados de forma segura.

Entre sus características más notorias podríamos decir que el protocolo SFTP intenta ser más independiente de la plataforma que SCP (Secure Copy Protocol). Esto es porque mientras que, por ejemplo, SCP soporta expansión de comodines especificados por el cliente hasta el servidor, el diseño SFTP no evitando así este problema. Sin embargo, otra cosa que lo diferencia es que suele usar el puerto 22, en vez del puerto 21 como pasa con el protocolo FTP.

Como nota interesante diremos que en múltiples ocasiones los usuarios piensan que el protocolo SFTP se "obtiene" al ejecutar el protocolo FTP sobre SSH o que está vinculado de alguna manera con el Protocolo Simple de Transferencia de Archivos. Esto es un error pues SFTP es un protocolo diferente a FTP que está diseñado por el grupo de trabajo IETF SECSH y tampoco tiene nada que ver con el Protocolo Simple de Transferencia de Archivos, que es un software de línea de comandos que el cliente ejecuta parte de este protocolo.

2.2.1 Métodos de conexión

Existen dos métodos para realizar una conexión SSL/TLS a través de SFTP.

2.2.1.1 SFTP IMPLÍCITO

El SFTP Implícito es un método que establece una conexión cifrada entre el cliente y el servidor previamente a la transferencia de datos. Esta conexión cifrada suele realizarse con TSL o SSL y a través de los puertos 990 (SFTP) y 998 (SFTP Data), sin posibilidad alguna de negociación sobre el puerto ni el tipo de conexión.

2.2.1.2 SFTP EXPLÍCITO

El SFTP Explícito, que es el recomendado por el RFC 4217, es un método que establece una conexión cifrada entre el cliente y el servidor por el puerto 21 y, a continuación, negocia de forma explícita si se debe cambiar a un modo seguro utilizando TSL o SSL o no para transferir la información deseada.

2.2.2 Por qué y cómo usar SFTP

El uso de SFTP es algo casi necesario porque aporta más seguridad y confiabilidad ya que añade un cifrado a las transmisiones y los mensajes se transmiten a través de un canal seguro.

Dado que el Filezilla es uno de los clientes FTP más populares y que está disponible para los principales sistemas operativos, en este curso, lo usaremos como herramienta de apoyo y aprendizaje durante todo el proceso de publicación de páginas web.

Dicho esto, para establecer una comunicación SFTP con Filezilla deberíamos seguir los siguientes pasos:

1. Abrir el panel de conexiones pulsando **Archivo / Gestor de sitios**.

2. En la pantalla que nos aparece a continuación, pulsamos en **Nuevo sitio** para crear una nueva conexión.

3. En la misma pantalla se nos creará una nueva entrada en "**Mis sitios**" que pondrá "**Nuevo sitio**" y varias opciones en blanco a la derecha. Justo aquí, a la derecha, hay una opción llamada protocolo en la que deberemos seleccionar **SFTP – SSH File Transfer Protocol**.

4. A continuación, deberemos introducir el nombre o datos de host en donde indica "**Servidor**", el modo de acceso que, en general, será "**Normal**" y el nombre de usuario y contraseña que nos hayan proporcionado.

5. Finalmente, pulsaremos en el botón de **Conectar**.

2.3 OPENSSL

OpenSSL es un proyecto de software libre basado en SSLeay, desarrollado por Eric Young y Tim Hudson que nos provee de un robusto paquete de herramientas relacionadas con la seguridad que suministran funciones criptográficas a otros paquetes como OpenSSH o para el acceso seguro a sitios web con HTTPS.

Además, permite crear certificados digitales que pueden aplicarse a servidores como, por ejemplo, Apache y ayudan a la implementación del SSL, así como otros protocolos relacionados con la seguridad, como el TLS.

El objetivo de OpenSSL no es otro que el de mejorar la ciberseguridad aportando la posibilidad de realizar cifrados simétricos y asimétricos, calculando funciones hash, estableciendo firmas RSA, DSA, AES, creando certificados digitales X509, CSR o CRL y permitiendo hacer pruebas de clientes y servidores SSL/TLS, entre otras cosas.

A continuación, se explica un poco todo lo que se debe conocer de OpenSSL y sus principales funciones.

2.3.1 Certificados SSL y TLS

Tanto un certificado SSL (Secure Sockets Layer), como un certificado TLS (Transport Layer Security), son unos documentos digitales que permiten autenticar o ratificar la identidad de un sitio web y habilitan una conexión segura. La única diferencia entre ambos es que TLS resulta ser una versión más actualizada y segura que SSL.

Ambos certificados se suelen conseguir por medio de lo que se denomina Autoridades Certificadoras, que pueden ser de pago o no, en función del servicio que proporcionen y/o el nivel de validación que puede proporcionar a sus usuarios sobre el dominio en el que se encuentran y la empresa u organización que está detrás de él.

Las Autoridades Certificadoras como Digicert o ZeroSSL pueden ser buenas opciones si lo que se desea es un certificado SSL de pago, sin embargo, si se desea un certificado SSL gratuito la mejor opción suele ser **Let's Encrypt**.

2.3.2 Cifrados asimétricos

El cifrado asimétrico se caracteriza porque usa lo que se denomina una infraestructura de clave pública o PKI, un tipo de cifrado que se usa para realizar comunicaciones entre dos o más sistemas y/o dispositivos.

Este tipo de cifrado se usa en aplicaciones tan conocidas como WhatsApp, Telegram o Skype y se basa en la premisa de que un contenido o mensaje debe utilizar dos claves diferentes para cifrar o descifrar, sin embargo, aunque sean diferentes una se basa en la otra.

A estas claves se las denomina clave pública y clave privada. La clave pública es la "llave" encargada de realizar la encriptación del mensaje o contenido, la cual posee un valor único para cada iteración o construcción, y es conocida por todos los sistemas o dispositivos con los que se desea interactuar o entablar una comunicación.

Por otro lado, la clave privada es la "llave" encargada para realizar la desencriptación y únicamente conocida por el propietario, lo que implica que no se transmita ni dé a conocer a nadie en ninguna circunstancia.

A continuación, se muestra un esquema del flujo de un cifrado asimétrico:

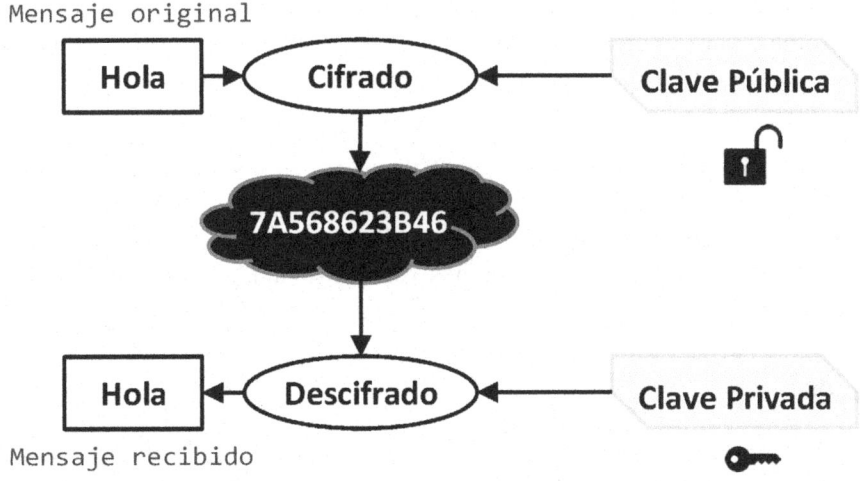

Para entender mejor este tipo de cifrados, los profesionales suelen recurrir al símil del candado, un supuesto en el que hay un cofre o baúl y un candado, ambos abiertos. En este supuesto, un usuario que actúa como emisor recoge un papel y escribe en él un mensaje que, a continuación, guarda dentro del cofre o baúl y cierra de forma segura poniendo y cerrando el candado. Para que el usuario receptor pueda leer el mensaje, el usuario emisor le proporciona la llave del candado garantizando, así, que únicamente él pueda acceder a dicho mensaje.

De este supuesto podemos deducir por tanto que el candado es la clave pública, que la llave es la clave privada y que, si algo viene firmado con la clave privada, es que es de quien firmó con la clave pública, lo que significa que podemos afirmar el origen de dicho mensaje o contenido.

Los cifrados asimétricos más utilizados y, posiblemente, conocidos son RSA y DSA, pero también se aplica en certificados digitales que usan el estándar X.509.

2.3.2.1 RSA

El término RSA es un acrónimo formado a partir de los apellidos de sus autores (Rivest, Shamir y Adleman) y que hace referencia a un algoritmo de cifrado de infraestructura de clave pública que resulta particularmente útil para realizar firmas digitales, para transacciones relacionadas con el comercio electrónico o para encriptar y enviar claves simétricas que se usarán posteriormente en comunicaciones cifradas en sistemas mixtos.

Fue descrito por primera vez en 1977 y su seguridad se basa en la problemática que existe al factorizar números enteros grandes primos, es decir, a la dificultad que se produce para expresar un número como el producto de otros menores que lo pueden dividir de forma entera y que, además, son únicamente divisibles por 1 y ellos mismos.

El funcionamiento del algoritmo RSA se basa en crear las claves pública y privada y, posteriormente, ejecutar unas fórmulas para cifrar y descifrar el mensaje o contenido. Sin embargo, para que este sistema se vuelva totalmente seguro, deberemos utilizar longitudes de no menos 1024 bits, siendo recomendable usar una longitud de 2048 bits.

2.3.2.2 DSA

DSA (Digital Signature Algorithm o Algoritmo de Firma digital) es un estándar del Gobierno Federal de los Estados Unidos de América o FIPS que se usa en firmas digitales.

Es un algoritmo puramente asimétrico que tiene como objetivo firmar o establecer la autenticidad de archivos y/o documentos y no suele ser apto para cifrar información. La principal razón de por qué no se utiliza con contenidos o mensajes es porque resulta muy costoso ya que requiere mucho más tiempo de cómputo que el algoritmo RSA.

2.3.2.3 X.509

X.509 es otro estándar de infraestructura de clave pública o PKI que se utiliza como estándar para crear certificados digitales y para la validación de rutas de certificación.

Se cuenta que, en su versión 3, el certificado X.509 se corresponde con un documento que está firmado de manera digital en base al estándar recogido en la Internet Engineering Task Force (IETF) y de acuerdo con la RFC 5280, el cual especifica una longitud de 64 bits para estos certificados y una serie de componentes como son la firma, el número de serie, el emisor, la validez y las extensiones, entre otros.

Para adquirir un certificado X.509 acudir a alguna de las entidades de certificación autorizada como son, por ejemplo, la Dirección General de la Policía, la Autoridad de Certificación ANF, la Agencia Notarial de Certificación ANCERT o el Servicio de Certificación de los Registradores SCR.

En lo referente a su utilización, se suelen usar de la navegación web forma conjunta con protocolos SSL y certificados https, para enviar correos electrónicos encriptados a través del protocolo S/MIME, para firmar códigos y/o documentos electrónicos de diversa índole o para identificar y autenticar de clientes, gobiernos o administraciones públicas.

2.3.3 Cifrados simétricos

El cifrado simétrico se caracteriza porque usa la misma clave para cifrar y descifrar un determinado contenido o mensaje. Aunque pueda parecer que es menos seguro que el cifrado asimétrico, no es así, únicamente tiene objetivos diferentes.

Este tipo de cifrado es el que usaba, por ejemplo, la máquina Enigma durante la Segunda Guerra Mundial y se suele utilizar cuando la cantidad de datos a transmitir es muy grande.

A diferencia del cifrado asimétrico, el cifrado simétrico sólo necesita una única clave o "llave", lo que significa que, para que se pueda dar o utilizar, todas las partes o interlocutores deben ponerse de acuerdo de antemano sobre cuál será la clave para usar. Una vez de acuerdo, ya se puede empezar a cifrar y descifrar los mensajes o contenidos.

No obstante, también debemos destacar que, el cifrado simétrico presenta dos formas de construcción. En general se le suele denominar tipos de cifrado simétrico y son dos:

- ▶ **Cifrado de flujo**: se trata de combinar todos los caracteres o dígitos de un texto plano con una secuencia pseudoaleatoria de igual longitud usando una función matemática simple. El cifrado de flujo más conocido posiblemente sea RC4.

- ▶ **Cifrado de bloque**: se trata de dividir el mensaje en bloques de longitud fija y de forma que cada bloque se corresponda con otro diferente. Por ejemplo, si dispusiéramos de un tamaño de bloque de longitud 3 podríamos definir un bloque como "010" y su correspondiente como "110". El cifrado de bloque más conocido posiblemente sea AES.

A continuación, se muestra un esquema del flujo de un cifrado asimétrico:

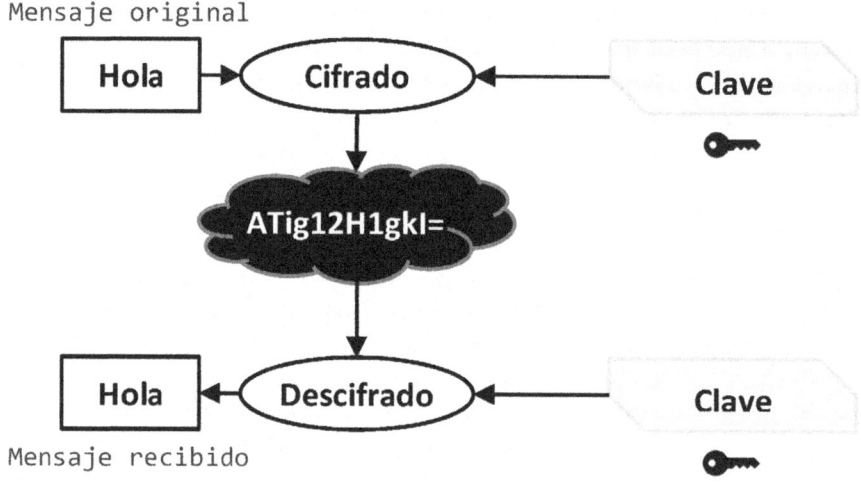

2.3.3.1 RC4

El algoritmo RC4 o ARC4 es un sistema de cifrado de flujo que se usa en algunos de los protocolos más populares como es TLS/SSL, el cual permite proteger el tráfico de Internet, o WEP (Wired Equivalent Privacy), el cual permite añadir una mayor seguridad a las redes inalámbricas.

Hoy, se considera un algoritmo de criptografía bastante inseguro tanto a nivel de TLS/SSL, como a nivel WEP, sin embargo, existen algunos sistemas basados en RC4 que todavía son potencialmente seguros para un uso común. Eso sí, no se recomienda su uso o aplicación en proyectos de nueva generación.

2.3.3.2 AES

AES (Advanced Encryption Standard o Estándar de Encriptación Avanzada) es un esquema de cifrado por bloques que se convirtió en un estándar de cifrado el 26 de mayo de 2002 para y por el gobierno de los Estados Unidos, aunque se creó en Bélgica.

Podríamos afirmar que el algoritmo de encriptación AES es uno de los más populares cuando se habla de criptografía simétrica y suele ser conocido también como AES GCM, AES-256-GCM o Rijndael.

En cuanto a su funcionamiento, el algoritmo AES toma un bloque de texto plano y se le aplican rondas alternas de bloques de sustitución y permutación. Estos bloques están en 128, 192 o 256 bits, lo que determinará la fuerza del cifrado.

2.4 CONFIGURACIÓN Y CONEXIÓN CON SISTEMAS REMOTOS

2.4.1 Parámetros genéricos y específicos para diferentes servidores

Como ya se ha comentado con anterioridad, para realizar una conexión FTP será necesario especificar la dirección del servidor (que normalmente será URL, aunque puede ser una IP), el puerto (que habitualmente será el 21) y el nombre de usuario y contraseña.

2.4.1.1 CONFIGURACIÓN Y CONEXIÓN DESDE LÍNEA DE COMANDOS EN GNU/LINUX

El comando **ftp** puede utilizarse sin opciones ni parámetros, aunque lo más normal es usarlo, al menos, con la dirección IP o URL. Por tanto, la forma genérica del comando **ftp** podría definirse como:

```
# ftp [opciones] [usuario] [dirección[:puerto]]
```

En lo referente a las opciones existen varias, pero las más recurrentes son las siguientes:

Opción	Significado
-d	Permite habilitar el modo de depuración.
-i	Desactivar el modo interactivo durante la transferencia de varios archivos.
-n	Deshabilitar la posibilidad de realizar inicios de sesión automáticos en la conexión inicial.
-p	Utilizar el modo pasivo para las transferencias de datos, lo cual permite usar FTP a pesar de que exista un firewall que pueda impedirlo.
-v	Mostrar todas las respuestas del servidor remoto, sean del tipo que sean.

Para hacer la conexión podemos recurrir a tres posibles formas:

1. Sin parámetros. Esta forma nos mostrará el símbolo de sistema del servidor FTP, pero no estaremos conectados. Para conectar deberemos introducir el comando FTP **open**:

```
# ftp
ftp> open ftp.ejemplo.es
Conectado a ftp.ejemplo.es
220-Bienvenido a ejemplo.es ftp server
220-Sin acceso anónimo
220-Sólo acceso autenticado
220 ++++++++++
Usuario (192.168.10.10:(none)):
331 Contraseña requerida
Constraseña:
230-Sesión iniciada
ftp>
```

2. Con únicamente la URL o IP, con o sin puerto. Esta forma nos solicitará que introduzcamos el nombre de usuario y contraseña una vez se haya comprobado que la dirección y el puerto existen y son correctos:

```
# ftp 192.168.10.10:21
Conectado to 192.168.10.10.
220-Bienvenido a ejemplo.es ftp server
220-Sin acceso anónimo
```

```
220-Sólo acceso autenticado
220 ++++++++++
Usuario (192.168.10.10:(none)):
331 Contraseña requerida
Constraseña:
230-Sesión iniciada
ftp>

# ftp ftp.ejemplo.es
Conectado a ftp.ejemplo.es
220-Bienvenido a ejemplo.es ftp server
220-Sin acceso anónimo
220-Sólo acceso autenticado
220 ++++++++++
Usuario (ftp.ejemplo.es:(none)):
331 Contraseña requerida
Constraseña:
230-Sesión iniciada
ftp>
```

3. Con el nombre de usuario y/o contraseña, además de la URL o IP. Esta forma no nos solicitará ninguna entrada manual por teclado y nos mostrará el símbolo de sistema del servidor FTP:

```
# ftp admin:admin@192.168.10.10
connected to 192.168.10.10.
220-Bienvenido a ejemplo.es ftp server
220-Sin acceso anónimo
220-Sólo acceso autenticado
220-Usuario y contraseña correctos
220 ++++++++++
230-Sesión iniciada
ftp>
```

Como en el primer ejemplo, una vez que ya estemos dentro en la consola de comandos de FTP, ya podremos dar órdenes.

Como es habitual, existen múltiples comandos, pero aquí mostramos los más recurrentes:

Comando	Significado
?	Muestra el texto de ayuda.
!	Permite regresar a la línea de comandos del sistema operativo sin cortar la conexión. Una vez que se desee volver a la sesión FTP se debe introducir el comando exit.
bye o quit	Finaliza la conexión con el servidor y cierra el cliente FTP devolviendo el control a la línea de comandos del sistema operativo.
cd	Permite cambiar el directorio de trabajo actual en el sistema remoto.
close o disconnect	Finaliza la conexión sin terminar la sesión FTP, es decir, cierra la conexión, pero mantiene abierto el cliente FTP.
delete	Permite eliminar un archivo del sistema remoto.
get	Permite transferir un archivo desde el sistema remoto a la máquina local.
ls	Permite mostrar el contenido de un directorio en el sistema remoto.
mkdir	Permite crear un directorio en el sistema remoto.
open	Inicia la conexión con el nombre de servidor o IP que se le indique a continuación.
put	Permite transferir un archivo desde la máquina local al sistema remoto.
pwd	Permite mostrar el directorio de trabajo actual en el sistema remoto.
user	Permite cambiar de cuenta a partir del nombre de usuario y contraseña sin necesidad de finalizar la conexión con el servidor.

2.4.1.2 CONFIGURACIÓN Y CONEXIÓN DESDE LÍNEA DE COMANDOS EN WINDOWS

Al igual que sucede en GNU/Linux, el comando **ftp** puede utilizarse sin opciones ni parámetros, aunque lo más normal es usarlo, al menos, con la dirección IP o URL. Por tanto, la forma genérica del comando **ftp** podría definirse cómo:

```
# ftp [opciones] [usuario] [dirección[:puerto]]
```

En lo referente a las opciones existen varias, pero las más recurrentes son las siguientes:

Opción	Significado
-A	Permitir el inicio de sesión anónima.
-d	Permite habilitar el modo de depuración.
-i	Desactivar el modo interactivo durante la transferencia de varios archivos.
-n	Deshabilitar la posibilidad de realizar inicios de sesión automáticos en la conexión inicial.
-v	Suprimir la presentación de las respuestas del servidor remoto.

Para hacer la conexión podemos recurrir a tres posibles formas:

1. Sin parámetros. Esta forma nos mostrará el símbolo de sistema del servidor FTP, pero no estaremos conectados. Para conectar deberemos introducir el comando FTP **open**:

```
# ftp
ftp> open ftp.ejemplo.es
Conectado a ftp.ejemplo.es
220-Bienvenido a ejemplo.es ftp server
220-Sin acceso anónimo
220-Sólo acceso autenticado
220 ++++++++++
Usuario (192.168.10.10:(none)):
331 Contraseña requerida
Constraseña:
230-Sesión iniciada
ftp>
```

2. Con únicamente la URL o IP, con o sin puerto. Esta forma nos solicitará que introduzcamos el nombre de usuario y contraseña una vez se haya comprobado que la dirección y el puerto existen y son correctos:

```
# ftp 192.168.10.10:21
Conectado to 192.168.10.10.
220-Bienvenido a ejemplo.es ftp server
220-Sin acceso anónimo
220-Sólo acceso autenticado
220 ++++++++++
Usuario (192.168.10.10:(none)):
331 Contraseña requerida
Constraseña:
230-Sesión iniciada
ftp>

# ftp ftp.ejemplo.es
Conectado a ftp.ejemplo.es
220-Bienvenido a ejemplo.es ftp server
220-Sin acceso anónimo
220-Sólo acceso autenticado
220 ++++++++++
Usuario (ftp.ejemplo.es:(none)):
331 Contraseña requerida
Constraseña:
230-Sesión iniciada
ftp>
```

3. Con el nombre de usuario y/o contraseña, además de la URL o IP. Esta forma no nos solicitará ninguna entrada manual por teclado y nos mostrará el símbolo de sistema del servidor FTP:

```
# ftp admin:admin@192.168.10.10
connected to 192.168.10.10.
220-Bienvenido a ejemplo.es ftp server
220-Sin acceso anónimo
220-Sólo acceso autenticado
220-Usuario y contraseña correctos
220 ++++++++++
230-Sesión iniciada
ftp>
```

Como en el primer ejemplo, una vez que ya estemos dentro en la consola de comandos de FTP, ya podremos dar órdenes. Como es habitual, existen múltiples comandos, pero aquí mostramos los más recurrentes:

Comando	Significado
?	Muestra el texto de ayuda.
!	Permite regresar a línea de comandos del sistema operativo sin cortar la conexión. Una vez que se desee volver a la sesión FTP se debe introducir el comando exit.
bye o quit	Finaliza la conexión con el servidor y cierra el cliente FTP devolviendo el control a la línea de comandos del sistema operativo.
cd	Permite cambiar el directorio de trabajo actual en el sistema remoto.
close o disconnect	Finaliza la conexión sin terminar la sesión FTP, es decir, cierra la conexión, pero mantiene abierto el cliente FTP.
delete	Permite eliminar un archivo del sistema remoto.
get	Permite transferir un archivo desde el sistema remoto a la máquina local.
ls	Permite mostrar el contenido de un directorio en el sistema remoto.
mkdir	Permite crear un directorio en el sistema remoto.
open	Inicia la conexión con el nombre de servidor o IP que se le indique a continuación.
put	Permite transferir un archivo desde la máquina local al sistema remoto.
pwd	Permite mostrar el directorio de trabajo actual en el sistema remoto.
user	Permite cambiar de cuenta a partir del nombre de usuario y contraseña sin necesidad de finalizar la conexión con el servidor.

2.4.2 Configuración y conexión desde Filezilla

Filezilla permite realizar conexiones con un servidor FTP a través de lo que ellos denominan "**Conexión rápida**" o mediante la opción que han denominado "**Gestor de Sitios**".

2.4.2.1 CONEXIÓN RÁPIDA

Cuando abrimos el cliente FTP Filezilla, en la parte superior tenemos una pantalla como la siguiente:

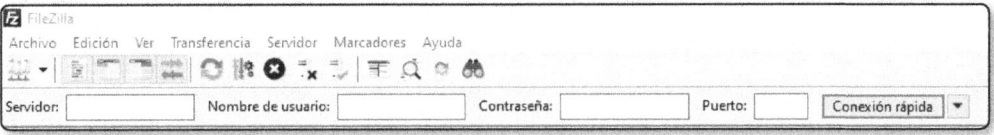

Si nos fijamos en la parte inferior de la imagen podremos observar que hay varias cajas de texto etiquetadas en donde se nos permite introducir todos los datos necesarios.

Pues bien, para realizar la conexión rápida deberemos introducir el nombre de host en el campo Servidor, el nombre de usuario en el campo Nombre de usuario y la contraseña en el campo Contraseña. Una vez introducidos los datos ya estaremos en disposición de pulsar en el botón de **conexión rápida** y acceder a nuestro servidor FTP.

Si el campo Puerto se queda vacío la conexión se realizará por el puerto por defecto que, como ya sabemos, habitualmente es el 21.

No obstante, podemos ver que a la derecha de botón de conexión rápida hay otro botón con un icono con forma triangular hacia abajo. Este otro botón funciona como un anexo al botón de conexión rápida permitiéndonos borrar todos los datos de la conexión rápida, borrar todo el historial y/o permitiéndonos realizar una nueva conexión a un servidor al que ya nos conectamos anteriormente.

2.4.2.2 GESTOR DE SITIOS

Cuando abrimos el cliente FTP Filezilla, en la parte superior tenemos una pantalla como la siguiente:

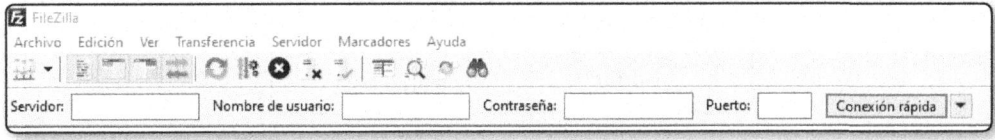

Si nos fijamos en el primer botón de la parte superior derecha de la imagen podremos acceder al **Gestor de Sitios**. Ahora bien, también es posible acceder al Gestor de Sitios a través del atajo de teclado **Ctrl-S**.

Tras pulsar en dicho botón se nos debería mostrar una pantalla como la mostrada a continuación:

En la parte superior derecha podemos ver **Mis sitios**. Esta zona de la pantalla o sección contendrán todas nuestras conexiones y nos permitirá acceder a ellas siempre que queramos.

Justo debajo de la zona o sección de **Mis sitios** encontraremos una zona o sección de botones o acciones y, a la derecha de ambas, una sección con un conjunto de pestañas denominadas **General**, **Avanzado**, **Opciones de Transferencia** y **Juego de caracteres** que nos permitirán configurar de forma precisa nuestra conexión con el servidor.

Si focalizamos la atención en la zona de botones o acciones, observaremos varias posibilidades. La primera de todas es la posibilidad de crear un **Nuevo sitio**.

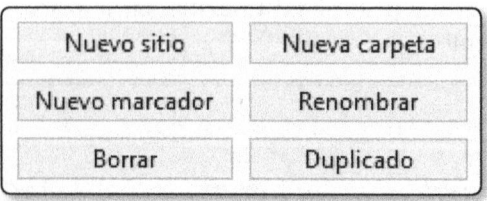

Al pulsar dicho botón, se creará una nueva entrada en "Mis Sitios" con el nombre Nuevo sitio y se quedará seleccionada para que podamos ponerle el nombre que queramos.

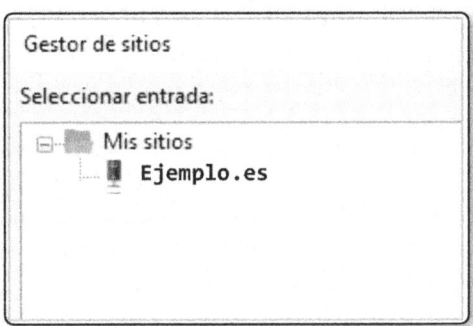

A continuación, deberemos introducir el nombre o datos de host, el protocolo, el cifrado, el puerto (si procede), el modo de acceso y el nombre de usuario y contraseña que nos hayan proporcionado.

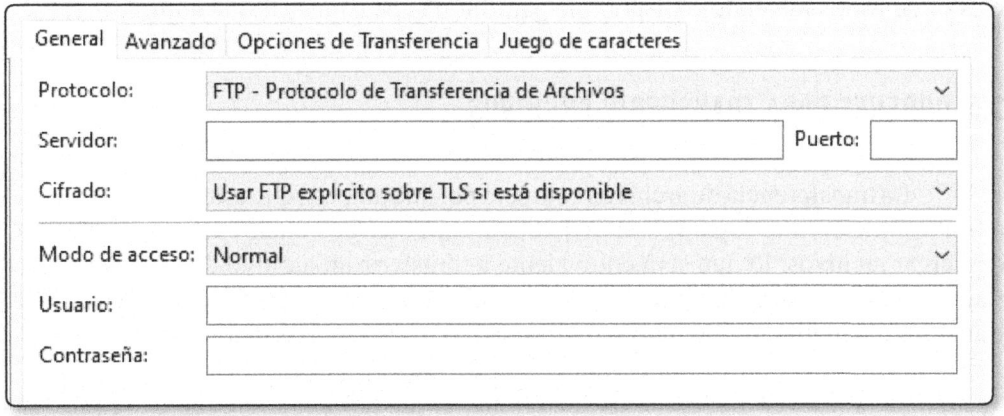

En **Servidor** deberemos introducir la URL o IP del host y en **Puerto** deberemos insertar el puerto válido, que generalmente será 21 si el protocolo a utilizar es FTP o 22 si el protocolo a utilizar es SFTP.

En **Protocolo** deberemos elegir el que esté configurado para la conexión en el ser. Esto es "FTP – Protocolo de Transferencia de Archivos", "SFTP – SSH File Transfer Protocol" o "Storj – Almacenaje descentralizado en la nube". Aunque la opción por defecto es **FTP – Protocolo de Transferencia de Archivos**, se recomienda usar **SFTP – SSH File Transfer Protocol**, si está disponible.

En **Cifrado** deberemos indicar si se va a utilizar una conexión explícita una conexión explícita o implícita y si va a ser segura o no. Aquí las opciones son "Usar FTP explícito sobre TLS si está disponible", "Requiere FTP explícito sobre TLS", "Requiere FTP implícito sobre TLS" y "Usar sólo FTP plano (inseguro)". Aunque la opción de **Usar FTP explícito sobre TLS si está disponible** es la que se establece por defecto, en la mayoría de los casos suele ser recomendable la opción de **Requiere FTP explícito sobre TLS**.

En lo referente al **Modo de acceso** admite el modo anónimo y varios modos con nombre de usuario y contraseña. En esta opción de configuración lo frecuente es que se establezca a **Normal** o **Preguntar la contraseña**, no obstante, tiene otras opciones. En función de qué modo de acceso seleccionemos, los campos de nombre de usuario y contraseña aparecerán o no habilitados.

Finalmente, cuando ya hayamos introducido todos los datos necesarios, estaremos en disposición de pulsar el botón de **Conectar**, ubicado en la esquina inferior derecha de la pantalla de "Gestor de sitios".

Tras pulsar en el botón de **Conectar** se procederá a realizar la conexión con el servidor y se almacenará la configuración del sitio automáticamente en nuestro Gestor de Sitios teniéndolo disponible para futuras ocasiones desde aquí.

2.5 ÓRDENES PARA TRANSFERIR ARCHIVOS

La transferencia de archivos sólo será posible una vez que estemos conectados al servidor. Como es lógico, la transferencia será bidireccional, es decir, podremos descargar archivos, lo que será equivalente a transferir un archivo desde el servidor remoto hasta nuestro directorio local, o subir archivos, lo que será equivalente a transferir un archivo desde nuestro directorio local hasta el servidor remoto.

Sin embargo, aunque la transferencia se considere bidireccional, podremos encontrarnos con casos en donde sólo se pueda subir o sólo se pueda descargar.

2.5.1 Formas de transferir archivos

Aunque parezca que no, conocer la forma de transferir es importante. La razón de que sea importante es porque, dependiendo de cómo lo hagamos, podremos alterar o destruir la información que se desea transferir.

En general, la transferencia puede ser a modo de texto plano, lo que suelen denominar **ASCII**, o **binaria**, sin embargo, en los clientes FTP como Filezilla disponemos de la opción de **Automático**, la cual permite que sea el programa quien decida de qué tipo es.

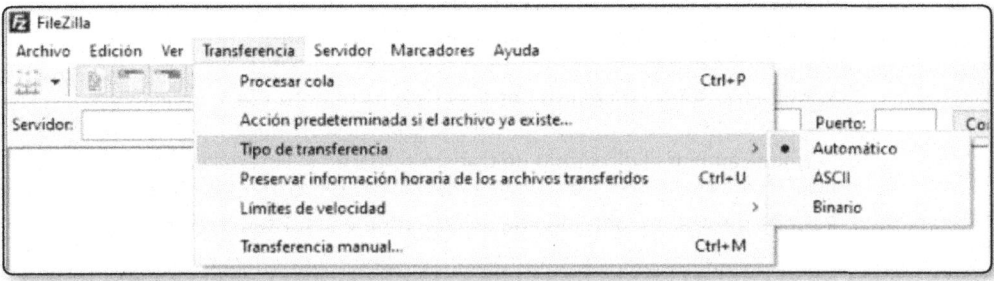

Para hacernos una idea, el tipo de transferencia **ASCII** será el recomendable o utilizado para transferir archivos HTML o con extensiones como DOCX, TXT, INI o CSV. Sin embargo, el tipo de transferencia **Binario** será el recomendable o utilizado para transferir imágenes (PNG, JPG, WEBP, ...), ejecutables, archivos comprimidos o empaquetados (ZIP, RAR, 7Z, TAR, ...), o de tipo multimedia como audios o vídeos (MP3, MP4, AVI, ...), entre otros.

Para realizar un cambio de tipo de transferencia desde el cliente FTP de línea de comandos debemos recurrir a los comandos **binary** y **ascii**. No obstante, también es frecuente encontrar **bin** como abreviatura del comando **binary**.

```
# ftp
ftp> binary
200 Type set to I

ftp> ascii
200 Type set to A
```

2.5.2 Transferencia de archivos desde GNU/Linux

La transferencia de directorios y archivos entre el servidor remoto y el cliente bajo la línea de comandos puede que se vuelva un proceso bastante tedioso, sin embargo, es posible que sea más rápido y eficiente.

Aunque la mayoría ya los hemos comentado antes, los volveremos a mostrar a modo de recordatorio y refuerzo:

Comando	Significado
cd	Permite cambiar el directorio de trabajo actual en el sistema remoto. `ftp> cd rss`
dir	Muestra el contenido del directorio del sistema remoto. `ftp> dir`
get	Permite transferir un archivo desde el sistema remoto a la máquina local. `ftp> get rss.php`
lcd	Permite cambiar el directorio de trabajo actual en el sistema local. `ftp> lcd rss`
ls	Permite mostrar el contenido de un directorio en el sistema remoto. `ftp> ls -a`
mget	Permite transferir múltiples archivos desde el sistema remoto hasta la máquina local. `ftp> mget index.html cities.json`
mkdir	Permite crear un directorio en el sistema remoto. `ftp> mkdir images`
mput	Permite transferir múltiples archivos desde la máquina local hasta el sistema remoto. `ftp> mput index.html cities.json`
put o send	Permite transferir un archivo desde la máquina local al sistema remoto. `ftp> put rss.php`
pwd	Permite mostrar el directorio de trabajo actual en el sistema remoto. `ftp> pwd`

A continuación, se muestran una posible secuencia de comandos dentro de una sesión FTP:

```
# ftp admin:admin@192.168.10.10
connected to 192.168.10.10.
220-Bienvenido a ejemplo.es ftp server
220-Sin acceso anónimo
220-Sólo acceso autenticado
220-Usuario y contraseña correctos
220 ++++++++++
230-Sesión iniciada
ftp> ls -a
200 PORT command successful
150 Conectando con el puerto 62456
.
..
imgs
js
css
pub
index.html
226-Opciones: -a
```

```
226 7 coincidencias en total
ftp: 2725 bytes recibidos en 0,008 segundos 332,65 a KB/s
ftp> cd imgs
250 OK. Directorio actual es /imgs
150 Conectando con el puerto 47667
ftp> mkdir svg
250 "/imgs/svg creado satisfactoriamente
ftp> lcd imgs
El directorio local es ahora /home/user/imgs
ftp> cd ..
250 OK. Directorio actual es /imgs
150 Conectando con el puerto 32456
ftp> mput *.png
mput logo.png? y
200 Port command succesful
150 Openikng data channel for "/imgs/file logo.png"
226 Successfuly transferred "/imgs/file logo.png"
16155 bytes sent in 0.00 secs (17.329 MB/s)
ftp> quit
```

2.5.3 Transferencia de archivos con Filezilla

La transferencia de directorios y archivos entre el servidor remoto y el cliente bajo Filezilla es muy posible que se vuelva un proceso muy simple de fácil aprendizaje. Tan simple como conocer unos pocos datos y arrastrar y soltar de un lado a otro. Esto es posible, sobre todo, a que la apariencia de la aplicación es análoga o similar a la del explorador de archivos del Windows y Linux.

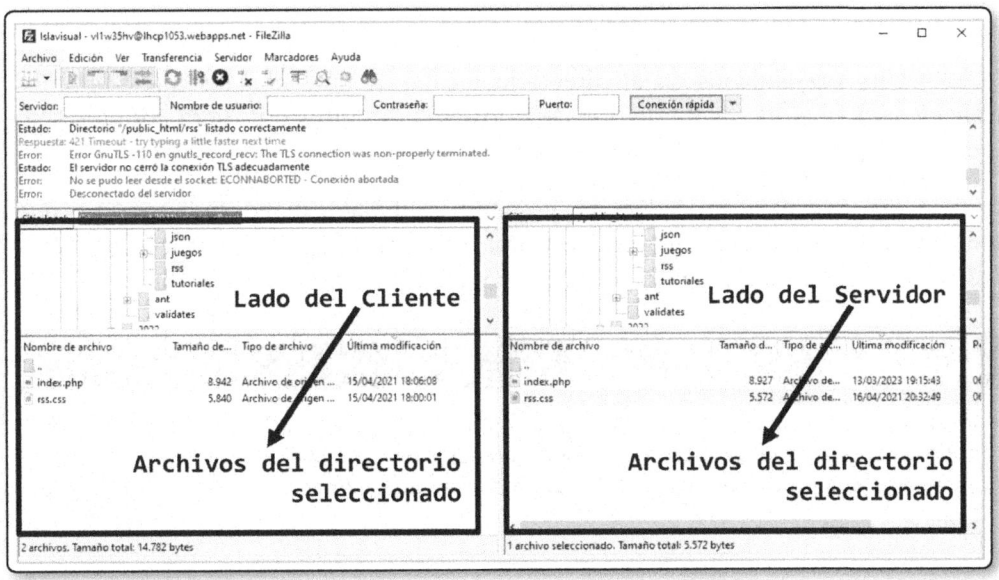

Si nos fijamos en la imagen anterior podremos observar dos zonas o secciones bien diferenciadas. A la izquierda tenemos el lado del cliente (también denominado local) en donde se encuentra la estructura de directorios y archivos que tenemos en el disco duro de nuestro ordenador. A la derecha tenemos el lado del servidor en donde se encuentra la estructura de directorios y archivos que están publicados, disponibles o subidos en la infraestructura remota.

Además, como se puede apreciar, en cada una de las zonas podemos diferenciar la parte de directorios arriba y la parte de archivos abajo. Por tanto, cuando pulsemos en una de las carpetas de uno de los lados, seguidamente, se mostrarán todos sus archivos abajo.

El problema que aquí podríamos tener, si es que se le puede llamar problema, es que, si cambiamos de directorio en un lado, lo suyo sería que se pusiera en el lado del servidor el mismo directorio, siempre y cuando exista y tenga la misma ruta relativa. Para poder hacer esto Filezilla nos ofrece un botón que nos permite hacer una navegación sincronizada, de forma que el directorio del cliente siempre esté alineado con el directorio del servidor. Este icono es el que está a la izquierda del botón con forma de prismáticos:

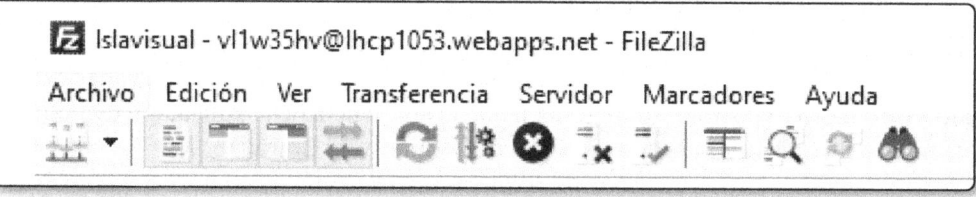

Una vez situados en el directorio local y remoto con los que deseamos trabajar será ya el momento de transferir los archivos deseados. Para ello, tan sólo tendremos que arrastrar de un lado al otro el o los archivos deseados.

Tras lo cual, se procederá a la descarga o subida de dichos ficheros (si es que tenemos permisos de escritura en el servidor) provocando que los archivos de ambos lados sean idénticos, al menos, a nivel de contenido, nombre y extensión.

ⓘ NOTA

Recordemos que en Filezilla es posible seleccionar los archivos de igual forma que se haría en el explorador de archivos, es decir, que es posible seleccionar múltiples archivos usando el puntero del ratón en combinación con las teclas Shift o Mayúscula y/o la tecla Control.

En lo referente a las acciones de creación y eliminación de directorios y archivos, también es posible hacerlo pulsando en el botón derecho o secundario del ratón:

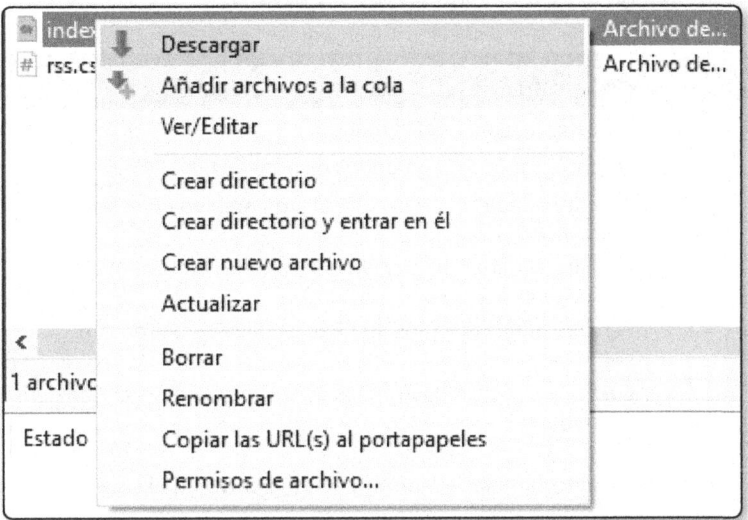

En la imagen anterior podemos apreciar que se nos ofrecen diversas opciones como **Descargar** el archivo seleccionado, **Crear directorio**, **Crear directorio y entrar en él**, **Renombrar** el archivo seleccionado o **Borrar** el archivo seleccionado.

En lo referente al eliminado cabe destacar que es una operación u orden que hay que ejecutar con cautela debido, fundamentalmente, a que no tiene vuelta atrás ya que no existe ni tiene asociada una carpeta con funcionalidad de papelera.

Es por ello por lo que, cuando eliminemos un archivo, sea con la opción de Borrar del menú contextual del ratón, o bien a través de su atajo de teclado, la tecla Supr, se nos mostrará un mensaje de confirmación:

2.6 ÓRDENES PARA ACTUALIZAR Y ELIMINAR ARCHIVOS EN GNU/LINUX

Si lo que deseamos es actualizar directorios o ficheros desde la línea de comandos podemos recurrir a los siguientes comandos:

Comando	Significado
? comando	Muestra la ayuda del comando.
? o help	Muestra todos los comandos disponibles.
append	Permite añadir un archivo local a un archivo en el sistema remoto. `ftp> mput index.html cities.json`
delete	Permite eliminar un archivo del sistema remoto. `ftp> cd rss`
mdelete	Permite eliminar varios archivos en el sistema remoto. `ftp> dir`
prompt	Fuerza a que se muestren los avisos interactivos al transferir varios archivos. `ftp> lcd rss`
rename	Permite cambiar el nombre de un archivo en el sistema remoto. `ftp> ls -a`
reset	Permite eliminar las respuestas de comandos en cola. `ftp> reset`
rmdir	Permite eliminar un directorio en el sistema remoto. `ftp> mget index.html cities.json`
rstatus	Permite ver el estado del sistema remoto. `250 "/imgs/svg creado satisfactoriamente`
status	Permite ver el estado de la interfaz FTP. `ftp> mkdir images`

A continuación, se muestran una posible secuencia de comandos dentro de una sesión FTP:

```
# ftp admin:admin@192.168.10.10
connected to 192.168.10.10.
220-Bienvenido a ejemplo.es ftp server
220-Sin acceso anónimo
220-Sólo acceso autenticado
220-Usuario y contraseña correctos
220 ++++++++++
230-Sesión iniciada
ftp>
ftp> ls -a
200 PORT command successful
150 Conectando con el puerto 62456
```

```
.
..
imgs
js
css
pub
index.html
226-Opciones: -a
226 7 coincidencias en total
ftp: 2725 bytes recibidos en 0,008 segundos 332,65 a KB/s
ftp> rename imgs images
350 Ready for RNTO.
250 Rename successful.
ftp> delete index.html
250 Delete operation successful.
ftp> mdelete css/*.css
mdelete styles.css? y
250 Delete operation successful.
ftp>
ftp> quit
```

3

PLANIFICACIÓN DE LA WEB

3.1 DISEÑO DEL CONTENIDO

El diseño de contenido web se refiere al proceso de planificación, creación y organización de todos los elementos visuales, auditivos y escritos que componen un sitio web. Esto incluye textos, imágenes, vídeos, gráficos, animaciones y otros recursos multimedia que se utilizan para comunicar mensajes y proporcionar una experiencia atractiva y efectiva a los usuarios en línea.

El diseño de contenido web tiene como objetivo principal crear una estructura visualmente atractiva y funcional que guíe a los usuarios a través del sitio web de manera intuitiva y efectiva proporcionándoles la información que estén buscando de manera clara y concisa. Por tanto, si queremos conseguir un buen diseño de contenido, deberemos tener en cuenta cosas como la usabilidad, la accesibilidad y la experiencia del usuario.

Algunos aspectos importantes del diseño de contenido web incluyen:

▶ **Arquitectura de la información**: esto implica la elección de una estructura y organización del contenido, que incluye desde la creación de categorías, subcategorías y menús de navegación, hasta la jerarquía de la información para facilitar la búsqueda y la comprensión.

▶ **Diseño visual**: esto implica la selección de colores, tipografías, imágenes y otros elementos visuales que se utilizarán en el sitio web para transmitir la marca y el mensaje de manera efectiva y atractiva.

▶ **Optimización para dispositivos**: esto implica asegurarse de que el diseño sea compatible y se vea correctamente en todos los dispositivos y tamaños de pantalla, incluyendo computadoras de escritorio, tabletas y dispositivos móviles.

▶ **Posicionamiento SEO**: esto implica la optimización del contenido para motores de búsqueda (SEO) como Google o Yahoo a través de palabras clave relevantes, metadatos y otros elementos para mejorar la visibilidad del sitio web en los resultados de búsqueda.

▶ **Usabilidad y accesibilidad**: esto implica garantizar que el contenido sea fácil de usar y accesible para todos los usuarios, incluidos aquellos que poseen discapacidad parcial o total visual, auditiva, intelectual, cognitiva, motriz o sea del tipo que sea.

3.2 PROPÓSITO Y AUDIENCIA DE LA WEB

El propósito y la audiencia de un sitio web son aspectos interrelacionados que influyen en su diseño y desarrollo. Definir claramente estos elementos desde el principio es fundamental para crear un sitio web eficiente, efectivo y exitoso que cumpla con los objetivos de la empresa u organización y satisfaga las necesidades de los usuarios.

3.2.1 Propósito de la web

El propósito de un sitio web se refiere a la razón principal por la cual fue creada y qué objetivos busca cumplir. Esto incluye cosas como:

▶ Promover y vender productos o servicios.
▶ Proporcionar información sobre una empresa, organización o causa.
▶ Educar y entretener a los visitantes.
▶ Facilitar la comunicación y la interacción entre usuarios.
▶ Generar leads y convertir visitantes en clientes potenciales.
▶ Brindar soporte y atención al cliente.
▶ Establecer una presencia en línea y construir una marca.

Por todo esto, y mucho más, es importante definir claramente el propósito del sitio web desde el principio, ya que nos ayudará a tomar todas las decisiones de diseño, contenido y funcionalidad.

3.2.2 Audiencia de la web

La audiencia de un sitio web se refiere al grupo de personas que se espera que visiten y utilicen el sitio. Si comprendemos y tomamos una buena idea de quiénes son nuestros usuarios, sus necesidades, intereses y comportamientos, habremos adquirido una buena información sobre nuestra audiencia. Para ello, podremos valernos de indicadores o aspectos como:

▸ **Demografía**: la edad, género, ubicación geográfica, nivel socioeconómico, etc.

▸ **Intereses y preferencias**: aspectos como, ¿qué temas, productos o servicios les interesan y si tienen alguna tendencia predefinida?

▸ **Comportamiento online**: aspectos como, ¿cómo suelen interactuar online y qué dispositivos utilizan?

▸ **Necesidades y objetivos**: aspectos como, ¿qué están buscando cuando visitan el sitio y qué acciones esperan realizar?

Por tanto, identificar y comprender a la audiencia objetivo es crucial para diseñar un sitio web que satisfaga sus necesidades y expectativas. Esto implica crear contenido relevante, ofrecer una experiencia de usuario intuitiva y proporcionar funcionalidades que resuelvan sus problemas y les brinden valor.

3.3 DISEÑO DE LA APARIENCIA

El diseño de la apariencia web es un aspecto fundamental del diseño web que implica la creación o invención de la estética de un sitio web para mejorar la experiencia del usuario y reflejar la identidad de marca de la empresa. En este proceso, no sólo será importante el tema visual, sino que, además, será crucial tener en cuenta aspectos como la usabilidad, la accesibilidad y la experiencia de usuario.

Entre los elementos más importantes se puede destacar:

▸ **Diseño visual**: aquí se incluye la selección de colores, tipografías, imágenes, iconos y otros elementos visuales que se utilizarán en el sitio web. Todo ello, deberá ser coherente y consistente con la identidad de marca para ayudar a transmitir su mensaje y sus valores.

▸ **Diseño de la interfaz de usuario (UI)**: la interfaz de usuario se refiere a la forma en que los elementos visuales se organizan y presentan en las páginas para facilitar la interacción del usuario. Esto incluye desde los menús de navegación y botones, hasta los formularios y barras laterales, entre otros elementos de la interfaz.

▸ **Usabilidad**: el diseño de la apariencia web debe optimizarse para mejorar el entendimiento, comprensión, legibilidad y rendimiento, entre otros factores. Por tanto, esto implicará asegurarse de que la navegación sea intuitiva, los elementos interactivos sean fáciles de entender y utilizar, y el contenido sea fácilmente accesible para los usuarios.

▸ **Diseño receptivo**: es importante que el diseño sea responsive, es decir, que sea fluido y adaptable para que se vea correctamente en todos los dispositivos y tamaños de pantalla, incluyendo computadoras de escritorio, tabletas y teléfonos móviles.

▸ **Accesibilidad**: aunque la usabilidad ya ofrece una buena respuesta ante la experiencia de usuario, también será recomendable tener en cuenta la accesibilidad para garantizar que el sitio sea usable por personas con discapacidad parcial o total, sean de la índole que sean. Esto incluirá, entre otras cosas, la inclusión de textos alternativos para imágenes, la navegación por teclado y contrastes adecuados entre el texto y el fondo. No olvidemos que "si una aplicación o página es usable, puede que no sea accesible, pero, si es accesible, seguro que es usable".

▸ **Estética**: es evidente que, además de ser funcional, usable y accesible, el diseño también deberá ser estéticamente agradable y atractivo para los usuarios. Esto implicará la aplicación de un diseño minimalista, limpio y moderno, la atención al detalle y una buena coherencia o consistencia en todas las páginas del sitio.

3.4 CONSTRUIR EL SITIO

Construir un sitio web implica seguir unos pasos y tomar una serie de decisiones para asegurar que el sitio cumpla con los objetivos, siendo efectivo para todos los usuarios. A continuación, se muestra los pasos clave o básicos para construir un sitio web de forma correcta:

▸ **Definir el propósito y los objetivos del sitio web**: antes de comenzar a construir el sitio, es importante tener claro cuál será su propósito principal y qué objetivos se esperarán lograr con él. Esto ayudará a tomar todas las decisiones de diseño y desarrollo que se requieran.

▶ **Elegir una plataforma o herramienta de desarrollo**: una vez definidos el propósito y los objetivos del sitio, será una buena idea seleccionar o elegir cómo se va a desarrollar el sitio. Existen muchas opciones disponibles para construir un sitio web que van desde plataformas de gestión de contenido (CMS) como WordPress, hasta constructores de sitios web "no code" basados en metodologías de arrastrar y soltar como Wix o Squarespace. No obstante, lo más frecuente y profesional es recurrir a la codificación manual utilizando lenguajes como HTML, CSS y JavaScript.

▶ **Registrar un nombre de dominio y elegir un proveedor de alojamiento**: se trata de elegir un nombre de dominio adecuado para la marca y el sitio web. Es decir, una dirección web única que sea fácilmente identificable y recordable como pueda ser https://www.amazon.com. El registro se podrá realizar a través de un registrador de dominios el cual, a su vez, es posible que también nos proporcione un servicio de alojamiento web confiable para alojar su sitio.

▶ **Diseñar la estructura y el diseño del sitio**: una vez tenemos los requisitos y tecnologías a utilizar, será conveniente, si no obligatorio, diseñar la estructura y el diseño del sitio web en papel o mediante herramientas de diseño como Sketch. Esto incluirá, o deberá incluir, la planificación de la arquitectura de la información, la navegación, el diseño visual y la disposición de los elementos en la página.

▶ **Desarrollar y construir el sitio**: cuando se tenga la estructura y diseño del sitio, será el momento de trabajar con la plataforma o herramienta elegida. Esto podrá implicar tener unos u otros conocimientos, instalar plantillas y/o temas específicos, personalizar de diseño y funcionalidades, crear diferentes tipos de página y establecer qué y cómo se realizará la carga de los contenidos.

▶ **Optimizar para posicionamiento SEO**: a medida que construyen los sitios, hay que asegurarse de optimizarlos para los motores de búsqueda (SEO). Esto, generalmente, incluirá el uso de palabras clave relevantes, metadatos, microdatos a través de alguna anotación como JSON-LD y la creación de contenidos legibles y de calidad.

▶ **Pruebas y revisión**: una vez que el sitio esté "terminado", se deberán realizar pruebas exhaustivas para asegurarse de que todo funcione adecuadamente en todos los navegadores y dispositivos, y de que cumpla con sus objetivos y requisitos.

▶ **Lanzamiento y promoción**: cuando se esté satisfecho con los test y resultados que nos han proporcionado las pruebas, será el momento de publicarlo y comenzar a promocionarlo para atraer nuevos usuarios y visitas. Esto podrá implicar el uso de redes sociales, el envío de correos electrónicos y/o utilizar estrategias de marketing digital, entre otros métodos.

▶ **Mantenimiento y actualización**: finalmente, se deberá realizar un mantenimiento regular que podrá incluir la aplicación de parches de seguridad y la actualización de contenidos según sea necesario.

3.5 ANALIZAR LA ESTRUCTURA

Analizar la estructura de un sitio web es importante porque dependiendo de cómo se haga, los resultados pueden afectar a la organización y navegación a nivel global o general. A continuación, se comentan algunos elementos clave para tener en cuenta para conseguir unos buenos resultados:

▶ **Mapa web**: una de las cosas más interesantes que resultan del análisis de la estructura es el mapa del sitio. Esto es, una representación visual de la estructura y organización de todo el sitio web que muestra todas las páginas y secciones y cómo se relacionan entre sí los diferentes elementos.

▶ **Navegación**: la navegación del sitio web será fundamental para la experiencia del usuario. Analizar cómo se presentan las opciones de navegación principal, los enlaces de navegación secundarios y cualquier otra forma de acceso a las diferentes secciones del sitio será una buena forma de analizar la estructura de un sitio para construir, entre otras cosas, su mapa web.

▶ **Arquitectura de la información**: en este contexto es donde se ve la organización y estructura de los contenidos. Esto nos mostrará cómo se agrupan y categorizan las páginas y secciones, y cómo se facilita la navegación entre ellas.

▶ **URLs y enlaces internos**: cuando se analiza la estructura de una web, es habitual encontrar varias URLs entre las diferentes páginas. En este sentido, las URLs, internas o no, deben ser claras y descriptivas para facilitar la navegación dentro del sitio.

▶ **Jerarquía de contenido**: se trata de analizar la jerarquía del contenido en el sitio, incluida la relación entre las páginas principales y las páginas secundarias, así como la profundidad de la estructura de navegación.

▶ **Etiquetas y metadatos**: se trata de revisar las etiquetas y metadatos utilizados en el sitio, como los títulos de página, descripciones meta y etiquetas de encabezado. Estos elementos juegan un papel importante en la optimización para motores de búsqueda y la comprensión del contenido para los usuarios y herramientas de asistencia como los lectores de pantalla, lupas, …

▶ **Compatibilidad con dispositivos**: es importante analizar cómo se adapta la estructura del sitio a diferentes dispositivos y tamaños de pantalla. Por tanto, la estructura del sitio deberá ser receptiva y ofrecer una experiencia de usuario consistente en todos los dispositivos.

▶ **Accesibilidad**: en este último punto, se trata de revisar la estructura del sitio para garantizar que sea accesible para todos los usuarios, incluidos aquellos con discapacidad parcial o total. Esto podrá implicar el uso de etiquetas semánticas, la navegación por teclado y otras prácticas de accesibilidad como la aplicación de la WAI-ARIA.

3.6 ORGANIZAR ARCHIVOS

Organizar los archivos de una forma adecuada es fundamental para mantener una estructura limpia y clara que facilite su mantenimiento y mejore la eficiencia durante el desarrollo. A continuación, se muestran o comentan algunas prácticas comunes para organizar los archivos de un sitio web:

▶ **Crear una estructura de carpetas lógica**: organizar los archivos en carpetas de forma que reflejen la estructura y la navegación del sitio web de manera lógica y efectiva. Por ejemplo, es frecuente tener carpetas separadas para las páginas principales, los archivos de estilo (CSS), los scripts (JavaScript), las imágenes y demás recursos.

▶ **Separar el contenido estático y dinámico**: si nuestro sitio web utiliza un sistema de gestión de contenido (CMS) o genera contenido dinámicamente, suele ser conveniente separar los archivos estáticos (como HTML, CSS y JavaScript) de los archivos dinámicos (como plantillas de CMS, scripts de servidor y bases de datos).

▶ **Utilizar una nomenclatura consistente**: es importante ser coherente a la hora de nombrar los archivos y carpetas para facilitar la identificación y el mantenimiento. Por ejemplo, use nombres descriptivos y significativos que reflejen el contenido o la función de cada archivo como "css", "images" o "scripts".

▶ **Agrupar archivos relacionados**: agrupar los archivos relacionados en la misma carpeta suele ser una buena idea para facilitar el acceso y gestión. Por ejemplo, es habitual mantener todos los archivos relacionados con el diseño en una carpeta de estilos en el directorio "css" y todos los archivos relacionados con scripts en la carpeta "scripts".

▶ **Evitar la sobrecarga de carpetas**: es importante no sobrecargar las carpetas con demasiados archivos o subcarpetas. Si una carpeta contiene demasiados archivos, lo más conveniente será dividirla en subcarpetas más pequeñas para mejorar la organización.

Además de estas directrices, también podrá sernos de utilidad:

▶ **Utilizar un sistema de control de versiones**: si es posible, siempre será una buena idea utilizar un sistema de control de versiones como Git para gestionar y controlar los cambios en los distintos archivos que componen el sitio web. Esto nos facilitará la vida bastante, mejorará la colaboración entre desarrolladores y permitirá obtener un historial de cambios.

▶ **Realizar copias de seguridad regularmente**: independientemente de cómo se organicen los archivos, debemos asegurarnos de realizar copias de seguridad regulares de todo el sitio para estar protegidos ante la pérdida de datos y garantizar la continuidad del negocio.

4

LENGUAJE HTML

4.1 CREACIÓN DE UNA PÁGINA EN HTML

4.1.1 Definición del tipo de documento DTD (!DOCTYPE)

Cuando uno decide trabajar con HTML, lo primero que debe hacer es declarar el elemento !DOCTYPE. Este elemento tiene, como objetivo, informar al navegador del tipo de documento que se va a definir.

La Declaración del Tipo de Documento (DTD) puede cambiar, y de hecho cambia, para cada versión de HTML. La versión del lenguaje de marcado puede ser muy diferente según qué tipo se utilice, y puede tener más o menos restricciones en función del modo y versión. Sin ir más lejos, el tipo de documento que se debe definir para indicar que es un documento XHTML es muy distinto al que se debe usar para indicar que es HTML5 o SVG.

A continuación, se muestran los principales DTD para documentos de HTML, SVG y MathML.

4.1.1.1 DTDS DE HTML

HTML5

```
<!DOCTYPE html>
```

4.1.1.2 DTDS DE MATHML

MathML 2.0

```
<!DOCTYPE math PUBLIC "-//W3C//DTD MathML 2.0//EN"
                    "http://www.w3.org/TR/MathML2/dtd/mathml2.dtd">
```

4.1.1.3 DTDS DE SVG

SVG 1.1 Full

```
<!DOCTYPE svg PUBLIC
         "-//W3C//DTD SVG 1.1//EN"
         "http://www.w3.org/Graphics/SVG/1.1/DTD/svg11.dtd">
```

SVG 1.1 Básico

```
<!DOCTYPE svg PUBLIC
         "-//W3C//DTD SVG 1.1 Basic//EN"
         "http://www.w3.org/Graphics/SVG/1.1/DTD/svg11-basic.dtd">
```

SVG 1.1 Reducido

```
<!DOCTYPE svg PUBLIC
         "-//W3C//DTD SVG 1.1 Tiny//EN"
         "http://www.w3.org/Graphics/SVG/1.1/DTD/svg11-tiny.dtd">
```

4.1.1.4 DTDS DE XHTML

XHTML1.1

```
<!DOCTYPE html PUBLIC
         "-//W3C//DTD XHTML 1.1//EN"
         "http://www.w3.org/TR/xhtml11/DTD/xhtml11.dtd">
```

4.1.2 Etiqueta html

La etiqueta HTML es el elemento que representa la raíz o base de un documento HTML y supone el cierre automático del resto de los elementos declarados posteriormente a él.

La etiqueta HTML admite varios atributos, la mayoría en desuso. El único que sigue estando vigente es LANG y es el encargado de definir el lenguaje del documento.

Es un atributo muy útil cuando se dispone de documentos en distintos idiomas y para aquellos usuarios que dependen de herramientas de asistencia como lectores de pantalla.

```
<html lang="es">...</html>
```

4.1.3 Etiqueta head

La etiqueta HEAD es el elemento o la estructura que proporciona información general acerca del documento. Esta información general viene definida a modo de metadatos, o lo que es lo mismo, datos que informan sobre los datos y, pueden ser de muy diferente índole. Esto es, el tipo de codificación, el título del documento, las palabras clave que lo describen, la descripción sobre lo que contiene, el autor del documento, etcétera.

No obstante, lo que más abunda dentro de esta estructura suele ser elementos LINK o STYLE, los cuales recogen todas las reglas CSS aplicables en el documento.

```
<head>
    <!-- Información del documento -->
</head>
```

(i) NOTA

Aunque la etiqueta SCRIPT puede estar definida dentro del elemento HEAD, lo mejor es que esté al final de la etiqueta BODY para evitar bloqueos o retrasos en la muestra del primer renderizado.

4.1.4 Etiqueta body

La etiqueta BODY es el elemento o la estructura que define todo el contenido útil del documento. Aquí es donde se definirán todos los textos, capas, botones, controles de entrada y salida, etcétera para que los usuarios puedan utilizarlo o consultarlo.

Al final de esta estructura, habitualmente, suele contener uno o varios elementos SCRIPT que todas las funcionalidades que se ejecutan en el navegador, como validaciones o animaciones.

```
<body>
    <!-- Contenido del cuerpo de la página -->
</body>
```

4.1.5 Comentarios

Los comentarios en HTML se establecen a través de las marcas <!-- y -->. Estas etiquetas o marcas indican al navegador que la información contenida no debe ser interpretada y, por tanto, tampoco renderizada. Un ejemplo podría ser:

```
<!-- Esto es un comentario de HTML -->
```

4.2 CABECERAS Y TÍTULOS

4.2.1 Elemento title

El elemento TITLE especifica el nombre del recurso o documento para darlo a conocer.

```
<title>Curso de creación de páginas web</title>
```

En lo referente a los posibles valores admitidos, puede ser cualquier valor de texto que respete las normas de ortografía y gramática. Esto es, no se debe capitalizar la descripción del título, a no ser que sea un nombre propio, y se deben respetar los signos de puntuación.

4.2.2 Elementos h1..h6

Los elementos H1...H6 especifican diferentes niveles de encabezado. El más relevante en la jerarquía o de mayor peso es H1 (al cual se le suele atribuir el título del documento) y, el menos relevante en la jerarquía o de menor peso es H6. Un ejemplo podría ser:

```
<h1>Esto es un encabezado de nivel 1</h1>
<h2>Esto es un encabezado de nivel 2</h2>
<h3>Esto es un encabezado de nivel 3</h3>
<h4>Esto es un encabezado de nivel 4</h4>
<h5>Esto es un encabezado de nivel 5</h5>
<h6>Esto es un encabezado de nivel 6</h6>
```

Los elementos H1...H6 pueden ser elementos clave para el posicionamiento SEO, y son de vital importancia para la accesibilidad y semántica web. Es muy importante que no se especifique más de un encabezado de primer nivel y que no se realicen saltos en la jerarquía por temas de apariencia o gusto, es decir, después de un H1 siempre debe ir un H2, después de un H2 siempre debe ir un H3, y así sucesivamente.

También, es importante matizar que, la utilización de elementos de jerarquía dentro de las etiquetas HEADER puede ser una técnica muy interesante para definir el contenido y reforzar su importancia y significado.

4.2.3 Elemento header

El elemento HEADER puede especificar una cabecera de página o una cabecera de artículo, dependiendo de donde se declare. Si es un descendiente directo del elemento ARTICLE, se considerará cabecera de artículo. Si es un descendiente directo del elemento BODY, se considerará cabecera de página o documento.

El elemento HEADER sólo puede ser declarado una única vez por artículo y por página, sin embargo, dependiendo de dónde se defina, su intencionalidad es muy diferente.

Si está dentro de una estructura ARTICLE, lo habitual es que contenga el título del artículo que se está describiendo, pero, si es una cabecera de página, lo habitual es que contenga el logo de la empresa u organización, el menú principal de navegación, el acceso a la zona privada y registro, los enlaces hacia sus redes sociales o, incluso, otras acciones relacionadas con el contexto de la web y la empresa u organización de primer orden como un buscador.

También, es habitual encontrar en la definición de cabecera, la declaración de elementos de cabecera H1...H6. Estos elementos, bien utilizados, aportan al documento un orden de jerarquía y valor semántico.

Un ejemplo podría ser:

```
<article>
    <header>
        <h2>HTML5</h2>
    </header>
    ...
</article>
```

4.2.4 Elemento hgroup

El elemento HGROUP especifica un bloque de encabezado de sección que representa la estructura del documento HTML. Habitualmente, este elemento se utiliza para agrupar encabezados consecutivos a modo de subtítulos o eslóganes. Un ejemplo podría ser:

```
<hgroup>
    <h1>Fast and Furious 4</h1>
    <h2>Aún más rápido</h2>
</hgroup>
```

4.3 INSERCIÓN DE TEXTOS

4.3.1 Elemento abbr

El elemento ABBR especifica que el contenido que se va a representar es una abreviatura o un acrónimo. Admite varios atributos, sin embargo, el único "obligatorio" es el atributo TITLE que indica el significado de dicha abreviatura.

Un ejemplo podría ser:

```
<abbr title="Cascading Style Sheets">CSS</abbr> es un lenguaje de diseño gráfico
para definir y crear la presentación de un documento estructurado escrito en un
lenguaje de marcado.
```

> **ⓘ NOTA**
>
> **Al** poner el puntero del ratón encima de CSS debería aprecer un tooltip con el mensaje "Cascading Style Sheets".

4.3.2 Elemento address

El elemento ADDRESS especifica una información de contacto para el documento actual.

Un ejemplo podría ser:

```
<address>
    Escrito por Pablo Enrique Fernández Casado.
    Visita <a href="https://ejemplo.com">Ejemplo.com</a>
    Castellana 58, local
    28046 Madrid
    España
</address>
```

Y otro ejemplo podría ser:

```
<address>
    Email de contacto:
    <a href="mailto:ejemplo@gmail.com">ejemplo@gmail.com</a><br>
    Teléfono: <a href="tel:+34999999999">(+34) 999.999.999</a>
</address>
```

4.3.3 Elemento bdo

El elemento BDO especifica la direccionalidad del contenido que está dentro de él. Requiere del atributo DIR para asignar la dirección del texto.

Un ejemplo podría ser:

```
<p dir="ltr">Esta palabara arábica <bdo dir="rtl">ARABIC PLACEHOLDER</bdo>, está
escrita de izquierda a derecha, pero se muestra al revés.</p>
```

El resultado debería ser algo como:

Esta palabra arábica REDLOHECALP CIBARA, está escrita de izquierda a derecha, pero se muestra al revés.

4.3.4 Elementos blockquote y cite

Los elementos BLOCKQUOTE y CITE especifican que el contenido que se va a representar es una cita. La diferencia estriba en que, BLOCKQUOTE, se mostrará a modo de bloque y, CITE, se mostrará o representará como una cita en línea.

Un ejemplo con BLOCKQUOTE podría ser:

```
<blockquote cite="https://blog.com/einstein">
    Hay dos cosas infinitas, el Universo y la estupidez humana
</blockquote>
```

Y un ejemplo con CITE podría ser:

```
<p>
    <cite>
        Hay dos cosas infinitas, el Universo y la estupidez humana
    </cite>, dicho por Albert Einstein
</p>
```

4.3.5 Elemento code

El elemento CODE especifica que el contenido que se va a representar es un fragmento de código.

Un ejemplo podría ser:

```
<code>
    <script type="text/javascript">
        document.querySelector("body").style.fontSize = "14px";
    </script>
</code>
```

4.3.6 Elemento data

El elemento DATA especifica y vincula un contenido textual con un valor legible para el sistema o aplicación. En el ejemplo siguiente, el valor del atributo VALUE podría ser un identificador de código de barras.

Un ejemplo podría ser:

```
<ul>
    <li><data value="3967381398">Producto pequeño</data></li>
    <li><data value="3967381399">Producto mediano</data></li>
    <li><data value="3967381400">Producto grande</data></li>
</ul>
```

4.3.7 Elemento dfn

El elemento DFN especifica que, a continuación, se va a definir el contenido que está dentro de él.

Un ejemplo podría ser:

```
<p>
    El <dfn>HTML</dfn> es un lenguaje de marcado para hipertextos.
</p>
```

4.3.8 Elemento em

El elemento EM especifica que el contenido que se va a representar debe aparecer enfatizado. Normalmente, este énfasis suele ser el resultado de aplicar un estilo en cursiva, por lo que se puede confundir con la etiqueta I.

Un ejemplo podría ser:

```
<p>
    Este texto no tiene énfasis,
    <em>pero este texto sí está con énfasis</em>
</p>
```

4.3.9 Elemento i

El elemento I especifica que el contenido que se va a representar debe aparecer en cursiva. Cabe destacar que, este estilo cursivo puede confundirse con el resultado de la aplicación de la etiqueta EM.

Un ejemplo podría ser:

```
<p>
    Este texto no tiene énfasis,
    <i>pero este texto sí está con énfasis</i>
</p>
```

4.3.10 Elementos ins y del

Los elementos INS y DEL especifican que el contenido que se va a representar ha sufrido una alteración que afecta a un texto, o parte de él, anteriormente escrito. La etiqueta DEL indica el texto que estaba antes y se representa como si estuviese anulado o tachado. La etiqueta INS representa el texto nuevo que ha cambiado.

Un ejemplo podría ser:

```
<p>
    El cometa <del>C/2020 F3</del> <ins>Neowise</ins>, descubierto ...
</p>
```

4.3.11 Elemento kbd

El elemento KBD especifica que el contenido que se va a declarar es una tecla o combinación de teclas.

Un ejemplo podría ser:

```
<kbd>alt + S</kbd>
```

Y otro ejemplo algo más completo podría ser:

```
<p>
    Pulse <kbd><kbd style="border: 1px solid #000; border-radius: 4px; padding:
2px;">Ctrl</kbd> + <kbd style="border: 1px solid #000; border-radius: 4px;
padding: 2px;">R</kbd></kbd> para recargar la página.
</p>
```

En este último caso, el resultado debiera ser similar a:

Pulse `Ctrl` + `R` para recargar la página.

4.3.12 Elemento mark

El elemento MARK especifica que el contenido que se va a representar debe estar marcado o resaltado por su relevancia o importancia dentro del contexto en el que se encuentra.

Un ejemplo podría ser:

```
<p>
    Los <mark>elementos P no deben contener etiquetas que no sean de texto</
mark>. Esto es, no es aconsejable introducir en una etiqueta de párrafo un ele-
mento DIV, SECTION, ARTICLE, ...
</p>
```

El resultado debiera ser similar a:

Los elementos P no deben contener etiquetas que no sean de texto. Esto es, no es aconsejable introducir en una etiqueta de párrafo un elemento DIV, SECTION, ARTICLE, ...

4.3.13 Elemento math

El elemento MATH especifica que lo que se va a definir es una fórmula o ecuación matemática. Esto es posible gracias al lenguaje MathML que lleva incorporado y permite utilizar etiquetas HTML para escribir anotaciones matemáticas.

El elemento MATH es el nivel superior del MathML, que es un lenguaje de marcado basado en XML cuyo objetivo es expresar mediante notación de marcas una notación matemática de forma que sea legible para las máquinas y seres humanos.

Entre sus posibles elementos, los más comunes, son MI (que representa a un identificador o variable), MN (que representa un valor o número), MO (que representa un operador) y MS (que representa una cadena), aunque dispone de muchos más.

Si se desea información más detallada se puede visitar la dirección web o URL de *https://www.w3.org/TR/MathML2/ (MathML2 de W3C).*

A continuación se exponen los casos más usuales de uso de MathML.

4.3.13.1 EJEMPLO DE SUPERÍNDICES

```
<math>
    <msup>
        <mi>n</mi>
        <mn>7</mn>
    </msup>
</math>
```

El resultado debiera ser similar a:

$$n^7$$

4.3.13.2 EJEMPLO DE SUBÍNDICES

```
<math>
    <msub>
        <mi>n</mi>
        <mn>7</mn>
    </msub>
</math>
```

El resultado debiera ser similar a:

$$n_7$$

4.3.13.3 EJEMPLO DE FRACCIONES

```
<math>
    <mfrac>
        <mn>1</mn>
        <mn>2</mn>
    </mfrac>
</math>
```

El resultado debiera ser similar a:

$$\frac{1}{2}$$

4.3.13.4 EJEMPLO DE RAÍCES

```
<math>
    <mroot>
        <mn>-8</mn>
        <mn>3</mn>
    </mroot>
</math>
```

El resultado debiera ser similar a:

$$\sqrt[3]{-8}$$

4.3.13.5 EJEMPLO DE SUMATORIOS

```
<math>
    <mrow>
        <munderover>
            <mo>∑</mo>
            <mrow>
                <mi>n</mi>
                <mo>=</mo>
                <mn>1</mn>
            </mrow>
            <mrow>
                <mo>+</mo>
                <mn>∞</mn>
            </mrow>
        </munderover>
```

```
            <mfrac>
                <mn>1</mn>
                <msup>
                    <mi>n</mi>
                    <mn>2</mn>
                </msup>
            </mfrac>
        </mrow>
</math>
```

El resultado debiera ser similar a:

$$\sum_{n\,=\,1}^{+\infty}\frac{1}{n^2}$$

4.3.13.6 EJEMPLO DE MATRICES

```
<math>
    <mrow>
        <mo>[</mo>
        <mtable>
            <mtr>
                <mtd> <mn style="color: var(--color2-bg);">x</mn> </mtd>
                <mtd> <mn>1</mn> </mtd>
            </mtr>
            <mtr>
                <mtd> <mn>2</mn> </mtd>
                <mtd> <mn>3</mn> </mtd>
            </mtr>
        </mtable>
        <mo>]</mo>
    </mrow>
</math>
```

El resultado debiera ser similar a:

$$\begin{bmatrix} 4 & 1 \\ 2 & 3 \end{bmatrix}$$

4.3.13.7 EJEMPLO DE INTEGRALES

```
<math>
    <munderover>
        <mo>∫</mo>
        <mi>a</mi>
        <mi>b</mi>
    </munderover>
    <mrow>
        <mo>(</mo>
        <mn>5</mn>
        <mi>x</mi>
        <mo>+</mo>
        <mn>2</mn>
        <mi>cos</mi>
        <mrow>
            <mo>(</mo>
            <mi>x</mi>
            <mo>)</mo>
        </mrow>
        <mo>)</mo>
    </mrow>
    <mi>dx</mi>
</math>
```

El resultado debiera ser similar a:

$$\int_{a}^{b} \left(5x + 2\cos\left(x \right) \right) \mathrm{dx}$$

4.3.14 Elemento pre

El elemento PRE especifica que el contenido que se va a representar es un texto preformateado. En general, este elemento se suele representar con una fuente Courier o Monospace y conserva todos los espacios y saltos de línea.

Un ejemplo podría ser:

```
<pre>
    <p>
        Los  espacios repetidos y
        Saltos de línea de    este   elemento se muestran tal cuál!
```

```
    </p>
</pre>
```

El resultado debiera ser similar a:

> Los espacios repetidos y
> Saltos de línea de   este   elemento se muestran tal cual!

4.3.15 Elementos sub y sup

Los elementos SUB y SUP especifican que el contenido que se va a representar debe aparecer como subíndice o superíndice, es decir, por debajo de la línea normal y en una fuente de menor tamaño o por encima de la línea normal y en una fuente de menor tamaño.

Un ejemplo con SUB podría ser:

```
<p>La fórmula del agua es H<sub>2</sub>O</p>
```

El resultado debiera ser similar a:
La fórmula del agua es H_2O

Y un ejemplo con SUB podría ser:

```
<p>E = MC<sup>2</sup></p>
```

Resultado

$E = MC^2$

4.3.16 Elemento var

El elemento VAR especifica que el contenido que se va a representar es el nombre de una variable.

Un ejemplo podría ser:

```
<var>x</var> = Millones de personas;
```

4.4 SEPARACIÓN DE BLOQUES DE TEXTOS

4.4.1 Elemento article

Especifica un contenido que, habitualmente, es considerado como una entidad independiente o autónoma que cobra sentido por sí sola sin depender de los demás elementos colindantes. Un ejemplo podría ser:

```
<article>
    <header>
        <h2>HTML5</h2>
    </header>

    <div>
        <p> El lenguaje HTML5 (HyperText Markup Language Versión 5) es un len-
guaje de marcado de hipertexto que está vigente desde el año 2014 y puede ser
utilizado para...</p>
    </div>

    <footer>
        <a href="html-usos.html">Seguir leyendo</a>
    </footer>
</article>
```

El elemento ARTICLE es uno los elementos clave para el posicionamiento SEO, y es de vital importancia para la accesibilidad y semántica web. Por ello, cuando se declara este elemento, se debe especificar, al menos, una etiqueta HEADER con el título y una etiqueta FOOTER con las posibles acciones, si procede.

Además, también es importante tener claro que ARTICLE no puede contener elementos SECTION contenidos en él puesto que, de lo contrario, se perdería el valor de entidad única, independiente y significativa.

4.4.2 Elemento aside

Especifica un contenido que, habitualmente, es considerado como una entidad independiente a todo elemento colindante. Su uso está especialmente arraigado para listas u opciones de navegación, nubes de etiquetas y menús Off Canvas, aunque se puede utilizar para cualquier cometido mientras no se pierda su significado u ontología.

Un ejemplo podría ser:

```
<aside>
    <h3>Artículos relaccionados</h3>
    <ul>
        <li><a href="#">Artículo 1</a></li>
        <li><a href="#">Artículo 2</a></li>
        <li><a href="#">Artículo 3</a></li>
    </ul>
</aside>
```

4.4.3 Elemento div

El elemento DIV especifica que el contenido que se va a representar es una división o sección.

Aunque el uso de la etiqueta DIV no tiene restricciones, su aplicación está más pensada para realizar divisiones que no tengan, o tengan poco, valor semántico, es decir, su uso debería darse cuando no se puedan utilizar elementos de mayor significado como puedan ser MAIN, NAV, SECTION, ARTICLE, HEADER o FOOTER.

```
<div>
    <p>Esto puede ser un texto descriptivo sobre HTML5</p>
    <img src="./html5.png" />
</div>
```

4.4.4 Elemento footer

El elemento FOOTER puede especificar un pie de página o un pie de artículo, dependiendo de donde se declare. Si es un descendiente directo del elemento ARTICLE, se considerará pie de artículo. Si es un descendiente directo del elemento BODY, se considerará pie de página o documento.

El elemento FOOTER sólo puede ser declarado una única vez por artículo y por página, sin embargo, dependiendo de dónde se defina, su intencionalidad es muy diferente.

Si está dentro de una estructura ARTICLE, lo habitual es que contenga las acciones asociadas o en relación con el artículo que se está describiendo, pero, si es un pie de página, lo habitual es que contenga los datos de contacto, acceso a documentos importantes como la Política de Privacidad, Términos de uso o la Declaración de cookies, información de copyright, los enlaces hacia sus redes sociales o, incluso, otras acciones relacionadas con el contexto de la web y la empresa u organización como apuntarse a la newsletter.

Un ejemplo podría ser:

```
<footer>
    <ul>
        <li>Copyright ©2020</li>
        <li>Polícita de Privacidad</li>
        <li>Versión para móviles</li>
    </ul>
</footer>
```

4.4.5 Elemento main

El elemento MAIN especifica el bloque de contenido principal de un documento web. Su uso es importante para no perder semántica y, por ello, sólo se debe definir un elemento MAIN en todo el documento.

No obstante, tampoco puede ser un descendiente de ASIDE, SECTION, ARTICLE, HEADER, FOOTER o NAV y, salvo excepciones, no debe incluir secciones laterales, cabeceras o pies de página, menús de navegación principales, formularios de búsqueda ni ningún otro elemento que, por definición o contexto, deban estar fuera de la sección principal del documento.

Un ejemplo podría ser:

```
<main>
    <h1>CSS</h1>
    <p>CSS es un lenguaje de marcado para proveer estilos al contenido.</p>

    <!—Más contenidos -->

    <aside>Otros contenidos</aside>
</main>
```

4.4.6 Elemento nav

El elemento NAV especifica un conjunto de enlaces de navegación. Este conjunto de enlaces debe estar destinado únicamente para el bloque principal, es decir, no se debe usar el elemento NAV para acciones, botones o enlaces que no pertenezcan al menú principal de navegación.

Un ejemplo podría ser:

```
<nav>
    <ul class="nav navbar-nav navbar-right">
        <li><a href="#home">Inicio</a></li>
        <li><a href="#about">Acerca de Nosotros</a></li>
        <li><a href="#features">Servicios</a></li>
        <li><a href="#blog">Blog</a></li>
        <li><a href="#support">Contactar</a></li>
        <li><a href="javascript:showSearchLayer()">Buscar</a></li>
    </ul>
</nav>
```

Cabe destacar que, la utilización correcta de este elemento es importante para la usabilidad web, la semántica web, el posicionamiento SEO y, especialmente, para la accesibilidad web.

La razón de su importancia en accesibilidad es que las herramientas de asistencia, como los lectores de pantalla, usan este elemento para determinar si omitir o no la representación inicial del contenido del documento.

4.4.7 Elemento section

El elemento SECTION especifica un contenido que, habitualmente, contiene entidades independientes como artículos y tiene una temática definida.

Al igual que sucede con el elemento ARTICLE, el elemento SECTION suele llevar asociado un elemento de encabezado por su naturaleza semántica, aunque no es una cualidad requerida. Un ejemplo podría ser:

```
<section>
    <article>
        <h3>Atmósfera de Mercurio</h3>
        <p>La atmósfera de Mercurio contiene un 31.7% de Potasio, un 24.9% de
Sodio, un 9.5% de Oxígeno atómico, un 7.0% de Argón, un 5.9% de Helio, un 5.6%
de Oxígeno molecular, un 5.2% de Nitrógeno, un 3.6% de Dióxido de carbono, un
3.4% de Agua y un 3.2% de Hidrógeno.</p>
    </article>
</section>
```

El elemento SECTION es otro los elementos clave para el posicionamiento SEO, y es de vital importancia para la accesibilidad y semántica web. Por ello, cuando se declara este elemento, se debe especificar, al menos, una etiqueta H1... H6 con el título.

Además, también es importante tener claro que SECTION puede contener varios elementos SECTION a su vez, o tener varios elementos ARTICLE, pero un elemento ARTICLE no puede contener elementos SECTION contenidos en él.

4.5 INSERCIÓN DE GRÁFICOS

HTML5 es un lenguaje versátil que permite manejar audio, vídeo e imágenes adaptativas de múltiples formas, no obstante, los elementos más recurrentes siguen siendo AUDIO, VÍDEO e IMG.

4.5.1 Elementos figure y figcaption

El elemento FIGURE especifica que el contenido que se va a representar es una ilustración, diagrama, fotografía, listado de códigos o algo similar. Para describir el contenido del FIGURE puede describirse a través del elemento FIGCAPTION.

```
<figure>
    <img src="./images/gantt.jpg" alt="diagrama-de-gantt" />
    <figcaption>Ejemplo de diagrama de Gantt</figcaption>
</figure>
```

Cabe destacar que el elemento FIGURE es un elemento de sección que está excluido del esquema principal del documento por considerarse que su propósito es introducir contenidos externos y que no tiene por qué estar formado por un único elemento de contenido. De hecho, es frecuente verlo para definir un conjunto de elementos multimedia que representan una única entidad que se desea, se interprete, como una única figura.

4.5.2 Elemento img

El elemento IMG especifica que el contenido que se va a representar es una imagen. Este elemento imagen no es incrustado en el documento, aunque sí que se reserva un espacio de retención para la imagen.

```
<img src="./images/gantt.jpg" alt="diagrama-de-gantt" />
```

El elemento IMG no se debería utilizar si el contenido que muestra no está relacionado directamente con el contenido del documento, es decir, sólo se debe utilizar cuando su representación sea significativa para el contenido del documento.

También es importante saber que la inserción de imágenes en un documento puede afectar al rendimiento global y a la accesibilidad, por lo que se deben definir de forma precisa utilizando todos los atributos necesarios.

Entre los atributos que admite en su configuración, se deben destacar **ALT**, que especifica el texto descriptivo que se debe mostrar cuando la imagen no esté disponible, **HEIGHT** y **WIDTH**, que especifican la altura y anchura en píxeles de la imagen dentro del documento y **SRC** y que especifica la URL del archivo a cargar.

4.5.3 Elemento picture

El elemento PICTURE se diseñó con la idea de proporcionar soporte nativo a imágenes responsive o adaptativas. En general, se utiliza de forma conjunta con el elemento SOURCE y IMG para ofrecer las diferentes alternativas de la imagen en distintos escenarios o resoluciones.

```
<picture>
    <source srcset="./img/land-desktop.png" media="(min-width: 1680px)" />
    <source srcset="./img/land-laptop.png" media="(min-width: 1366px)" />
    <source srcset="./img/land-tablet.png" media="(min-width: 640px)" />
    <source srcset="./img/land-mobile.png" media="(min-width: 360px)" />

    <img src="./img/land-laptop.png" />
</picture>
```

Cuando se definen todos los elementos, el agente de usuario seleccionará, entre todos los elementos secundarios SOURCE, el que mejor coincida con el escenario actual. Si no encuentra una coincidencia que se ajuste lo suficientemente, o no soporta el elemento PICTURE, lo que se representará será la imagen asociada al elemento IMG.

4.5.4 Elemento source

El elemento SOURCE permite especificar los recursos alternativos de medios que están disponibles para ser gestionados por los elementos AUDIO, PICTURE y VÍDEO.

Estos recursos serán seleccionados de forma automática por el agente de usuario en función del tipo de medio, códec o consulta de medios.

```
<picture>
    <source srcset="./img/land-laptop.png" media="(min-width: 1366px)" />
```

```
        <source srcset="./img/land-tablet.png" media="(min-width: 900px)" />
        <source srcset="./img/land-mobile.png" media="(min-width: 768px)" />
    </picture>
```

Entre los atributos que admite en su configuración, se deben destacar los siguientes:

4.5.4.1 ATRIBUTO SRCSET

Especifica una lista de imágenes, separadas por coma, a seleccionar según sea el medio, resolución, ... Cada elemento de esta lista se compone de una URL, un descriptor de ancho seguido de la letra W minúscula (por ejemplo, 360w o 480w) y un descriptor de densidad seguido de la letra X minúscula (por ejemplo, 2x).

Aunque las opciones de descriptor de ancho y descriptor de densidad son opcionales, al menos, una de ellas siempre debe estar presente. Es un elemento obligatorio cuando está definido dentro de una estructura **PICTURE**.

4.5.4.2 ATRIBUTO MEDIA

Especifica la consulta de medios que se debería cumplir para poder aplicarse el recurso. Sigue las mismas normas y validaciones que las consultas de medios definidas por la regla **@MEDIA**.

4.5.4.3 ATRIBUTO TYPE

Especifica el tipo MIME del recurso. Todos los posibles valores que puede tomar este atributo están disponibles en la dirección *http://www.iana.org/assignments/media-types/*.

4.6 CREACIÓN DE HIPERVÍNCULOS A OTRAS PÁGINAS

4.6.1 Elemento a

El elemento A especifica que el contenido que se va a representar es un hipervínculo que, habitualmente, lanzará una acción a otro lugar del documento actual o a otro documento diferente.

Por defecto, los enlaces se estilizan de la misma forma para ayudar a la accesibilidad y usabilidad web. Es por esta razón que, en general, todos los agentes de usuario suelen mostrar los enlacen no visitados en azul y subrayado, los enlaces visitados en morado y subrayado y, los enlaces activos en rojo y subrayado.

```
<a href="https://www.google.es">Visitar Google España</a>
```

Entre los atributos que admite en su configuración, los más utilizados son:

Atributo	Descripción
download	Especifica que el contenido al que apunta el enlace debe descargarse. Aunque casi todos los navegadores lo soportan, no es funcional con ningún navegador de Microsoft hasta la versión 18 de Microsoft Edge.
href	Especifica el destino hacia dónde se irá cuando se pulse en el enlace. Si este valor empieza por el símbolo almohadilla, indicará que se desea ir a otra sección del documento actual. De no ser así, indicará la dirección hacia otro documento diferente.
hreflang	Especifica el idioma del documento vinculado.
rel	Especifica la relación existente entre el documento actual y el vinculado. Entre los posibles valores que puede tomar, los más frecuentes son NOREFERRER, para indicar que no se envíe ningún encabezado, NOFOLLOW, para indicar que el enlace no sea rastreado por los crawlers y SEARCH, para indicar que el documento es una página de búsqueda.
target	Especifica dónde se abrirá el vínculo. Entre los posibles valores que puede tomar, los más frecuentes son _BLANK, para indicar que se abra en una nueva pestaña, _SELF, para indicar que se abra en la misma pestaña y _TOP, para que se abra en el primer elemento BODY de la ventana.

Cabe destacar que, si el atributo HREF no está presente, los atributos DOWNLOAD, HREFLANG, MEDIA, REL, TARGET y TYPE no tendrán ningún efecto y se ignorarán.

4.7 CREACIÓN DE TABLAS

Las tablas no son nada más que una forma de organizar la información a través de filas y columnas. El problema reside cuando estas estructuras contienen mucha información y no pueden representarse de manera correcta en dispositivos con poca resolución o de pequeño tamaño.

En este capítulo vamos a ver cómo definir tablas, cómo hacerlas decorativas, cómo hacerlas adaptativas o Responsive y cómo hacerlas usables y accesibles.

4.7.1 Elementos disponibles en HTML5

4.7.1.1 ELEMENTO CAPTION

El elemento CAPTION especifica que el contenido que se va a representar es el título de una tabla. Sólo puede definirse un elemento CAPTION por tabla y es importante que el elemento CAPTION sea el primer hijo directo del elemento TABLE.

4.7.1.2 ELEMENTO TABLE

El elemento TABLE especifica que el contenido que se va a representar es una estructura de datos tabulados en forma de filas y columnas, es decir, una tabla.

Entre los atributos que admite en su configuración, se deben destacar **BORDER, CELLPADDING, CELLSPACING** y **WIDTH**, pero todos ellos es mejor declararlos a través de sus homólogos de CSS.

Las tablas es uno de los elementos de HTML menos accesibles que, a menudo, encontramos en las páginas. Primero porque los desarrolladores no conocen todas las posibilidades de configuración y, segundo, porque si no se ve toda ella en su conjunto puede ser algo muy difícil de entender o contextualizar. Como ejemplo extremo, piénsese que, si un usuario sólo puede ver un dato en una tabla que, además, no presenta una cabecera por la circunstancia que sea, puede no saber a qué se refiere dicho dato.

Por tanto, si se han de utilizar, se deben especificar las dimensiones en términos de porcentaje y establecer todas sus propiedades para que no se pierda semántica y/o accesibilidad.

La declaración de los elementos de cabecera y pie de tabla (THEAD y TFOOT) deben establecerse antes que el elemento del contenido de la tabla TBODY para que el agente de usuario pueda renderizar la información de contexto antes de recibir el detalle con todas las filas de datos, que pueden ser muchas.

Cabe destacar que, los atributos ID, HEADERS y SCOPE, no tienen ningún efecto visual, sin embargo, junto con el elemento CAPTION, son muy útiles para las tecnologías asistivas como los lectores de pantalla puesto que aclaran y fortalecen su significado.

4.7.1.3 ELEMENTO COLGROUP

El elemento COLGROUP especifica que el contenido que se va a representar es un grupo de una o más columnas de una tabla. Suele ser útil para aplicar estilos de forma agrupada en vez de tener que repetirlos de uno en uno.

Es importante que el elemento COLGROUP sea hijo directo del elemento TABLE, que esté declarado justo después del elemento CAPTION y justo antes de los elementos THEAD, TBODY o TFOOT porque, de no ser así, puede afectar a la usabilidad web y a la accesibilidad web.

Para especificar o definir las propiedades de cada columna dentro de cada elemento COLGROUP se debe utilizar el elemento COL. Este elemento sólo permite el atributo SPAN para definir el número de columnas que debe abarcar.

```
<colgroup>
    <col style="background: whitesmoke;"></col>
    <col span="2" style="background: lavender;"></col>
</colgroup>
```

4.7.1.4 ELEMENTOS THEAD Y TFOOT

El elemento THEAD especifica que el contenido que se va a representar es el encabezado de una tabla. El elemento TFOOT es idéntico al elemento THEAD, con la diferencia de que el contenido que se va a representar es el pie de página de una tabla.

Cabe destacar que los elementos THEAD y TFOOT deben declararse justo después del elemento CAPTION y COLGROUP y justo antes del elemento TBODY. También es importante constatar que el elemento THEAD no se debe omitir puesto que su omisión puede perjudicar de forma notable a la usabilidad web y a la accesibilidad web de la página.

4.7.1.5 ELEMENTO TBODY

El elemento TBODY especifica que el contenido que se va a representar es el cuerpo de una tabla.

Cabe destacar que el elemento TBODY debe declararse justo después de los elementos THEAD y TFOOT. Además, no se debe omitir puesto que su omisión puede perjudicar de forma notable a la usabilidad web y a la accesibilidad web de la página.

4.7.1.6 ELEMENTO TR

El elemento TR especifica que el contenido que se va a representar es una fila perteneciente a un encabezado, cuerpo o pie de página de una tabla.

4.7.1.7 ELEMENTO TH

El elemento TH especifica que el contenido que se va a representar es una celda de encabezado.

Entre los atributos que admite en su configuración, se deben destacar **COLSPAN**, que especifica el número de columnas que se deben unificar, **ROWSPAN**, que especifica el número de filas que se deben unificar, **ID**, que especifica el identificador de la columna y que es necesario para utilizarlo con el atributo HEADERS del elemento TD, **HEADERS**, que especifica la lista de identificadores únicos (separados por espacios en blanco) que se corresponden con los atributos ID pertenecientes a los elementos TH y **SCOPE**, que especifica un único valor que vincula la información entre las celdas de la cabecera y las celdas de datos para indicar si una celda de encabezado es un encabezado para una columna, una fila o un grupo de columnas o un grupo de filas.

4.7.1.8 ELEMENTO TD

El elemento TD especifica que el contenido que se va a representar es una celda de datos.

Entre los atributos que admite en su configuración, se deben destacar **COLSPAN**, que especifica el número de columnas que se deben unificar, **ROWSPAN**, que especifica el número de filas que se deben unificar y **HEADERS**, que especifica la lista de identificadores únicos (separados por espacios en blanco) que se corresponden con los atributos ID pertenecientes a los elementos TH.

4.8 INSERCIÓN DE DISTINTOS FRAMES EN UNA PÁGINA

Los marcos (frames) y los objetos son utilizados para insertar contenidos de otras tecnologías en un documento HTML y, en ocasiones, incluso para insertar otro documento HTML.

Históricamente se usaban para poder tener los elementos de cabeceras, menús de navegación y pies de página comunes y, de esta forma, actualizar el menor contenido posible, provocando que la carga fuese más rápida. Sin embargo, uno de los pocos usos que tienen los objetos hoy día es la incrustación de vídeos de YouTube o Vimeo. El proceso de inserción en una web es francamente sencillo, sin embargo, conseguir que estos contenidos multimedia se vean de forma adecuada puede ser algo tedioso.

El uso de marcos y objetos es posible, básicamente gracias a los elementos IFRAME, que especifica que el contenido que se va a representar es un marco en línea que contiene otro documento dentro del propio documento actual y al elemento OBJECT, que especifica que el contenido que se va a representar es un objeto incrustado que contiene otro documento dentro del propio documento actual.

Aunque no es frecuente, el elemento OBJECT permite la inserción de una página web, sin embargo, este elemento es más recomendable para aquellos contenidos que sean de otras tecnologías diferentes a HTML. Si el objeto o documento que se desea agregar es HTML es mejor incrustarlo en línea o como parte del propio documento a través de alguna tecnología que permita la inclusión de contenidos externos, como pueda ser JavaScript.

Tampoco es una buena idea insertar imágenes a través de este elemento porque puede no procesarse de manera correcta y, de hacerlo, su aplicación puede tener efectos no deseados tanto en temas de posicionamiento SEO, como en accesibilidad web.

Dicho esto, para conseguir que los contenidos multimedia insertados a través de IFRAME u OBJECT se vuelvan receptivos y, por tanto, más usables, lo primero que se debe hacer embeberlos en una capa externa a modo de contenedor.

```
<div class=" vídeo-responsive">
    <iframe src="https://www.youtube.com/embed/0sAc60jzKv4"
            frameborder="0"
            allow="accelerometer; autoplay; encrypted-media;
                   gyroscope; picture-in-picture"
            allowfullscreen>
    </iframe>
</div>
```

Una vez hecho esto, al contendor se le asignará una relación de aspecto intrínseca para el vídeo. La forma de conseguir esta relación de aspecto es a través de la propiedad PADDING, la cual permite que una caja tome una relación de aspecto determinada en función del ancho de la capa contenedora.

```
.vídeo-responsive {
    overflow: hidden;
    padding-bottom: 56.25% !important;
    padding-top: 25px !important;
    position: relative !important;
}
```

La razón de por qué este PADDING es 56.25%, es porque la relación del vídeo esperada es 16:9. De hecho, calcular este valor resulta tan sencillo como aplicar una sencilla regla de tres:

$$PADDING_{BOTTOM} = 9 * \frac{100}{16} = 56.25\%$$

Sin embargo, si la relación de aspecto esperada fuese 4:3, el valor del PADDING sería muy diferente:

$$PADDING_{BOTTOM} = 3 * \frac{100}{4} = 75\%$$

Ahora bien, la razón de por qué el PADDING-TOP es 25 píxeles es muy diferente. La altura del cromo es estática, independientemente de resolución del vídeo y, por ello, hay que ajustarlo de forma fija.

Si ahora aprovechamos las ventajas de que nos da el posicionamiento absoluto sobre el último relativo y ponemos el elemento IFRAME al cien por cien del ancho y alto del contendor, ya tenemos un vídeo totalmente responsive.

```
.vídeo-responsive iframe,
.vídeo-responsive object,
.vídeo-responsive embed {
    height: 100%;
    left: 0;
    position: absolute;
    top: 0;
    width: 100%;
}
```

Si quisiéramos hacer esto mismo a través de OBJECT, en vez de IFRAME, sólo tendríamos que cambiar el atributo SRC por el atributo DATA.

```
<div class=" vídeo-responsive">
<object data="https://www.youtube.com/embed/0sAc60jzKv4"
        frameborder="0"
        allow="accelerometer; autoplay; encrypted-media;
            gyroscope; picture-in-picture"
        allowfullscreen>
    </object>
</div>
```

Como se puede apreciar, no es tan difícil como se podría pensar, sin embargo, esta solución no es la única. Existen otras opciones que presentan algunas modificaciones, pero que resultan útiles en situaciones particulares.

Otra posible forma de hacer que este tipo de recursos se vuelvan adaptables a cualquier dispositivo es hacer lo siguiente:

```
<style>
    .vídeo-container {
        overflow: hidden;
        position: relative;
        width:100%;
    }

    .vídeo-container::after {
        padding-top: 56.25%;        /* Esto es porque 9 es el 56.25% de 16 */
        display: block;
        content: '';
    }

    .vídeo-container iframe {
        position: absolute;
        top: 0;
        left: 0;
        width: 100%;
        height: 100%;
    }
</style>

<div class="vídeo-container">
    <iframe allow="accelerometer; autoplay; encrypted-media; gyroscope;
                   picture-in-picture"
            allowfullscreen
            frameborder="0"
            src="https://www.youtube.com/embed/x2D7jHfitzk">
    </iframe>
</div>
```

En esta ocasión, dado que el vídeo está en una relación de aspecto 16:9, la opción por la que se ha optado es establecer un contenedor que tiene asignado un posicionamiento relativo, sin posibilidad de desbordamiento y unos márgenes internos que mantengan las proporciones del vídeo. Luego, al marco, se le dota de un posicionamiento absoluto para que se ajuste al 100% del contenedor permitiendo, así, que se ajuste a todos los dispositivos y/o resoluciones.

5

CSS3

El lenguaje CSS (Cascading Style Sheets) es un lenguaje de marcado de presentación dedicado a la elaboración de páginas web. Fue definido por primera vez en 1994 y, poco después, se añadió al grupo de trabajo de la W3C como parte del proceso de desarrollo y estandarización.

El crecimiento de especificación CSS ha sido francamente irregular con respecto a otras evoluciones de lenguajes de marcado. De hecho, sólo hay que investigar un poco para ver que en 1998 se publicó la recomendación 2.1 y, poco después, en 1999, ya apareció el primer borrador de la versión actual de CSS. Desde entonces, ha ido evolucionando hasta la especificación que es la actualmente denominamos CSS3.

El lenguaje de marcado CSS3 está pensado para separar el contenido y estructura de la presentación en un documento HTML, XML o XHTML. Esta separación permite, además, mejorar la accesibilidad y usabilidad de los documentos porque proporciona una mayor flexibilidad, una mejor reutilización de código y una reducción de la complejidad gracias, entre otras cosas, a que se evita la repetición de código.

Entre sus características iniciales podemos destacar que es un lenguaje sencillo que permite diferentes métodos de renderizado y que todo se realiza a través de reglas que se aplican en función de unos selectores previamente definidos.

5.1 SOPORTE A LOS NAVEGADORES

El soporte de CSS3 en los navegadores actuales está más o menos cubierto, no obstante, Internet Explorer sigue siendo el que más problemas da a la hora de hacer que los documentos se comporten de igual forma.

En líneas generales podemos decir que Chrome, Edge, Firefox, Internet Explorer, Opera y Safari son los navegadores más utilizados por los usuarios y que, prácticamente todos, a excepción de Internet Explorer 10 e inferiores, dan soporte a todos los selectores, pseudo-clases y gran parte de las propiedades.

En la dirección *https://www.w3schools.com/cssref/css3_browsersupport.asp* es posible encontrar el soporte específico para todas las propiedades CSS de manera individual.

5.2 CÓMO FUNCIONA CSS

Básicamente, el lenguaje CSS es una especificación que define un conjunto de reglas, cada una de ellas, definida a través de un selector y una declaración.

```
Selector      Declaración
--------      ---------------------------------------------------------
  div         { background: white; font-family: Arial; font-size: 14px }


              Propiedad   Valor  Propiedad   Valor  Propiedad   Valor
```

Como se puede apreciar en la ilustración anterior, la regla CSS está compuesta por un selector y una declaración.

El selector, puede ser un nombre de etiqueta HTML, una clase, un identificador, un comodín o, incluso, una combinación de ellos. Su objetivo es localizar el elemento o grupo de elementos donde se debe aplicar la declaración.

La declaración, está definida a modo de bloque mediante unas llaves que representa el conjunto de pares de propiedad-valor.

Cada uno de estos pares siempre termina con un punto y coma, aunque si es el final de la declaración puede omitirse, como es el caso de la ilustración. El conjunto de estos pares de propiedad-valor es el que definirá el comportamiento visual del objeto que se haya seleccionado por el selector previamente definido.

5.3 DEFINICIÓN DE SELECTOR Y CLASIFICACIÓN

Como se acaba de comentar, un selector, puede ser un nombre de etiqueta HTML, una clase, un identificador, un comodín o, incluso, una combinación de ellos y se utilizan para localizar o seleccionar el conjunto de elementos HTML que se desea manipular.

Aunque los selectores pueden ser de muy diversos tipos, se puede establecer una clasificación general en la que se dividen en universales, simples, combinados, de atributo, pseudo-clases y pseudo-elementos. A continuación, se describen cada uno de ellos con brevedad ya que, posteriormente, se verán en detalle:

Los selectores simples son aquellos que permiten seleccionar los elementos a partir del nombre de una etiqueta, identificador o clase. Por ejemplo:

```
button       { background: #f0f0f0; border: 1px solid #ccc; }
#banner      { background: black; }
.form-group  { color: #000; height: 32px; line-height: 32px; }
```

Los selectores combinados son aquellos que permiten seleccionar los elementos a partir de una relación preestablecida entre ellos. Por ejemplo:

```
div p          { font-family: Arial; font-size: 14px; }
#banner .title { font-family: Verdana; font-size: 21px; }
```

Las pseudo-clases son un tipo especial de selectores que permiten seleccionar los elementos a partir del estado en el que se encuentran y siempre van precedidos del símbolo dos puntos. Por ejemplo:

```
button:hover  { font-weight: bold; }
a:active      { color: red; }
input:focus   { background: #000; color: white; }
```

Los pseudo-elementos son otro tipo especial de selectores que permiten seleccionar partes concretas de los elementos o del documento y siempre van precedidos del símbolo dos puntos repetido dos veces. Por ejemplo:

```
::selection    { background: #003366; color: rgba(255,255,255,1); }
::placeholder  { background: #333333; color: lightgray; }
.icon::before  { content: "\f249"; font-size: 22px; color: #006699; }
```

Los selectores de atributo son aquellos que permiten seleccionar los elementos a partir de sus atributos o propiedades y siempre van declarados a través de corchetes. Por ejemplo:

```
a[href^="https"]      { color: rgba(255,255,255,1); }
a[href*="blog"]       { color: lightgray; }
a[href$="php"]        { color: #006699; }
```

El **selector universal** permite selección todos los elementos del documento o del elemento padre que se haya definido.

```
*                 { font-family: Arial; font-size: 14px; }
article *         { color: black; }
```

5.4 UNIDADES DE MEDIDA

Existen dos tipos de unidad de medida, las absolutas y las relativas.

5.4.1 Unidades absolutas

Las unidades absolutas o fijas son aquellas que no están relacionadas de ninguna forma ni con el contexto, ni con otra entidad. Entre las diferentes propuestas que ofrece CSS como unidades de medida absolutas tenemos:

5.4.1.1 UNIDAD DE MEDIDA PX

El término PX hace referencia a los puntos de la pantalla, por lo que cada punto en la pantalla es un píxel. Sus posibles valores pueden ser negativos y positivos, dependiendo de la propiedad y contexto.

5.4.1.2 UNIDAD DE MEDIDA PT

El término PT hace referencia al tamaño del punto en una pantalla o papel. En lo referente a su equivalencia, un punto se suele traducir a 0.35mm, o lo que es lo mismo, a 1.33 píxeles. Sus posibles valores pueden ser negativos y positivos, dependiendo de la propiedad y contexto.

5.4.1.3 UNIDAD DE MEDIDA IN

El término IN hace referencia a la longitud del sistema ingles pulgada, es decir, 2.54cm. En lo referente a sus posibles equivalencias, una pulgada se suele traducir en a 96 píxeles o, lo que es lo mismo, 72 puntos. Sus posibles valores pueden ser negativos y positivos, dependiendo de la propiedad y contexto.

5.4.1.4 UNIDADES DE MEDIDA CM, MM Y PC

Los términos CM, MM y PC hacen referencia las conocidas medidas de longitud. En lo referente a su equivalencia, podríamos decir que una pica es equivalente a 12 puntos, o lo que es lo mismo, 4.23 milímetros.

5.4.2 Unidades relativas

Las unidades relativas son aquellas que toman como punto de referencia otra entidad o contexto. Entre las diferentes propuestas que ofrece CSS como unidades de medida absolutas tenemos:

5.4.2.1 UNIDAD DE MEDIDA %

El término % hace referencia al porcentaje del marco o contexto actual. Sus valores no tienen por qué ir de cero a cien, ya que también son válidos los valores superiores.

5.4.2.2 UNIDAD DE MEDIDA CH

El término CH hace referencia a la anchura, en píxeles, del carácter 0 del elemento padre, esto es, depende del tamaño de la fuente y la letra base.

El tamaño que se toma como referencia es la anchura del carácter 0, por tanto, si se establece el ancho de un elemento a 80CH, lo que se está indicando es que, será de ancho como 80 caracteres 0, todos seguidos sin espacios en blanco.

5.4.2.3 UNIDAD DE MEDIDA EM

El término EM hace referencia a la anchura, en píxeles, de la letra M mayúscula del elemento padre, esto es, si el elemento padre tiene aplicado un tamaño de fuente de 14PX, 1.2EM será equivalente a 16.8PX.

5.4.2.4 UNIDAD DE MEDIDA EX

El término EX hace referencia a la anchura, en píxeles, de la letra X minúscula del elemento padre, esto es, depende del tamaño de la fuente y letra base.

El tamaño que se toma como referencia es la anchura de la X minúscula, por tanto, si se establece el ancho de un elemento a 80EX, lo que se está indicando es que, será de ancho como 80 caracteres x, todos seguidos sin espacios en blanco.

5.4.2.5 UNIDAD DE MEDIDA REM

El término REM hace referencia a la anchura, en píxeles, de la letra M mayúscula del elemento HTML (o raíz), esto es, si el elemento HTML tiene aplicado un tamaño de fuente de 14PX, 1.2REM será equivalente a 16.8PX.

5.4.2.6 UNIDAD DE MEDIDA VMAX

El término VMAX hace referencia a la centésima parte de la altura o anchura de la ventana gráfica o área útil.

La regla de para saber qué valor se está aplicando es "cuál de los valores de ancho y alto es mayor", esto es, si la altura es mayor que la anchura, 1VMAX será equivalente a 1VH, pero si la anchura es mayor que la altura, 1VMAX será equivalente a 1VW.

5.4.2.7 UNIDAD DE MEDIDA VMIN

El término VMIN hace referencia a la centésima parte de la altura o anchura de la ventana gráfica o área útil.

La regla de para saber qué valor se está aplicando es "cuál de los valores de ancho y alto es menor", esto es, si la altura es menor que la anchura, 1VMIN será equivalente a 1VH, pero si la anchura es menor que la altura, 1VMIN será equivalente a 1VW.

5.4.2.8 UNIDAD DE MEDIDA VH

El término VH hace referencia a la centésima parte de la altura del viewport, esto es, un 1% de la altura de la ventana gráfica o área útil. Por tanto, si se establece el alto de un elemento a 100VH, lo que se está indicando es que sea el 100% del alto del viewport, o lo que es lo mismo, 100% del alto de la ventana del navegador.

5.4.2.9 UNIDAD DE MEDIDA VW

El término VW hace referencia a la centésima parte de la anchura del viewport, esto es, un 1% de la anchura de la ventana gráfica o área útil. Por tanto, si se establece el ancho de un elemento a 100VW, lo que se está indicando es que sea el 100% del ancho del viewport, o lo que es lo mismo, 100% del ancho de la ventana del navegador.

5.5 CODIFICACIÓN DE COLORES

Los colores en HTML pueden establecerse a través de los nombres preestablecidos por el agente de usuario, mediante codificación RGB, HSL o hexadecimal. Tanto RGB, como HSL, admiten una variación que permite especificar el canal alfa.

5.5.1 Codificación RGB y RGBA

El modelo de color RGB (Red - Green - Blue) es un modelo matemático abstracto que describe cómo realizar la codificación o representación de colores a partir de unos componentes de intensidad sobre los colores primarios. Dado que su formulación es únicamente a través de rojo, verde, azul, la codificación RGB no presenta la posibilidad de definir un color con transparencia.

El espacio de color RGBA (Red - Green - Blue - Alpha) es una combinación del modelo RGB con un cuarto componente denominado canal de alfa. Este canal alfa es el que posibilita que los colores puedan tener una transparencia.

El valor de los componentes rojo, verde y azul se establecen a partir de un valor binario de 8 bits bajo el sistema decimal, es decir, con valores que van de 0 a 255. Sin embargo, el valor del canal alfa se establece con un valor en tanto por uno.

```
RGB(0,0,255);        /* Color azul al 50% de transparencia */
RGBA(0,0,255, 0.5); /* Color azul al 50% de transparencia */
```

En lo referente a su compatibilidad, el formato RGB y RGBA resulta ser compatible con IE 9+, Firefox 3+, Chrome, Safari 3.1+ y Opera 10+.

En lo referente a su compatibilidad, la entrada de colores en formato es compatible con todos los agentes de usuario conocidos.

5.5.2 Codificación Hexadecimal

La codificación de colores en hexadecimal funciona exactamente igual que el modelo RGB, es decir, los colores pueden formalizarse o construirse a partir de unos valores de rojo, verde, azul, no obstante, su anotación es diferente.

Cabe destacar que existen algunos navegadores que permiten definir colores en hexadecimal y con transparencia a través de un código de ocho caracteres hexadecimales, en vez de seis. No obstante, este tipo de codificación con transparencia no es compatible ni con Internet Explorer, ni con Microsoft Edge.

El valor de los componentes rojo, verde y azul va de 00 a FF, así como el canal alfa, se establecen a partir de un valor binario de 8 bits bajo el sistema hexadecimal, es decir, con valores que van de 00 a FF.

En general, esta especificación se aplica mediante la concatenación del carácter almohadilla y una cadena de seis caracteres, aunque, también es posible codificar los colores mediante una cadena de longitud tres. Cuando se utiliza este tipo de anotación, el color generado se construye a partir de la duplicación y anidación de cada carácter. Es decir, cuando se especifica un color codificado como 0F0, en realidad, se está generando el color 00FF00.

```
#0000FF; /* Color azul con 6 caracteres */
#00F     /* Color azul con 3 caracteres */
```

En lo referente a su compatibilidad, el formato hexadecimal resulta ser compatible con IE 3+, Firefox, Chrome, Safari y Opera 3.5+.

5.5.3 Codificación HSL y HSLA

El modelo de color HSL (Hue - Saturation - Lightness) es un modelo matemático abstracto que describe cómo realizar la codificación o representación de colores a partir de unos componentes de matiz, saturación y luminosidad. Dado que su formulación es únicamente a través de estos tres componentes, la codificación HSL no presenta la posibilidad de definir un color con transparencia.

El espacio de color HSLA (Hue - Saturation - Lightness - Alpha) es una combinación del modelo HSL con un cuarto componente denominado canal de alfa. Este canal alfa es el que posibilita que los colores puedan tener una transparencia.

El componente de matiz se mide en grados, por lo que sus posibles valores van de 0 a 360. El valor 0 equivale al rojo, 120 al verde y 240 al azul.

Los componentes de saturación y luminosidad se establecen en términos porcentaje, es decir, con valores que van de 0 a 100 y, el canal alfa se establece en términos de tanto por uno.

```
HSL(0, 240%, 50%);        /* Color azul al 50% de transparencia */
HSLA(0, 240%, 50%, 0.5); /* Color azul al 50% de transparencia */
```

En lo referente a su compatibilidad, el formato hexadecimal resulta ser compatible con IE 9+, Firefox 3+, Chrome, Safari 3.1+ y Opera 10+.

5.6 PROPIEDADES

A continuación, se muestra una lista con las propiedades de CSS3 agrupadas por funcionalidad, aunque algunas de ellas se verán en otros capítulos más adelante.

5.6.1 Texto, fuentes y tipos de letra

5.6.1.1 PROPIEDAD COLOR

Especifica el color del texto. Esta propiedad admite una larga lista de colores a través de su nombre en inglés o mediante su equivalente en RGB(A), HSL(A) o hexadecimal.

Ejemplos:

```
p { color: black; }
p { color: #000000; }
p { color: rgb(0, 0, 0); }
p { color: hsl (0, 0%, 0%); }
p { color: rgba(0,0,0,0.0); } /* color transparente */
p { color: transparent; } /* color transparente */
```

5.6.1.2 PROPIEDAD DIRECTION

Dirección de la lectura. Puede obtener los valores LTR y RTL para indicar que el sentido de la lectura es de izquierda a derecha o al revés, respectivamente.

Ejemplos:

```
p       { direction: rtl; }
article { direction: ltr; }
```

5.6.1.3 PROPIEDAD FONT-FAMILY

Especifica el espacio entre caracteres. Entre sus posibles valores podemos encontrar:

- **NORMAL**: indica el valor prefijado por el agente de usuario.
- **[VALOR]**: indica un valor establecido en una de las medidas permitidas de CSS.

Si se desea indicar varias fuentes, se puede hacer a través del carácter coma, no obstante, su aplicación será en función de la disponibilidad y de izquierda a derecha, es decir, si la primera no está disponible o no se puede seleccionar, se seguirá intentando con las siguientes.

Ejemplos:

```
p { font-family: Arial, sans-serif; }
a { font-family: "Open Sans", sans-serif; } /* Fuente de Google Fonts */
b { font-family: Times New Roman, serif; }
```

5.6.1.4 PROPIEDAD FONT-SIZE

Especifica el tamaño del texto. Entre sus posibles valores podemos encontrar:

- ▶ **XX-SMALL**: indica un tamaño de fuente baladí, equivalente a 9PX.

- ▶ **X-SMALL**: indica un tamaño de fuente muy pequeño, equivalente a 10PX.

- ▶ **SMALL**: indica un tamaño de fuente pequeño, equivalente a 13PX.

- ▶ **MEDIUM**: indica un tamaño de fuente medio, equivalente a 16PX. Es el valor por defecto.

- ▶ **LARGE**: indica un tamaño de fuente grande, equivalente a 18PX.

- ▶ **X-LARGE**: indica que el tamaño de fuente muy grande, equivalente a 24PX.

- ▶ **XX-LARGE**: indica un tamaño de fuente enorme, equivalente a 32PX.

- ▶ **[VALOR]**: indica un valor establecido en una de las medidas permitidas de CSS.

Ejemplos:

```
html, body  { font-size: 14px; }
h1          { font-size: 1.5rem; }
h2          { font-size: large; }
li          { font-size: 1em; }
```

5.6.1.5 PROPIEDAD FONT-STYLE

Especifica el estilo del texto. Entre sus posibles valores podemos encontrar:

▸ **NORMAL**: indica que se muestre con un estilo de fuente normal.

▸ **ITALIC**: indica que se muestre con un estilo de letra cursiva.

▸ **OBLIQUE**: indica que se muestre con un estilo de fuente oblicuo.

Ejemplos:

```
p  { font-style: normal; }
em { font-style: italic; }
a  { font-style: oblique; }
```

5.6.1.6 PROPIEDAD FONT-STRETCH

Especifica el nivel de condensación o expansión del texto. Entre sus posibles valores podemos encontrar:

▸ **ULTRA-CONDENSED**: indica que el texto sea lo más estrecho posible.

▸ **EXTRA-CONDENSED**: indica que el texto sea algo menos estrecho que ULTRA-CONDENSED.

▸ **NARROW**: indica que el texto sea un poco menos estrecho que su predecesor.

▸ **CONDENSED**: indica que el texto sea un poco menos estrecho que NARROW.

▸ **SEMI-CONDENSED**: indica que el texto debe ser un poco menos estrecho que CONDENSED, cercano a NORMAL.

▸ **NORMAL**: indica que el texto no se debe estirar ni estrechar. Es el valor por defecto.

▸ **EXPANDED**: indica que el texto sea un poco más ancho de lo normal.

▸ **EXTRA-EXPANDED**: indica que el texto sea un poco más ancho que EXPANDED.

▸ **ULTRA-EXPANDED**: indica que el texto sea lo más ancho posible.

Ejemplos:

```
p  { font-stretch: semi-condensed; }
em { font-stretch: narrow; }
a  { font-stretch: ultra-expanded; }
```

> ℹ️ **NOTA**
>
> Sólo las fuentes que ofrezcan caras adicionales con variaciones de caracteres condensados y/o expandidos podrán hacer uso de esta propiedad.

5.6.1.7 PROPIEDAD FONT-VARIANT

Especifica la variación del texto. Esta propiedad presenta múltiples valores, pero el único que, de verdad se utiliza, es SMALL-CAPS y ALL-SMAL-CAPS para indicar que el texto se muestre con las letras minúsculas convertidas a mayúsculas, pero con un tamaño menor.

Ejemplos:

```
p  { font-variant: small-caps; }
em { font-variant: all-small-caps; }
```

5.6.1.8 PROPIEDAD FONT-WEIGHT

Especifica el grosor del texto. Entre sus posibles valores podemos encontrar:

▹ **NORMAL**: indica que se muestre la letra con un grosor normal. Es el valor por defecto.

▹ **BOLD**: indica que se muestren los caracteres gruesos.

▹ **100, 200, 300, 400, 500, 600, 700, 800, 900**: indica que se muestre el grosor de los caracteres en función de estos valores.

Muchas fuentes vectoriales utilizan esta propiedad para definir diferentes pesos o grosores de carácter. En general, el valor 100 se corresponde con un tipo de letra muy fina o delgada, el valor 400 a un tipo NORMAL y 700 o superior a un tipo BOLD.

Ejemplos:

```
p  { font-weight: 100; }
em { font-weight: 400; }
a  { font-weight: bold; }
```

5.6.1.9 PROPIEDAD LETTER-SPACING

Especifica el espacio entre caracteres que se debe aplicar al texto. Entre sus posibles valores podemos encontrar:

▶ **NORMAL**: indica que se muestre la letra con un espacio entre caracteres normal. Es el valor por defecto.

▶ **[VALOR]**: indica un valor establecido en una de las medidas permitidas de CSS.

Ejemplos:

```
p  { letter-spacing: normal; } /* Ejemplo a normal */
em { letter-spacing: 10px; }   /* E j e m p l o   a   10 p x */
```

5.6.1.10 PROPIEDAD LINE-HEIGHT

Especifica el espacio entre líneas de un texto. Entre sus posibles valores podemos encontrar:

▶ **NORMAL**: indica que se muestre la letra con un espacio entre caracteres normal definido por defecto.

▶ **[NÚMERO]**: indica un factor de multiplicación para el tamaño de fuente actual.

▶ **[VALOR]**: indica un valor establecido en una de las medidas permitidas de CSS.

Ejemplos:

```
p  { line-height: normal; }
h1 { line-height: 2; }      /* Si font-size es 10px, equivaldrá a 20px */
h2 { line-height: 18px; }
```

5.6.1.11 PROPIEDAD SHAPE-OUTSIDE

Especifica cómo se distribuirá el texto alrededor de un elemento flotante, es decir, indica cómo se recolocará el texto alrededor de un elemento que tiene la propiedad FLOAT establecida con un valor diferente a NONE.

Entre sus posibles valores podemos encontrar:

▸ **CIRCLE**: indica que el texto debe flotar siguiendo una forma circular. El radio y valores de posición pueden establecerse a través de cualquiera de las unidades de medida estándar de CSS y, adicionalmente, esta función permite el uso de CLOSEST-SIDE y FARTHEST-SIDE que sirven para indicar que el círculo debe llegar hasta el lado más cercano o hasta la esquina más lejana, respectivamente. Su sintaxis es:

```
shape-outside: circle();
shape-outside: circle(radio at posX posY);
```

▸ **ELLIPSE**: indica que el texto debe flotar siguiendo una forma elíptica. El radio y valores de posición pueden establecerse a través de cualquiera de las unidades de medida estándar de CSS y, adicionalmente, esta función permite el uso de CLOSEST-SIDE y FARTHEST-SIDE que sirven para indicar que el círculo debe llegar hasta el lado más cercano o hasta la esquina más lejana, respectivamente. Su sintaxis es:

```
shape-outside: ellipse();
shape-outside: ellipse(radio en X Y at posX posY);
```

▸ **POLYGON**: indica que el texto debe flotar siguiendo una forma poligonal. La especificación de pares de coordenadas X e Y se deben separar a través de comas y usando las unidades de medida estándar de CSS. Su sintaxis es:

```
shape-outside: polygon(X Y, X Y, ..., X Y);
```

▸ **INSET**: indica que el texto debe flotar siguiendo una forma rectangular. Adicionalmente, admite la palabra clave ROUND seguido del valor de redondeo para los valores de la diagonal superior izquierda y diagonal superior derecha que hacen que la forma se vuelva redondeada. Para especificar el valor de las coordenadas X e Y se puede usar cualquiera de las unidades de medida estándar de CSS, separando, eso sí, los valores a través de comas. Su sintaxis es:

```
shape-outside: inset(top right bottom left);
shape-outside: inset(top right bottom left round r1 r2);
```

▸ **URL**: indica que el texto debe flotar siguiendo las transparencias de la imagen proporcionada por parámetro. Para especificar el valor de esta propiedad se puede utilizar codificación en Base64 o una URI. Su sintaxis es:

```
shape-outside: url([Base64]);
shape-outside: url([URI]);
```

Aunque las opciones anteriores son las más utilizadas, esta propiedad también permite dar forma a partir de las siguientes palabras clave:

▸ **BORDER-BOX**: indica que debe flotar por fuera del borde del elemento flotante.

▸ **CONTENT-BOX**: indica que debe flotar alrededor del contenido del elemento flotante.

▸ **MARGIN-BOX**: indica que debe flotar por fuera del margen externo del elemento flotante.

▸ **PADDING-BOX**: indica que debe flotar por fuera del margen interno del elemento flotante.

Ejemplo gráfico 1

```
<style>
    article    { border:1px solid #ccc; line-height:1.42; margin:0 auto;
                 padding:1em; text-align: justify; width: 450px; }
    article div{ background: #000000; border-radius: 100%;
                 float:left; height: 200px; margin: 0.25rem;
                 shape-outside: circle(); width: 200px; }
</style>

<article>
    <div></div>
    <p>El sistema solar es un conjunto de planetas en dónde se encuentran Mercu-
rio, Venus, La Tierra, Marte, Júpiter, Saturno, Urano, Neptuno y planetas meno-
res. Todos estos objetos astronómicos giran, de manera directa o indirecta, en
una órbita alrededor de una estrella amarilla conocida con el nombre de Sol.</p>
</article>
```

El sistema solar es un conjunto de planetas en dónde se encuentran Mercurio, Venus, La Tierra, Marte, Júpiter, Saturno, Urano, Neptuno y planetas menores. Todos estos objetos astronómicos giran, de manera directa o indirecta, en una órbita alrededor de una estrella amarilla conocida con el nombre de Sol.

Ejemplo gráfico 2

```
<style>
article    { border:1px solid #ccc; line-height:1.42; margin: 1rem auto;
           padding:1em; text-align: justify; width: 450px; }
article img{ float: left; height: 150px; object-fit: contain;
           padding: 0 0.8rem; shape-image-threshold: 0.5;
           shape-outside: url(./img/sistema-solar.png); width: auto; }
</style>

<article>
    <img src="./img/sistema-solar.png">
    <p>El sistema solar es un conjunto de planetas en dónde se encuentran Mercu-
rio, Venus, La Tierra, Marte, Júpiter, Saturno, Urano, Neptuno y planetas meno-
res. Todos estos objetos astronómicos giran, de manera directa o indirecta, en
una órbita alrededor de una estrella amarilla conocida con el nombre de Sol.</p>
</article>
```

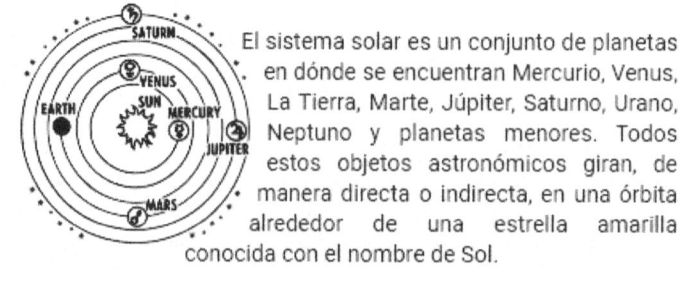

El sistema solar es un conjunto de planetas en dónde se encuentran Mercurio, Venus, La Tierra, Marte, Júpiter, Saturno, Urano, Neptuno y planetas menores. Todos estos objetos astronómicos giran, de manera directa o indirecta, en una órbita alrededor de una estrella amarilla conocida con el nombre de Sol.

Imagen extraída de https://es.m.wikibooks.org/wiki/Archivo:Draw_Solar_System.png

Cabe destacar que, cuando se recurre a este tipo de efectos o presentaciones, también se suele indicar la propiedad SHAPE-IMAGE-THRESHOLD y SHAPE-MARGIN. La primera, define el rango de valores válidos del canal alfa para extraer la forma y, la segunda, establece un margen alrededor de la forma.

También es importante entender que, no todas las imágenes con transparencias generan el efecto deseado. Esto suele ocurrir porque las imágenes no siempre guardan las transparencias de manera correcta. La forma de solventar este problema suele pasar por un editor de imágenes como PhotoShop, seleccionar todo el contenido externo a la figura de la imagen con la herramienta de varita mágica y eliminar el fragmento de imagen pulsando la tecla suprimir (o la opción de menú Edición / Borrar).

5.6.1.12 PROPIEDAD TEXT-ALIGN

Especifica la alineación del texto. Entre sus posibles valores podemos encontrar LEFT, RIGHT, CENTER y JUSTIFY que indican que el texto se alinee a la izquierda, a la derecha, de manera centrada o de forma justificada, respectivamente.

Cabe destacar que la alineación justificada no suele ser una buena opción si se desea que la página sea accesible.

Ejemplos:

```
p  { text-align: left; }
td.number { text-align: right; }
```

5.6.1.13 PROPIEDAD TEXT-DECORATION

Especifica la decoración agregada al texto. Aunque esta propiedad presenta múltiples valores, los más recurrentes y frecuentemente utilizados son:

- ▶ **UNDERLINE**: indica que el texto se muestre subrayado por debajo del texto.

- ▶ **OVERLINE**: indica que el texto se muestre subrayado por encima del texto.

- ▶ **LINE-THROUGH**: indica que el texto se muestre tachado.

Ejemplos:

```
a      { text-decoration: underline; }
h1     { text-decoration: overline; }
.error { text-decoration: line-through; }
```

5.6.1.14 PROPIEDAD TEXT-INDENT

Especifica la sangría que se debe aplicar a la primera línea del texto. Entre sus posibles valores podemos encontrar:

▼ **[PORCENTAJE]**: indica que define un tanto por ciento de sangría con respecto al ancho del elemento actual.

▼ **[VALOR]**: indica un valor establecido en una de las medidas permitidas de CSS.

Aunque no es frecuente, el valor de la sangría puede ser negativo. Si esto es así, el texto se sangrará a la izquierda en vez de hacia la derecha.

Ejemplos:

```
li   { text-indent: 15px; }
div  { text-indent: -1.5em; }
span { text-indent: 6%; }
```

5.6.1.15 PROPIEDAD TEXT-SHADOW

Es una propiedad compuesta que agrega una sombra al texto. Su sintaxis es:

```
text-shadow: PosX PosY radio_desenfoque color;
```

Si el valor de la posición horizontal es positivo, la sombra avanzará en sentido hacia la derecha, por lo que, si es negativo, avanzará en sentido hacia la izquierda. Algo similar pasa con el segundo parámetro. Si el valor de la posición vertical es positivo, la sombra avanzará en sentido hacia abajo, por lo que, si es negativo, avanzará en sentido hacia arriba.

Cabe destacar que, salvo excepciones, la propiedad TEXT-SHADOW no se debe utilizar porque, además de dificultar su lectura y disminuir la legibilidad, puede proporcionar una imagen corporativa "desaliñada".

Ejemplos:

```
P    { text-shadow: 0 0 3px #333; }
div  { text-shadow: -1px -1px 5px HSL(0, 0%, 0%); }
span { text-shadow: 1% 1% 5px red; }
```

5.6.1.16 PROPIEDAD TEXT-TRANSFORM

Especifica la capitalización del texto. Entre sus posibles valores, los más recurrentes y frecuentemente utilizados son:

- ▶ **NONE**: indica que no se debe capitalizar el texto. Es el valor por defecto.

- ▶ **CAPITALIZE**: indica que se capitalice el primer carácter de cada palabra.

- ▶ **UPPERCASE**: indica que se transforme todo el texto a mayúsculas.

- ▶ **LOWERCASE**: indica que se transforme todo el texto a minúsculas.

Ejemplos:

```
li   { text-transform: uppercase; }
div  { text-transform: lowerrcase; }
span { text-transform: capitalize; }
```

5.6.1.17 PROPIEDAD VERTICAL-ALIGN

Especifica la alineación vertical para el elemento y es particularmente útil cuando se trabaja con texto e imágenes. Entre sus posibles valores podemos encontrar:

- ▶ **BASELINE**: indica que el texto debe alinearse con respecto a la línea base del elemento padre. Es el valor por defecto.

- ▶ **SUB**: indica que el texto debe alinearse con respecto a la línea base del subíndice del elemento padre.

- ▶ **SUPER**: indica que el texto debe alinearse con respecto a la línea base del superíndice del elemento padre.

- ▶ **TOP**: indica que el texto debe alinearse en la parte superior con respecto al elemento más alto de la línea.

- ▶ **TEXT-TOP**: indica que el texto debe alinearse en la parte superior con respecto al elemento padre.

- ▶ **MIDDLE**: indica que el texto debe alinearse en el medio del elemento padre.

▶ **BOTTOM**: indica que el texto debe alinearse en la parte inferior con respecto al elemento más bajo de la línea.

▶ **TEXT-BOTTOM**: indica que el texto debe alinearse en la parte inferior con respecto al elemento padre.

Ejemplos:

```
img  { vertical-align: top; }
div  { vertical-align: middle; }
span { vertical-align: bottom; }
```

5.6.1.18 PROPIEDAD WHITE-SPACE

Especifica cómo se debe gestionar el espacio en blanco en el elemento textual actual. Entre sus posibles valores podemos encontrar:

▶ **NORMAL**: indica que las secuencias de espacios en blanco y tabulaciones se reducirán a un único elemento y el texto saltará a la línea siguiente cuando sea necesario. Es el valor por defecto.

▶ **NOWRAP**: indica que las secuencias de espacios en blanco y tabulaciones se reducirán a un único elemento, pero el texto nunca saltará a la siguiente línea hasta que encuentre un elemento BR.

▶ **PRE**: indica que las secuencias de espacios en blanco y tabulaciones se conservarán, pero el texto nunca saltará a la siguiente línea hasta que encuentre un elemento BR. Actúa como el elemento PRE de HTML.

▶ **PRE-LINE**: indica que las secuencias de espacios en blanco y tabulaciones se reducirán a uno y el texto saltará a la siguiente línea cuando sea necesario.

▶ **PRE-WRAP**: indica que las secuencias de espacios en blanco y tabulaciones se conservarán y el texto saltará a la siguiente línea cuando sea necesario.

Ejemplos:

```
li   { white-space: normal; }
div  { white-space: nowrap; }
span { white-space: pre; }
```

5.6.1.19 PROPIEDAD WORD-BREAK

Especifica como se deben cortar las palabras cuando no entran en el espacio asignado al elemento. Entre sus posibles valores podemos encontrar:

- ▶ **NORMAL**: indica que las palabras deben cortarse en función de las reglas predeterminadas. En general, esto se convierte en que no se cortan y la palabra entera cae hacia la siguiente línea. Es el valor por defecto.

- ▶ **BREAK-ALL**: indica que las palabras deben cortarse por cualquier carácter para que entren en el espacio del elemento.

- ▶ **KEEP-ALL**: indica que las palabras NO deben cortarse en ninguna circunstancia, siempre y cuando, sean textos CJK (chino, japonés y coreano). Para el resto, es equivalente a NORMAL.

- ▶ **BREAK-WORD**: indica que las palabras pueden cortarse en puntos arbitrarios para que entren en el espacio del elemento. Es el comportamiento habitual para textos no CJK.

Ejemplos:

```
li   { word-break: break-all; }
div  { word-break: normal; }
span { word-break: break-word; }
```

5.6.1.20 PROPIEDAD WORD-SPACING

Especifica el espacio que debe haber entre las palabras del texto. Entre sus posibles valores podemos encontrar:

- ▶ **NORMAL**: indica que las palabras deben estar separadas por un espacio equivalente a 0.25EM. Es el valor por defecto.

- ▶ **[VALOR]**: indica un valor establecido en una de las medidas permitidas de CSS.

Ejemplos:

```
li   { word-spacing: normal; }
div  { word-spacing: 0.25em; }
span { word-spacing: 0.6vw; }
```

5.6.1.21 PROPIEDAD WORD-WRAP

Especifica que las palabras del texto pueden ajustarse o separarse a la siguiente línea. Entre sus posibles valores podemos encontrar:

- **NORMAL**: indica que se deben cortar las palabras sólo en los puntos de ruptura permitidos, lo que se suele convertir en que no se corten. Es el valor por defecto.

- **BREAK-WORD**: indica que se pueden cortar las palabras en cualquier punto.

Ejemplos:

```
li    { word-wrap: break-word; }
p     { word-wrap: normal; }
div   { word-wrap: normal; }
```

5.6.2 Márgenes internos y externos

Aunque se haga referencia con terminología similar en nuestro idioma, el uso de los márgenes internos y externos tiene diferentes objetivos. Mientras que el margen interno puede estar enfocado a provocar un efecto decorativo, el externo puede estar enfocado a provocar una mejor legibilidad.

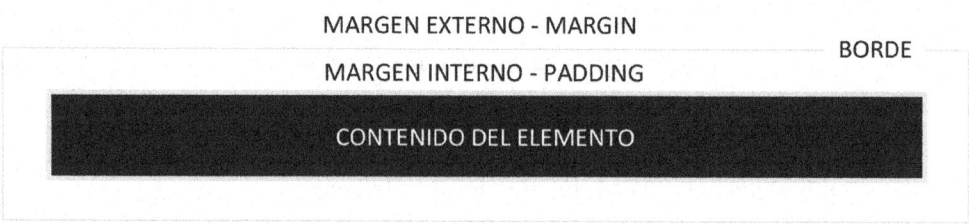

5.6.2.1 PROPIEDADES MARGIN Y PADDING

Las propiedades MARGIN y PADDING son unas propiedades compuestas que especifican el margen externo e interno respectivamente.

Ambas, admiten entre uno y cuatro valores que el agente de usuario interpretará de manera distinta, dependiendo del número de estos. Entre sus posibles valores podemos encontrar:

> ▶ **AUTO**: indica que se debe dejar que los valores sean provistos por el
> agente de usuario y, únicamente, es aplicable a MARGIN.

> ▶ **[VALOR]**: indica un valor establecido en una de las medidas permitidas
> de CSS.

Si se declaran los cuatro valores, la secuencia de asignación será valor
superior, valor derecho, valor inferior y valor izquierdo. Por ejemplo, si quisiéramos
asignar 15PX de margen externo a los elementos LI en todos sus lados podríamos
hacer:

```
li   { margin: 15px 15px 15px 15px; }
```

Si se declaran tres valores, la secuencia de asignación será valor superior,
valor a los lados y valor inferior. Por ejemplo, si quisiéramos asignar 1EM de margen
interno a las partes superior e inferior y 0.5EM a los lados derecho e izquierdo en
todos los elementos P podríamos hacer:

```
p    { padding: 1em 0.5em 1em; }
```

Si se declaran dos valores, la secuencia de asignación será valor superior e
inferior y valor derecho e izquierdo. Por ejemplo, si quisiéramos eliminar el margen
externo superior e inferior de los elementos DIV y asignar valores automáticos a los
laterales, podríamos hacer:

```
div { margin: 0 auto; }
```

Si se declara un único valor, la secuencia de asignación será para todos
los valores, es decir, se asignará el mismo valor para el margen superior, para el
margen derecho, para el margen inferior y para el margen izquierdo. Por ejemplo, si
quisiéramos asignar 15PX de margen interno a los elementos LI en todos sus lados
podríamos hacer:

```
li   { padding: 15px; }
```

En lo referente a los valores por defecto, la propiedad MARGIN tiene
asignado el valor AUTO a todos sus lados y, la propiedad PADDING tiene asignado
el valor 0 a todos sus lados.

Además de la compuesta, CSS permite especificar los valores de margen de
forma independiente a través de la adición de los sufijos TOP, RIGHT, BOTTOM y
LEFT. La concatenación de las palabras clave MARGIN o PADDING con uno de
estos sufijos, provocará que se asigne el valor para el lado especificado.

Ejemplos:

```
ul  { margin-top: 2ch; }
li  { margin-right: auto; }
p   { padding-bottom: 1vw; }
div { padding-left: 1rem; }
```

5.6.3 Bordes

5.6.3.1 PROPIEDAD BORDER

Es una propiedad compuesta que especifica el borde del elemento. Se compone de un valor de ancho de borde, un estilo de borde y un color de borde.

Todas estas características pueden asignarse a través de sus propiedades individuales BORDER-COLOR, que permite asignar el color del borde, BORDER-STYLE, que permite asignar el estilo del borde y BORDER-WIDTH, que permite asignar el ancho o tamaño de cada uno de los bordes.

La secuencia de asignación para esta propiedad es ancho, estilo y color.

Ejemplo:

```
div { border: 2px solid #f0f0f0; }
```

5.6.3.2 PROPIEDAD BORDER-COLOR

Es una propiedad compuesta que especifica el color de los bordes del elemento. Al igual que sucede con los márgenes internos y externos, el orden de asignación es valor superior, valor derecho, valor inferior y valor izquierdo. Entre sus posibles valores podemos encontrar:

▶ **TRANSPARENT**: indica que los bordes deben ser de color transparente.

▶ **[COLOR]**: es un valor que puede ser uno de los valores preestablecidos por los navegadores, como pueda ser BLACK o WHITE o, un código de color en hexadecimal, RGBA o HSLA.

Si se declaran los cuatro valores, la secuencia de asignación será valor superior, valor derecho, valor inferior y valor izquierdo. Por ejemplo, si quisiéramos asignar un color rojo a los elementos LI en todos sus lados podríamos hacer:

```
li  { border-color: red #F00 #FF0000 rgba(255, 0, 0); }
```

Si se declaran tres valores, la secuencia de asignación será valor superior, valor a los lados y valor inferior. Por ejemplo, si quisiéramos asignar un color azul claro a los lados superior e inferior y un color azul oscuro a los lados derecho e izquierdo en todos los elementos P podríamos hacer:

```
p    { border-color: lightblue darkblue lightblue; }
```

Si se declaran dos valores, la secuencia de asignación será valor superior e inferior y valor derecho e izquierdo. Por ejemplo, si quisiéramos asignar un color negro a los lados superior e inferior y un color gris a los lados derecho e izquierdo en todos los elementos DIV podríamos hacer:

```
div { border-color: black gray; }
```

Si se declara un único valor, la secuencia de asignación será para todos los valores, es decir, se asignará el mismo valor al borde superior, borde derecho, borde inferior y borde izquierdo. Por ejemplo, si quisiéramos asignar un color naranja a los elementos LI en todos sus lados podríamos hacer:

```
li   { border-color: orange; }
```

Por último, cabe mencionar que, además de la compuesta, CSS permite especificar los valores de forma independiente a través de la adición de los interfijos TOP, RIGHT, BOTTOM y LEFT. La construcción de BORDER-COLOR con estos nombres, provocará que se asigne el valor para el lado especificado.

Ejemplos:

```
div { border-top-color: rgb(0, 0, 0); }
div { border-right-color: rgba(0, 0, 0, 1); }
div { border-bottom-color: hsl(0, 0%, 0%); }
div { border-left-color: hsla(0, 0%, 0%, 1); }
```

5.6.3.3 PROPIEDAD BORDER-IMAGE

Es una propiedad compuesta que especifica la imagen que se debe mostrar en vez de los bordes del elemento. Se compone de una propiedad requerida, que es la imagen o gradiente, aunque admite cuatro parámetros más que son el tamaño del corte (o SLICE) el tamaño de la imagen, el punto de inicio y las opciones de repetición.

Ejemplo:

```
div { border-image:url(./borde-cool.png) 25 25 repeat; }
```

No obstante, esta propiedad no se suele utilizar de forma compuesta puesto que genera bastantes dudas su especificación debido, fundamentalmente, a que tiene una sintaxis variable. En su lugar, se suele recurrir a sus variaciones específicas que resultan más claras de comprender cuando se están interpretando por una persona.

Entre sus propiedades podemos encontrar:

- **BORDER-IMAGE-SOURCE**: indica la imagen o gradiente a utilizar.

- **BORDER-IMAGE-SLICE**: indica la posición de corte de la imagen provista por BORDER-IMAGE-SOURCE. Para ello, la imagen se divide en 9 secciones o partes que comprenden las cuatro esquinas, los cuatro bordes y el centro. El centro suele tratarse como trasparente, a no ser que se indique el valor FILL. El tamaño de estas secciones o partes se calculará en función del valor aquí establecido. Así, un valor sin unidad de medida se interpretará en píxeles para imágenes rasterizadas o como coordenadas para imágenes vectoriales. Si se especifica un valor de porcentaje, además se podrá utilizar el valor clave FILL para indicar que se rellene el centro del elemento también.

- **BORDER-IMAGE-WIDTH**: indica el ancho de la imagen. Sus posibles valores pueden ser un número, un tanto por ciento o la palabra clave AUTO.

- **BORDER-IMAGE-OUTSET**: indica cómo de lejos se debe extender el área de la imagen más allá de las secciones de borde. Su valor por defecto es 0.

- **BORDER-IMAGE-REPEAT**: indica cómo se debe repetir la imagen para llenar el área del borde. Entre sus valores está STRETCH, que indica que la imagen se debe estirar todo lo necesario para rellenar el elemento, REPEAT, que indica que se debe utilizar la imagen a modo de mosaico con o sin cortes, ROUND que indica que se debe utilizar la imagen a modo de mosaico de forma escalada para evitar la división de los mismos y, SPACE, que indica que se debe utilizar la imagen a modo de mosaico sin cortes y que los espacios sobrantes deben distribuirse equitativamente en todo el área del elemento.

Ejemplos:

```
div {
    border-image: url(./borde-cool.png);
    border-image-slice: 10%;
    border-image-width: auto;
    border-image-repeat: round;
}
```

Cabe destacar que esta propiedad es válida para todos los elementos exceptuando los elementos internos del elemento TABLE y sólo cuando la propiedad BORDER-COLLAPSE está establecida a COLLAPSE.

5.6.3.4 PROPIEDAD BORDER-STYLE

Es una propiedad compuesta que especifica el estilo de los bordes del elemento. Al igual que sucede con otras propiedades, el orden de asignación es valor superior, valor derecho, valor inferior y valor izquierdo. Entre sus posibles valores podemos encontrar:

- ▸ **NONE**: indica que NO se desean bordes en ninguno de los lados.
- ▸ **HIDDEN**: indica que los bordes deben estar ocultos.
- ▸ **DOTTED**: indica que los bordes deben ser únicos y punteados.
- ▸ **DASHED**: indica que los bordes deben ser únicos y rayados.
- ▸ **SOLID**: indica que los bordes deben ser únicos y continuos.
- ▸ **DOUBLE**: indica que los bordes deben ser dobles y continuos.
- ▸ **GROOVE**: indica que los bordes deben tener un efecto 3D acanalado.
- ▸ **RIDGE**: indica que los bordes deben tener un efecto 3D ondulado.
- ▸ **INSET**: indica que los bordes deben tener un efecto 3D presionado.
- ▸ **OUTSET**: indica que los bordes deben tener un efecto 3D en relieve.

A continuación, se muestran ejemplos de todos y cada uno de los estilos de borde:

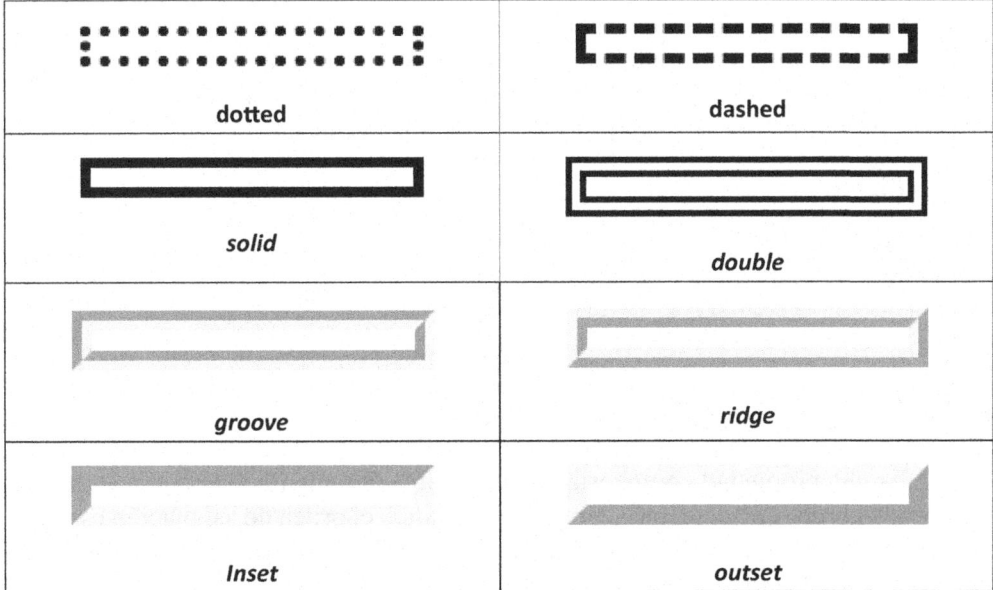

dotted	dashed
solid	double
groove	ridge
Inset	outset

Si se declaran los cuatro valores, la secuencia de asignación será valor superior, valor derecho, valor inferior y valor izquierdo. Por ejemplo, si quisiéramos asignar un estilo sólido a los elementos LI en todos sus lados podríamos hacer:

```
li  { border-style: solid solid solid solid ; }
```

Si se declaran tres valores, la secuencia de asignación será valor superior, valor derecho e izquierdo y valor inferior. Por ejemplo, si quisiéramos asignar un estilo de borde sólido a los lados superior e inferior y uno punteado a los lados derecho e izquierdo en todos los elementos P podríamos hacer:

```
p   { border-style: solid dotted solid; }
```

Si se declaran dos valores, la secuencia de asignación será valor superior e inferior y valor derecho e izquierdo. Por ejemplo, si quisiéramos asignar un estilo rayado a los lados superior e inferior y uno punteado a los lados derecho e izquierdo en todos los elementos DIV podríamos hacer:

```
div { border-style: dashed dotted; }
```

Si se asigna un único valor, la secuencia de asignación será para todos los valores, es decir, se asignará el mismo valor al borde superior, borde derecho, borde inferior y borde izquierdo. Por ejemplo, si quisiéramos asignar un estilo 3D ondulado a los elementos LI en todos sus lados podríamos hacer:

```
li  { border-style: ridge; }
```

Por último, cabe mencionar que, además de la compuesta, CSS permite especificar los valores de forma independiente a través de la adición de los interfijos TOP, RIGHT, BOTTOM y LEFT. La construcción de BORDER-STYLE con estos nombres, provocará que se asigne el valor para el lado especificado.

Ejemplos:

```
div { border-top-style: solid; }
div { border-right-style: solid; }
div { border-bottom-style: solid; }
div { border-left-style: solid; }
```

5.6.3.5 PROPIEDAD BORDER-RADIUS

Es una propiedad compuesta que especifica el tamaño de la curva (o radio) que une los bordes del elemento. Para esta propiedad, el orden de asignación es valor esquina superior izquierda, valor esquina superior derecha, valor esquina inferior derecha y valor esquina inferior izquierda.

Sus posibles valores sólo pueden asignarse a través de un valor establecido en una de las medidas permitidas de CSS.

Si se declaran los cuatro valores, la secuencia de asignación será la anteriormente comentada. Así, por ejemplo, si quisiéramos asignar un radio de borde de 15PX a los elementos LI en todas sus esquinas podríamos hacer:

```
li  { border-radius: 15px 15px 15px 15px; }
```

Y si lo ejecutásemos, el resultado sería algo como:

> ESTE ELEMENTO TIENE UN BORDER-RADIUS DE 15PX 15PX 15PX 15PX

Si se declaran tres valores, la secuencia de asignación será valor esquina superior izquierda, valor esquinas superior derecha e inferior izquierda y valor esquina inferior derecha. Por ejemplo, si quisiéramos asignar un radio de borde de 15PX a las esquinas superior izquierda e inferior derecha y un radio de borde de 0PX a las esquinas superior derecha e inferior izquierda en todos los elementos P podríamos hacer:

```
p   { border-radius: 15px 0px 15px; }
```

Y si lo ejecutásemos, el resultado sería algo como:

> ESTE ELEMENTO TIENE UN BORDER-RADIUS DE 15PX 0PX 15PX

Si se declaran dos valores, la secuencia de asignación será valor esquinas superior izquierda e inferior derecha y valor esquinas superior derecha e inferior izquierda. Por ejemplo, si quisiéramos asignar un radio de borde de 15PX a las esquinas superior izquierda e inferior derecha y un radio de borde de 0PX a las esquinas superior derecha e inferior izquierda en todos los elementos DIV podríamos hacer:

```
div { border-width: 15px 0px; }
```

Y si lo ejecutásemos, el resultado sería algo como:

> ESTE ELEMENTO TIENE UN BORDER-RADIUS DE 15PX 0

Si se declara un único valor, la secuencia de asignación será para todos los valores, es decir, se asignará el mismo valor para las esquinas superior izquierda, superior derecha, inferior derecha e inferior izquierda. Por ejemplo, si quisiéramos asignar un radio de borde de 15PX a los elementos LI en todas sus esquinas podríamos hacer:

```
li  { border-width: 15px; }
```

Y si lo ejecutásemos, el resultado sería algo como:

> ESTE ELEMENTO TIENE UN BORDER-RADIUS DE 15 PÍXELES

5.6.3.6 PROPIEDAD BORDER-WIDTH

Es una propiedad compuesta que especifica el tamaño de los bordes del elemento. Al igual que sucede con los márgenes internos y externos, y otras propiedades de su mismo contexto, el orden de asignación es valor superior, valor derecho, valor inferior y valor izquierdo. Entre sus posibles valores podemos encontrar:

- ▶ **THIN**: indica que los bordes deben tener un tamaño fino o delgado, equivalente a 1 píxel.

- ▶ **MEDIUM**: indica que los bordes deben tener un tamaño medio, equivalente a 3 píxeles. Es el valor por defecto.

- ▶ **THICK**: indica que los bordes deben tener un tamaño grueso, equivalente a 5 píxeles.

- ▶ **[VALOR]**: indica un valor establecido en una de las medidas permitidas de CSS.

Si se declaran los cuatro valores, la secuencia de asignación será valor superior, valor derecho, valor inferior y valor izquierdo. Por ejemplo, si quisiéramos asignar un tamaño de borde de 2PX a los elementos LI en todos sus lados podríamos hacer:

```
li { border-width: 2px 2px 2px 2px; }
```

Si se declaran tres valores, la secuencia de asignación será valor superior, valor derecho e izquierdo y valor inferior. Por ejemplo, si quisiéramos asignar un tamaño de borde de 2PX a los lados superior e inferior y un tamaño de borde de 1PX a los lados derecho e izquierdo en todos los elementos P podríamos hacer:

```
p   { border-width: 2px 1px 2px; }
```

Si se declaran dos valores, la secuencia de asignación será valor superior e inferior y valor derecho e izquierdo. Por ejemplo, si quisiéramos asignar un tamaño de borde de 2PX a los lados superior e inferior y un tamaño de borde de 4PX a los lados derecho e izquierdo en todos los elementos DIV podríamos hacer:

```
div { border-width: 2px 4px; }
```

Si se declara un único valor, la secuencia de asignación será para todos los valores, es decir, se asignará el mismo valor al borde superior, borde derecho, borde inferior y borde izquierdo. Por ejemplo, si quisiéramos asignar un tamaño de borde de 2PX a los elementos LI en todos sus lados podríamos hacer:

```
li { border-width: 2px; }
```

Por último, cabe mencionar que, además de la compuesta, CSS permite especificar los valores de forma independiente a través de la adición de los interfijos TOP, RIGHT, BOTTOM y LEFT. La construcción de BORDER-WIDTH con estos nombres, provocará que se asigne el valor para el lado especificado.

Ejemplos:

```
div { border-top-width: 2px; }
div { border-right-width: 1px; }
div { border-bottom-width: 1px; }
div { border-left-width: 2px; }
```

5.6.4 Colores de fondo

5.6.4.1 PROPIEDAD BACKGROUND

Aunque la propiedad BACKGROUND admite múltiples opciones, uno de los usos más extendidos es, únicamente, la asignación de un color de fondo o degradado. De hecho, su definición permite establecer un color de fondo, una imagen o efecto gradiente, una posición, un tamaño, una opción de repetición, un origen, una opción de extensión y uno de desplazamiento.

Todos estos posibles valores son interpretados de forma unívoca e independiente y, por decirlo así, todos son opcionales, lo cual permite que se puedan asignar uno o varios valores en cualquier orden.

Al igual que sucede con otras propiedades, también permite la asignación a través de sus propiedades individuales y, aunque todas ellas se verán, de forma independiente, en el capítulo de imágenes y multimedia, aquí las comentaremos por encima, sobre todo, para obtener una idea de su capacidad y utilidad.

- ▸ **BACKGROUND-COLOR**: permite definir el color del fondo.

- ▸ **BACKGROUND-IMAGE**: permite definir la imagen o efecto gradiente.

- ▸ **BACKGROUND-POSITION**: permite definir la posición de la imagen o fondo.

- ▸ **BACKGROUND-SIZE**: permite definir el tamaño de la imagen o fondo.

- ▸ **BACKGROUND-REPEAT**: permite definir las opciones de repetición del fondo.

- ▸ **BACKGROUND-ORIGIN**: permite definir el origen de la imagen o fondo.

- ▸ **BACKGROUND-CLIP**: permite definir las opciones de extensión para el fondo.

- ▸ **BACKGROUND-ATTACHMENT**: permite definir opciones de desplazamiento.

Como se puede observar, su sintaxis es bastante compleja, sin embargo, su uso está muy recomendado, debido, fundamentalmente, a que está diseñada para ahorrar tiempo de proceso y carga.

Ejemplos:

```
div { background: purple; }
div { background: url(./imagen-fondo.png) repeat-x; }
div { background: padding-box black; }
div { background: no-repeat centrer/cover url(./imagen-fondo.png); }
li  { background: #FFF url("plus.png") no-repeat fixed left center; }
```

5.6.4.2 PROPIEDAD BACKGROUND-COLOR

Especifica el color del fondo que se aplicará en el elemento, el cual afecta (o incluye) el espacio asignado al margen interno y al borde, pero no al margen externo. Entre sus posibles valores podemos encontrar:

- ▶ **[COLOR]**: indica el color de fondo en formato HSL, RGBA o hexadecimal.

- ▶ **TRANSPARENT**: indica que el color de fondo es transparente. Es equivalente a RGBA (0, 0, 0, 0).

Ejemplo:

```
div { background-color: rgba(128, 0, 128, 1); }
```

5.6.5 Listas

5.6.5.1 PROPIEDAD LIST-STYLE

Es una propiedad compuesta que especifica el tipo de lista que se desea utilizar en el elemento. Se compone de un valor de estilo de lista, una posición y una posible imagen.

Todas estas características pueden asignarse a través de sus propiedades individuales, las cuales pasamos a describir a continuación:

- ▶ **LIST-STYLE-IMAGE**: permite definir la imagen que desea utilizar como viñeta.

- ▶ **LIST-STYLE-POSITION**: permite definir la posición de la viñeta.

- ▶ **LIST-STYLE-TYPE**: permite definir el tipo de viñeta cuando no se utiliza una imagen como marcador.

Dado que se van a comentar todas y cada una de las propiedades independientes que pueden asignarse a esta propiedad compuesta, sólo expondremos un ejemplo.

Ejemplo:

```
ul { list-style: circle inside url("circle.png"); }
```

5.6.5.2 PROPIEDAD LIST-STYLE-IMAGE

Especifica la imagen que se debe utilizar como viñeta o marcador. Entre sus posibles valores podemos encontrar:

- ▶ **NONE**: indica que no se utilizará ninguna imagen y que, por tanto, será la propiedad LIST-STYLE-TYPE quién definirá el tipo de marcador de la lista. Es el valor por defecto.

- ▶ **[URL]**: indica la dirección de la imagen a utilizar.

Ejemplo:

```
ul { list-style-image: url("../img/circle.png"); }
```

5.6.5.3 PROPIEDAD LIST-STYLE-POSITION

Especifica la posición de la viñeta en los elementos de tipo lista. Entre sus posibles valores podemos encontrar:

- ▶ **INSIDE**: indica que las viñetas deben estar dentro del propio elemento, por lo que, para verse correctamente, se deberá aplicar un margen interno o padding.

- ▶ **OUTSIDE**: indica que las viñetas deben estar fuera del elemento, por lo que, para verse correctamente, se deberá aplicar un margen externo o margin. Es el valor por defecto.

Ejemplo:

```
ul { list-style-position: outside; }
```

5.6.5.4 PROPIEDAD LIST-STYLE-TYPE

Especifica el tipo de viñeta que se debe utilizar en los elementos de tipo lista. Esta propiedad presenta multitud de posibles valores, pero los recurrentes o frecuentemente utilizados son:

- ▶ **CIRCLE**: indica que la viñeta debe ser un círculo hueco.

- ▶ **DISC**: indica que la viñeta debe ser un círculo relleno.

- ▶ **DECIMAL**: indica que la viñeta debe ser 1, 2, 3, 4, ….

▶ **DECIMAL-LEADING-ZERO**: indica que la viñeta debe ser 01, 02, 03, 04, ….

▶ **LOWER-ALPHA**: indica que la viñeta debe ser a, b, c, d, ….

▶ **LOWER-ROMAN**: indica que la viñeta debe ser I, II, III, IV, ….

▶ **NONE**: indica que NO se debe mostrar la viñeta.

▶ **SQUARE**: indica que la viñeta debe ser un cuadrado.

▶ **UPPER-ALPHA**: indica que la viñeta debe ser A, B, C, D, …

▶ **UPPER-ROMAN**: indica que la viñeta debe ser I, II, III, IV, …

Ejemplos:

```
ul { list-style-type: circle; }
ul { list-style-type: square; }
ul { list-style-type: upper-alpha; }
ul { list-style-type: lower-roman; }
ul { list-style-type: disc; }
```

5.6.6 Posicionamiento

5.6.6.1 PROPIEDAD CLEAR

Específica en qué lado debe romperse la línea de posicionamiento flotante proporcionada por la propiedad FLOAT. El efecto de romper el posicionamiento flotante viene a significar que, los elementos que estén por la parte que indica esta propiedad, caerán hacia la línea siguiente. Entre sus posibles valores podemos encontrar:

▶ **BOTH**: indica que debe romperse por ambos lados, independientemente del valor de la propiedad FLOAT.

▶ **LEFT**: indica que debe romperse por el lado izquierdo. Esto sólo ocurrirá, siempre y cuando, el valor de la propiedad FLOAT sea LEFT.

▶ **NONE**: indica que se permiten elementos flotantes a ambos lados del elemento actual. Es el valor por defecto.

▶ **RIGTH**: indica que debe romperse por el lado derecho. Esto sólo ocurrirá, siempre y cuando, el valor de la propiedad FLOAT sea RIGHT.

Por dejar el tema algo más claro, por ejemplo, si tenemos tres elementos con la propiedad FLOAT establecida a LEFT o RIGHT, y establecemos la propiedad CLEAR a BOTH en todos ellos, cada elemento debería posicionarse en una nueva línea.

Ahora, si esos mismos elementos tienen la propiedad FLOAT establecida a LEFT o RIGHT, y establecemos la propiedad CLEAR al mismo valor que FLOAT en el segundo, el primero debería permanecer en la línea de posicionamiento actual y, el resto, deberían posicionarse en una nueva línea. Sin embargo, si al segundo elemento se le establece la propiedad CLEAR a otro valor que no sea el de FLOAT, no tendrá ningún efecto.

Ejemplos:

```
aside { clear: right; }
div   { clear: both; }
p     { clear: left; }
```

(i) NOTA

Los elementos que tengan un posicionamiento absoluto, es decir, tengan la propiedad POSITION establecida a ABSOLUTE, ignorarán esta propiedad.

5.6.6.2 PROPIEDAD FLOAT

Especifica un posicionamiento flotante para el elemento. Entre sus posibles valores podemos encontrar:

- ► **LEFT**: indica que el elemento debe estar flotando a la izquierda.

- ► **NONE**: indica que NO debe flotar, es decir, que se mostrará justo donde aparezca el elemento. Es el valor por defecto.

- ► **RIGTH**: indica que el elemento debe estar flotando a la derecha.

Ejemplos:

```
aside { float: right; }
div   { float: left; }
p     { float: none; }
```

(i) NOTA

Los elementos que tengan un posicionamiento absoluto, es decir, tengan la propiedad POSITION establecida a ABSOLUTE, ignorarán esta propiedad.

5.6.6.3 PROPIEDAD POSITION

Especifica el tipo de posicionamiento utilizado para el elemento. Entre sus posibles valores podemos encontrar:

- ► **ABSOLUTE**: indica que el elemento se posiciona con respecto al primer ancestro que tenga un posicionamiento relativo o estático.

- ► **FIXED**: indica que el elemento se posiciona con respecto a la ventana del navegador.

- ► **RELATIVE**: indica que el elemento debe posicionarse de forma relativa con respecto a su elemento hermano o anterior.

- ► **STATIC**: indica que los elementos se procesan y posicionan en el orden en el que llegan o aparecen. Es el valor por defecto.

- ► **STICKY**: sólo es efectivo cuando el elemento presenta una barra de desplazamiento e indica que el elemento debe tener un comportamiento mixto de relativo y fijo. Por ejemplo, si un elemento contenedor tiene la barra de desplazamiento habilitada y uno de sus elementos hijo se establece como STICKY, mientras esté por encima del punto indicado por la propiedad TOP, se comportará como si tuviese un posicionamiento relativo. Sin embargo, en el momento en que se sobrepase el valor establecido por TOP, se quedará adherido como si tuviese posicionamiento fijo.

Ejemplos:

```
body  { position: relative; }
aside { position: sticky; }
div   { position: absolute; }
p     { position: fixed; }
span  { position: inherit; }
```

ⓘ NOTA

Cuando se trabaja con posicionamientos absolutos (ABSOLUTE), la coordenada (0,0) casi nunca será el mismo punto físico porque dependerá de su último ancestro con posicionamiento estático (STATIC) o relativo (RELATIVE). Sin embargo, cuando se trabaja con posicionamientos fijos (FIXED), la coordenada (0,0) siempre será el mismo punto físico.

5.6.6.4 PROPIEDAD BOTTOM

Especifica que el elemento debe estar posicionado con respecto a su propiedad inferior. Entre sus posibles valores podemos encontrar:

 ▸ **AUTO**: indica que el navegador es quién debe calcular la posición. Es el valor por defecto.

 ▸ **[VALOR]**: indica un valor establecido en una de las medidas permitidas de CSS.

La propiedad BOTTOM es muy sencilla, no obstante, posee unas reglas que hay que tener claras. Por ejemplo, si el posicionamiento es ABSOLUTE, el punto de origen desde el cual, el elemento se empezará a desplazar, será el equivalente al valor de la propiedad BOTTOM de su primer ancestro con posicionamiento relativo.

Si el posicionamiento es ABSOLUTE, FIXED o RELATIVE, su desplazamiento será hacia arriba o hacia abajo en función de si es o no positivo, respectivamente.

Si el posicionamiento es STICKY (adherido), se comportará como si tuviese un posicionamiento relativo hasta que llegue a ese valor establecido. A partir de ese momento, se quedará adherido como si tuviese posicionamiento fijo.

Ahora bien, si su posicionamiento es STATIC, la propiedad BOTTOM no tendrá ningún efecto.

Ejemplo:

```
aside { bottom: 15vh; }
```

5.6.6.5 PROPIEDAD LEFT

Especifica que el elemento debe estar posicionado con respecto a su propiedad izquierda. Entre sus posibles valores podemos encontrar:

 ▸ **AUTO**: indica que el navegador es quién debe calcular la posición. Es el valor por defecto.

 ▸ **[VALOR]**: indica un valor establecido en una de las medidas permitidas de CSS.

La propiedad LEFT es muy sencilla, no obstante, posee unas reglas que hay que tener claras. Por ejemplo, si el posicionamiento es ABSOLUTE, el punto de origen desde el cual, el elemento se empezará a desplazar, será el equivalente al valor de la propiedad LEFT de su primer ancestro con posicionamiento relativo.

Si el posicionamiento es ABSOLUTE, FIXED o RELATIVE, su desplazamiento será hacia la derecha o hacia la izquierda en función de si es o no positivo, respectivamente.

Si el posicionamiento es STICKY (adherido) se comportará como si tuviese un posicionamiento relativo hasta que llegue a ese valor establecido. A partir de ese momento, se quedará adherido como si tuviese posicionamiento fijo. Eso sí, sólo funcionará si la barra de desplazamiento horizontal está visible y habilitada.

Ahora bien, si su posicionamiento es STATIC, la propiedad LEFT no tendrá ningún efecto.

Ejemplo:

```
aside { left: 0; }
```

5.6.6.6 PROPIEDAD RIGHT

Especifica que el elemento debe estar posicionado con respecto a su propiedad derecha. Entre sus posibles valores podemos encontrar:

- ▶ **AUTO**: indica que el navegador es quién debe calcular la posición. Es el valor por defecto.

- ▶ **[VALOR]**: indica un valor establecido en una de las medidas permitidas de CSS.

La propiedad RIGHT es muy sencilla, no obstante, posee unas reglas que hay que tener claras. Por ejemplo, si el posicionamiento es ABSOLUTE, el punto de origen desde el cual, el elemento se empezará a desplazar, será el equivalente al valor de la propiedad RIGHT de su primer ancestro con posicionamiento relativo.

Si el posicionamiento es ABSOLUTE, FIXED o RELATIVE, su desplazamiento será hacia la izquierda o hacia la derecha en función de si es o no positivo, respectivamente.

Si el posicionamiento es STICKY (adherido) se comportará como si tuviese un posicionamiento relativo hasta que llegue a ese valor establecido. A partir de ese momento, se quedará adherido como si tuviese posicionamiento fijo. Eso sí, sólo funcionará si la barra de desplazamiento horizontal está visible y habilitada.

Ahora bien, si su posicionamiento es STATIC, la propiedad RIGHT no tendrá ningún efecto.

Ejemplo:

```
div    { right: 2em; }
```

5.6.6.7 PROPIEDAD TOP

Especifica que el elemento debe estar posicionado con respecto a su propiedad superior. Entre sus posibles valores podemos encontrar:

▶ **AUTO**: indica que el navegador es quien debe calcular la posición. Es el valor por defecto.

▶ **[VALOR]**: indica un valor establecido en una de las medidas permitidas de CSS.

La propiedad TOP es muy sencilla, no obstante, posee unas reglas que hay que tener claras. Por ejemplo, si el posicionamiento es ABSOLUTE, el punto de origen desde el cual, el elemento se empezará a desplazar, será el equivalente al valor de la propiedad TOP de su primer ancestro con posicionamiento relativo.

Si el posicionamiento es ABSOLUTE, FIXED o RELATIVE, su desplazamiento será hacia abajo o hacia arriba en función de si es o no positivo, respectivamente. Eso sí, esto sólo funcionará si la barra de desplazamiento vertical está visible y habilitada.

Si el posicionamiento es STICKY (adherido), se comportará como si tuviese un posicionamiento relativo hasta que llegue a ese valor establecido. A partir de ese momento, se quedará adherido como si tuviese posicionamiento fijo.

Ahora bien, si su posicionamiento es STATIC, la propiedad TOP no tendrá ningún efecto.

Ejemplo:

```
p      { top: auto; }
```

5.6.6.8 PROPIEDAD Z-INDEX

Especifica el orden de apilamiento del elemento. Entre sus posibles valores podemos encontrar:

▶ **AUTO**: indica que el navegador es quien debe calcular la posición. Es el valor por defecto.

▶ **[NÚMERO]**: es un valor entero que indica el orden de presentación.

Si el valor es positivo, se presentará según el orden de apilamiento. Esto es, cuanto mayor sea el valor, más arriba de la pila estará y más posibilidades de mostrarse primero tendrá.

Sin embargo, si el valor es negativo, se establecerá por detrás del orden de apilamiento general de sus hermanos o ancestros, por lo que puede que se oculte o vuelva invisible.

> **ⓘ NOTA**
>
> Solamente tendrá efecto cuando el posicionamiento sea absoluto, relativo o fijo.

Ejemplos:

```
aside { z-index: 2; }
p     { z-index: -1; }
```

5.6.7 Comportamientos y tamaños

5.6.7.1 PROPIEDAD BOX-SIZING

Especifica cómo deben asignarse y calcularse el alto y ancho de los elementos. Esto es, si deben incluir los márgenes internos (padding) y/o los bordes, o no. Entre sus posibles valores podemos encontrar:

➤ **CONTENT-BOX**: indica que se debe incluir sólo el contenido, e ignorar los márgenes internos y bordes. Es el valor por defecto.

➤ **BORDER-BOX**: indica que se deben incluir el contenido, padding y bordes.

> **ⓘ NOTA**
>
> En general, se puede afirmar que, trabajar con cajas o capas incluyendo los márgenes internos y los bordes es más fácil de manejar y facilita el diseño adaptativo, aunque no siempre.

Ejemplo:

```
aside { box-sizing: border-box; }
```

5.6.7.2 PROPIEDAD DISPLAY

Especifica cómo se debe representar el elemento. Entre sus posibles valores podemos encontrar:

- **BLOCK**: indica que el elemento debe mostrarse en bloque. Esto es, el elemento comenzará en una nueva línea y que ocupará todo el ancho disponible.

- **CONTENTS**: indica que el elemento debe mostrarse como si fuese un contenido. Esto significa que se pierde el concepto de caja o capa y que, en su lugar, será reemplazado por un contenedor virtual que contiene sus elementos descendientes. Es experimental.

- **FLEX**: indica que el elemento debe comportarse como un elemento de bloque flexible. Esto es, los elementos se recolocarán en cualquier dirección y podrán ampliar o reducir sus tamaños en función del espacio disponible para llenarlo de forma eficiente sin provocar desbordamientos ni cortes.

- **GRID**: indica que el elemento debe comportarse como un elemento de bloque de una cuadrícula, similar a una tabla, por lo que los elementos se recolocarán a modo de filas y columnas.

- **INLINE**: indica que el elemento debe mostrarse en línea. Esto conllevará que las propiedades de WIDTH y HEIGHT sean ignoradas y, por lo tanto, no tengan ningún efecto.

- **INLINE-BLOCK**: indica que el elemento debe mostrarse como un conjunto de bloques en línea. Esto es, el elemento se trata como si estuviese en INLINE, pero admite la aplicación de las propiedades de WIDTH y HEIGHT.

- **INLINE-FLEX**: indica que el elemento debe comportarse como un contenedor flexible, aunque con el concepto de línea. Esto es, el elemento se trata como si estuviese en INLINE, pero con las ventajas de una visualización en FLEX.

- **INLINE-GRID**: indica que el elemento debe comportarse como un conjunto de contenedores de cuadrícula en línea. Esto es, el elemento se trata como si estuviese en INLINE, pero con las ventajas de una visualización en GRID.

▶ **INLINE-TABLE**: indica que el elemento debe comportarse como si fuese un conjunto de tablas en línea. Esto es, el elemento se trata como si estuviese en INLINE, pero con las ventajas de una visualización en TABLE.

▶ **LIST-ITEM**: indica que el elemento debe comportarse como si fuese una lista, con sus viñetas y demás características.

▶ **NONE**: indica que el elemento NO debe mostrarse.

▶ **TABLE**: indica que el elemento debe comportarse como si fuese una tabla. Esto es, sus descendientes serán tratados como una matriz bidimensional compuesta por filas y columnas.

▶ **TABLE-CAPTION**: indica que el elemento debe comportarse como si fuese el elemento CAPTION de una tabla.

▶ **TABLE-CELL**: indica que el elemento debe comportarse como si fuese la celda de una tabla, es decir, como el elemento TD.

▶ **TABLE-COLUMN**: indica que el elemento debe comportarse como si fuese la columna de una tabla, es decir, como el elemento COL.

▶ **TABLE-COLUMN-GROUP**: indica que el elemento debe comportarse como si de un grupo de columnas de una tabla se tratase, es decir, como el elemento COLGROUP.

▶ **TABLE-FOOTER-GROUP**: indica que el elemento debe comportarse como si fuese el pie de una tabla, es decir, como el elemento TFOOTER.

▶ **TABLE-HEADER-GROUP**: indica que el elemento debe comportarse como si fuese la cabecera de una tabla, es decir, como el elemento THEAD.

▶ **TABLE-ROW**: indica que el elemento debe comportarse como si fuese la fila de una tabla, es decir, como el elemento TR.

▶ **TABLE-ROW-GROUP**: indica que el elemento debe comportarse como si fuese el cuerpo de una tabla, es decir, como el elemento TBODY.

ⓘ **NOTA**

Mientras que, en documentos HTML, el valor por defecto suele ser BLOCK, en los documentos XML y SVG suele ser INLINE.

Ejemplos:

```
aside { display: flex; }
div   { display: inline-block; }
p     { display: table; }
```

5.6.7.3 PROPIEDAD HEIGHT

Especifica la altura del elemento. Entre sus posibles valores podemos encontrar:

▶ **AUTO**: indica que el navegador es quién debe calcular y asignar el alto. Es el valor por defecto.

▶ **[VALOR]**: indica un valor establecido en una de las medidas permitidas de CSS.

Ejemplos:

```
aside { height: auto; }
div   { height: 100vh; }
```

5.6.7.4 PROPIEDAD MAX-HEIGHT

Especifica la altura máxima del elemento. Entre sus posibles valores podemos encontrar:

▶ **NONE**: indica que no hay máximo establecido. Es el valor por defecto.

▶ **[VALOR]**: indica un valor establecido en una de las medidas permitidas de CSS.

Ejemplos:

```
aside { max-height: none; }
div   { max-height: 100vh; }
```

5.6.7.5 PROPIEDAD MAX-WIDTH

Especifica la anchura máxima del elemento. Entre sus posibles valores podemos encontrar:

▼ **NONE**: indica que no hay máximo establecido. Es el valor por defecto.

▼ **[VALOR]**: indica un valor establecido en una de las medidas permitidas de CSS.

Ejemplos:

```
aside { max-width: none; }
div   { max-width: 100vw; }
```

5.6.7.6 PROPIEDAD MIN-HEIGHT

Especifica la altura mínima del elemento. Entre sus posibles valores podemos encontrar:

▼ **AUTO**: indica que no hay mínimo establecido. Es el valor por defecto.

▼ **[VALOR]**: indica un valor establecido en una de las medidas permitidas de CSS.

Ejemplos:

```
aside { min-height: auto; }
div   { min-height: 10vh; }
```

5.6.7.7 PROPIEDAD MIN-WIDTH

Especifica la anchura mínima del elemento. Entre sus posibles valores podemos encontrar:

▼ **AUTO**: indica que no hay mínimo establecido. Es el valor por defecto.

▼ **[VALOR]**: indica un valor establecido en una de las medidas permitidas de CSS.

Ejemplos:

```
aside { min-width: auto; }
div   { min-width: 10vw; }
```

5.6.7.8 PROPIEDAD OPACITY

Especifica la opacidad del elemento. Entre sus posibles valores podemos encontrar:

▸ **[NÚMERO]**: es un valor decimal que indica, en tanto por uno, el porcentaje de visibilidad del elemento.

Negro al 100%   Negro al 50%   Negro al 5%

Ejemplos:

```
/* Negro al 100%, 0% transparencia */
aside { opacity: 1; }

/* Negro al 50%, 50% transparencia */
div   { opacity: 0.50; }

/* Negro al 5%, 95% transparencia */
p     { opacity: 0.05; }
```

5.6.7.9 PROPIEDAD OVERFLOW

Especifica cómo se debe comportar el elemento si su contenido se desborda, es decir, si su contenido no entra en el espacio asignado. Entre sus posibles valores podemos encontrar:

▸ **AUTO**: indica que las barras de desplazamiento se mostrarán u ocultarán en función de si el contenido desborda o no, y que el contenido nunca debe verse fuera de los límites del elemento.

▸ **HIDDEN**: indica que las barras de desplazamiento se mantengan ocultas, independientemente de que el contenido desborde o no, y que el contenido nunca debe verse fuera de los límites del elemento.

▸ **SCROLL**: indica que las barras de desplazamiento se mantengan visibles, independientemente de que el contenido desborde o no, y que el contenido nunca debe verse fuera de los límites del elemento.

▸ **VISIBLE**: indica que las barras de desplazamiento se mantengan ocultas y que el contenido se muestre, aunque se desborde. Es el valor por defecto.

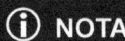 **NOTA**

La propiedad OVERFLOW no tiene ningún efecto en elementos que no tengan definida una altura específica.

Ejemplos:

```
body   { overflow: auto; }
aside  { overflow: hidden; }
div    { overflow: scroll; }
p      { overflow: inherit; }
```

Por último, cabe mencionar que, existen unas variaciones de esta propiedad que permiten establecer los valores de forma independiente. Estas propiedades son OVERFLOW-X, que establece el comportamiento para los límites derecho e izquierdo del elemento y, OVERFLOW-Y, que establece el comportamiento para los límites superior e inferior del elemento.

5.6.7.10 PROPIEDAD VISIBILITY

Especifica si el elemento debe estar visible o no. Entre sus posibles valores podemos encontrar:

- **COLLAPSE**: indica que el elemento debe aparecer oculto y sin ocupar espacio en pantalla. Este valor sólo es aplicable para los elementos TR, TBODY, COL y COLGROUP.

- **HIDDEN**: indica que el elemento debe aparecer oculto, pero sin colapsar el espacio que ocupa.

- **VISIBLE**: indica que el elemento debe aparecer visible. Es el valor por defecto.

Ejemplo:

```
div    { visibility: hidden; }
```

5.6.7.11 PROPIEDAD WIDTH

Especifica la anchura del elemento. Entre sus posibles valores podemos encontrar:

▼ **AUTO**: indica que el navegador es quién debe calcular y asignar el ancho. Es el valor por defecto.

▼ **[VALOR]**: indica un valor establecido en una de las medidas permitidas de CSS.

Ejemplos:

```
aside { width: auto; }
div   { width: 100vw; }
```

5.6.8 Diseño de cajas flexibles

5.6.8.1 PROPIEDAD ALIGN-CONTENT

Especifica cómo se deben distribuir los elementos verticalmente. Es una propiedad similar a ALIGN-ITEMS, pero en lugar de alinear elementos flexibles, alinea líneas flexibles. Entre sus posibles valores podemos encontrar:

▼ **CENTER**: indica que las líneas de elementos deben distribuirse verticalmente por la zona media del contenedor flexible.

▼ **FLEX-END**: indica que las líneas de elementos deben distribuirse verticalmente por la zona final del contenedor flexible.

▶ **FLEX-START**: indica que las líneas de elementos deben distribuirse verticalmente por la zona inicial del contenedor flexible.

▶ **SPACE-AROUND**: indica que las líneas de elementos deben distribuirse verticalmente de forma uniforme por el contenedor flexible con espacios perceptibles en cada extremo.

▶ **SPACE-BETWEEN**: indica que las líneas de elementos deben distribuirse verticalmente de forma uniforme por los extremos del contenedor flexible.

▶ **STRECTCH**: indica que las líneas de elementos deben ajustarse verticalmente para ocupar o rellenar el espacio restante. Es el valor por defecto.

> **ⓘ NOTA**
>
> La propiedad ALIGN-CONTENT sólo tendrá algún efecto cuando el modo de visualización (DISPLAY) sea FLEX y la propiedad FLEX-WRAP esté establecida a WRAP o a WRAP-REVERSE.

Ejemplos:

```
aside { display: flex; flex-wrap: wrap; align-content:space-around; }
div   { display: flex; flex-wrap: wrap; align-content:center; }
p     { display: flex; flex-wrap: wrap; align-content:flex-end; }
```

5.6.8.2 PROPIEDAD ALIGN-ITEMS

Especifica la alineación predeterminada para los elementos que están dentro de un contenedor flexible. Entre sus posibles valores podemos encontrar:

▶ **BASELINE**: indica que los elementos deben estar posicionados en la línea base del contenedor flexible.

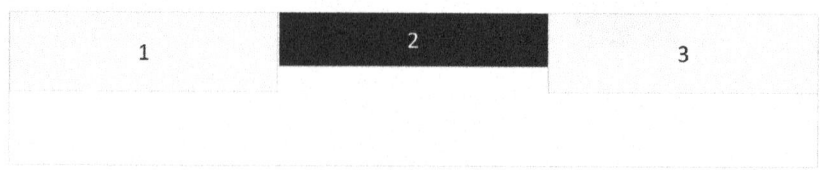

► **CENTER**: indica que los elementos deben estar posicionados en la parte central del contenedor flexible.

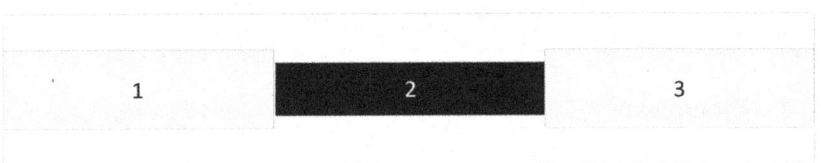

► **FLEX-END**: indica que los elementos deben estar posicionados al final del contenedor flexible.

► **FLEX-START**: indica que los elementos deben estar posicionados al principio del contenedor flexible.

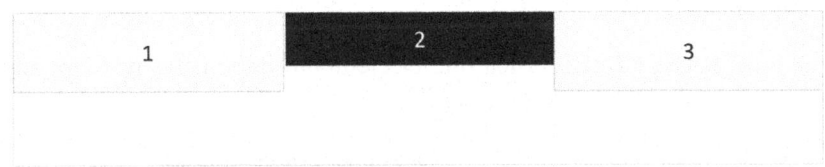

► **STRECTCH**: indica que los elementos deben ajustarse al alto del contenedor para rellenarlo. Es el valor por defecto.

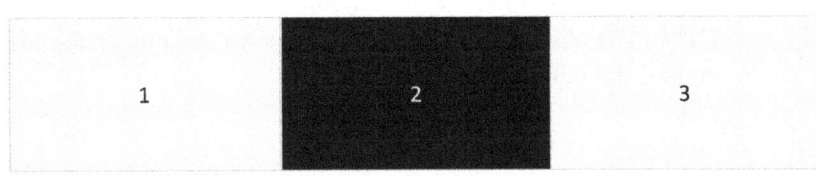

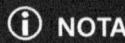 **NOTA**

La propiedad ALIGN- ITEMS sólo tendrá algún efecto cuando el modo de visualización (DISPLAY) sea FLEX y puede anularse a través de la propiedad ALIGN-SELF.

Ejemplos:

```
aside { display: flex; flex: 1; align-items: center; }
div   { display: flex; flex: 1; align-items: flex-start; }
```

5.6.8.3 PROPIEDAD ALLIGN-SELF

Especifica la alineación determinada para un elemento que está dentro de un contenedor flexible. Entre sus posibles valores podemos encontrar:

▶ **AUTO**: indica que la alineación es inherente y que debe heredarse de la propiedad ALIGN-ITEMS definida en su contenedor. Es el valor por defecto.

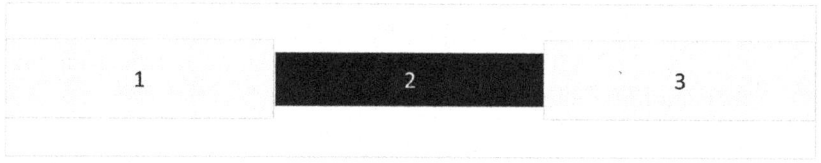

▶ **BASELINE**: indica que el elemento debe estar posicionado en la línea base del contenedor flexible.

▶ **CENTER**: indica que el elemento debe estar posicionado en la parte central del contenedor flexible.

▶ **FLEX-END**: indica que el elemento debe estar posicionado al final del contenedor flexible.

▶ **FLEX-START**: indica que el elemento debe estar posicionado al principio del contenedor flexible.

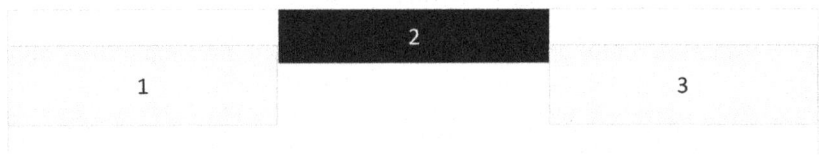

▶ **STRECTCH**: indica que el elemento se debe ajustar al alto del contenedor para rellenarlo.

Ejemplos:

```
aside { display: flex; flex: 1; align-self: center; }
div   { display: flex; flex: 1; align-self: flex-start; }
p     { display: flex; flex: 1; align-self: stretch; }
```

5.6.8.4 PROPIEDAD FLEX

Es una propiedad compuesta que especifica, de forma conjunta, las propiedades de crecimiento flexible, decrecimiento flexible y el ancho del elemento.

El crecimiento viene determinado por la propiedad FLEX-GROW y se establece a través de un número que indica cómo irá creciendo el elemento con respecto al resto de elementos flexibles.

El decrecimiento viene determinado por la propiedad FLEX-SHRINK y se establece a través de un número que indica cómo irá decreciendo el elemento con respecto al resto de elementos flexibles.

El ancho viene determinado por la propiedad FLEX-BASIS y se establece a través de un en alguna de las unidades de medida estándar de CSS.

Además, entre sus posibles valores podemos encontrar algunos valores como:

- **AUTO**: indica que el número de elementos es 1. Es equivalente a 1 1 AUTO.

- **INITIAL**: indica que el número de elementos es 0. Es equivalente a 0 1 AUTO.

- **NONE**: indica que el número de elementos es 0. Es equivalente a 0 0 AUTO.

Si se asignan los tres valores, se aplicarán en el orden anteriormente indicado, es decir, es como si se estableciese de forma independiente las variables FLEX-GROW, FLEX-SHRINK y FLEX-BASIS, en este orden.

```
li  { flex: 1 1 auto; } /* FLEX-GROW FLEX-SHRINK FLEX BASIS */
```

Si se asignan dos valores, se podrán establecer o el crecimiento y el ancho, o el crecimiento y el decrecimiento. Es decir, es como si se estableciese de forma independiente las variables FLEX-GROW y FLEX-BASIS o FLEX-GROW y FLEX-SHRINK, en este orden.

```
p   { flex: 1 100%; }   /* FLEX-GROW FLEX-BASIS */
p   { flex: 1 1; }      /* FLEX-GROW FLEX-SHRINK */
```

Si se asigna un único valor, podrá aplicarse o un crecimiento o un ancho, es decir, es como si se estableciese de forma independiente la variable FLEX-GROW o la variable FLEX-BASIS.

```
p    { flex: 1; }        /* FLEX-GROW */
p    { flex: 100%; }     /* FLEX-BASIS */
```

5.6.8.5 PROPIEDAD FLEX-BASIS

Especifica el ancho inicial de un elemento flexible. Entre sus posibles valores podemos encontrar:

▸ **AUTO**: indica que el ancho es igual a la anchura predefinida del elemento flexible. Si, por casualidad, no se estableciese valor o no tuviese un valor especificado, la anchura se establecerá en función de su contenido.

▸ **[VALOR]**: indica un valor establecido en una de las medidas permitidas de CSS.

Por ejemplo, imaginemos que tenemos un contenedor flexible con un ancho de 100 píxeles con tres elementos, en donde cada uno de ellos, tiene establecidas las propiedades FLEX-GROW y FLEX-SHRINK a 0 y la propiedad FLEX-BASIS a 33px. Esto debería producir un resultado similar al siguiente:

Ahora, si establecemos la propiedad FLEX-BASIS a 0 al segundo elemento, el resultado debería ser similar al siguiente:

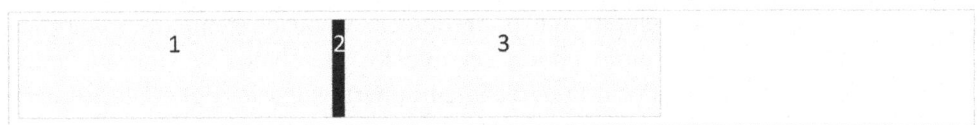

Pero, si estableciésemos la propiedad FLEX-BASIS a 50px para el segundo elemento el resultado debería ser similar al siguiente:

Como se puede apreciar en la ilustración, el elemento 3 no entra en el contenedor de forma completa y se ve desbordado.

Ejemplos:

```
div { flex-basis: 33px; }
div { flex-basis: 0; }
div { flex-basis: 50px; }
```

5.6.8.6 PROPIEDAD FLEX-DIRECTION

Especifica la dirección de los elementos flexibles. Entre sus posibles valores podemos encontrar:

- ▸ **COLUMN**: indica que los elementos deben mostrarse verticalmente empezando por arriba. Un ejemplo podría ser que todos los elementos se sitúen, unos debajo de otros, desde arriba del contenedor en formación de A-B-C-D.

- ▸ **COLUMN-REVERSE**: indica que los elementos deben mostrarse verticalmente, empezando por abajo y con los elementos invertidos de orden. Un ejemplo podría ser que todos los elementos se sitúen, unos encima de otros, desde abajo del contenedor en formación de D-C-B-A.

- ▸ **ROW**: indica que los elementos deben mostrarse horizontalmente, empezando por la izquierda. Un ejemplo podría ser que los elementos se situasen todos seguidos y alineados a la izquierda en la parte superior del contenedor en formación de A-B-C-D. Es el valor por defecto.

- ▸ **ROW-REVERSE**: indica que los elementos deben mostrarse horizontalmente, empezando por la derecha y con los elementos invertidos de orden. Un ejemplo podría ser que los elementos se situasen todos seguidos y alineados a la derecha en la parte superior del contenedor en formación de D-C-B-A.

Ejemplos:

```
aside { flex-direction: row-reverse; }
div   { flex-direction: col; }
p     { flex-direction: col-reverse; }
```

5.6.8.7 PROPIEDAD FLEX-FLOW

Es una propiedad compuesta que especifica la dirección de los elementos flexibles y si se deben ajustar o no al ancho del contenedor.

El ajuste de los elementos viene determinado por la propiedad FLEX-WRAP, mientras que la dirección viene determinada por la propiedad FLEX-DIRECTION. El orden de asignación es arbitrario, es decir, se puede realizar la asignación de la propiedad a través de la dirección y el ajuste, o a la inversa.

En general, se recomienda utilizar esta, y las demás formas abreviadas, debido a que su interpretación y renderizado se realiza algo más rápido.

Ejemplos:

```
aside div { flex-flow: row-reverse wrap; }
div       { flex-flow: nowrap row; }
```

5.6.8.8 PROPIEDAD FLEX-GROW

Especifica la relación de crecimiento del elemento con respecto a los demás. Entre sus posibles valores podemos encontrar:

▸ **[NÚMERO]**: es un valor entero que indica, por decirlo así, el factor de multiplicación con respecto a los demás. Esto es, si todos los elementos de un contenedor flexible tienen un valor asignado de 1, menos uno que tiene un valor de 3, eso querrá decir que ese elemento será tres veces mayor que el resto.

Ejemplos:

```
:nth-of-type(1) {flex-grow: 1;}
:nth-of-type(2) {flex-grow: 3;}
:nth-of-type(3) {flex-grow: 1;}
```

5.6.8.9 PROPIEDAD FLEX-SHRINK

Especifica la relación de decrecimiento del elemento con respecto a los demás. Entre sus posibles valores podemos encontrar:

▸ **[NÚMERO]**: es un valor entero que indica, por decirlo así, el factor de división con respecto a los demás. Esto es, si todos los elementos de un contenedor flexible tienen un valor asignado de 1, menos uno que tiene un valor de 3, eso querrá decir que ese elemento será tres veces menor que el resto.

Ejemplos:

```
:nth-of-type(1) {flex-shrink: 1;}
:nth-of-type(2) {flex-shrink: 3;}
:nth-of-type(3) {flex-shrink: 1;}
```

5.6.8.10 PROPIEDAD FLEX-WRAP

Especifica si el elemento debe ajustarse o no al ancho del contenedor. Entre sus posibles valores podemos encontrar:

- ▶ **NOWRAP**: indica que el elemento no debe ajustarse. Es el valor por defecto.

- ▶ **WRAP**: indica que el elemento debe ajustarse si fuese necesario.

- ▶ **WRAP-REVERSE**: indica que el elemento debe ajustarse si fuese necesario, pero en orden inverso.

Por ejemplo, imaginemos que tenemos un contenedor flexible que tiene un ancho de 150 píxeles y, dentro, tiene definidos cuatro elementos de 40 por 40 píxeles cada uno. Dependiendo de cómo se establezca la propiedad FLEX-WRAP, debería producirse algo similar a uno de los siguientes resultados:

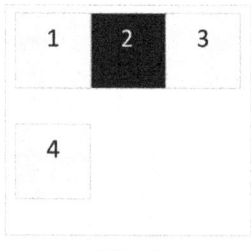

WRAP

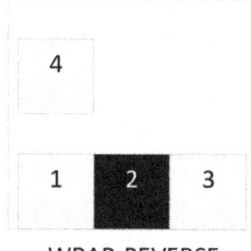

WRAP-REVERSE

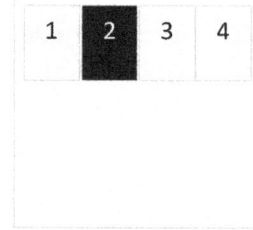

NOWRAP

Ejemplos:

```
aside { flex-wrap: wrap; }
div   { flex-wrap: wrap-reverse; }
p     { flex-wrap: nowrap; }
```

5.6.8.11 PROPIEDAD JUSTIFY-CONTENT

Especifica la alineación horizontal para los elementos flexibles cuando éstos no utilizan, o no cubren, todo el espacio disponible. Entre sus posibles valores podemos encontrar:

▶ **CENTER**: indica que los elementos deben estar posicionados en la parte central del contenedor flexible.

▶ **FLEX-END**: indica que los elementos deben estar posicionados a la derecha del contenedor flexible.

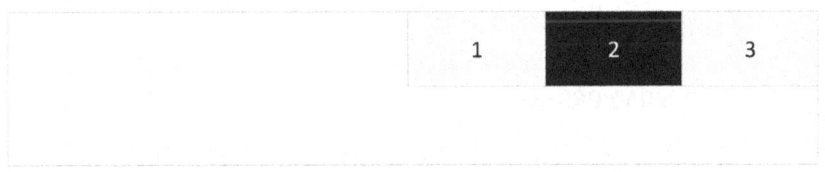

▶ **FLEX-START**: indica que los elementos deben estar posicionados a la izquierda del contenedor flexible.

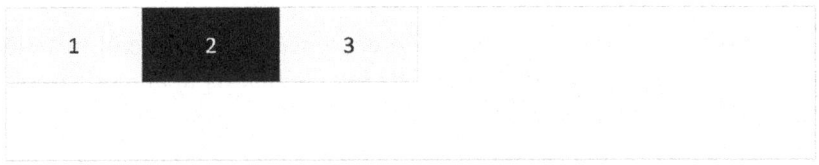

▶ **SPACE-BETWEEN**: indica que los elementos deben ajustarse de forma que los espacios adyacentes sean iguales.

▶ **SPACE-AROUND**: indica que los elementos deben ajustarse de forma que los espacios entre ellos sean iguales, a excepción del primer y último elemento, en donde los espacios, anterior al primer elemento, y posterior al último elemento, deben ser la mitad que el espacio que hay entre el resto de los elementos.

Ejemplos:

```
aside { justify-content: flex-start; }
div   { justify-content: space-around; }
p     { justify-content: center; }
```

5.6.8.12 PROPIEDAD ORDER

Especifica el orden de un elemento flexible con respecto al resto de elementos que tiene a su mismo nivel. Entre sus posibles valores podemos encontrar:

▶ **[NÚMERO]**: es un valor entero que indica el orden de aparición en la horizontal de izquierda a derecha. Por defecto, su valor es 0.

Por ejemplo, si tuviésemos un contenedor flexible con tres elementos y no estableciésemos la propiedad ORDER, los elementos aparecerían colocados como en la siguiente ilustración:

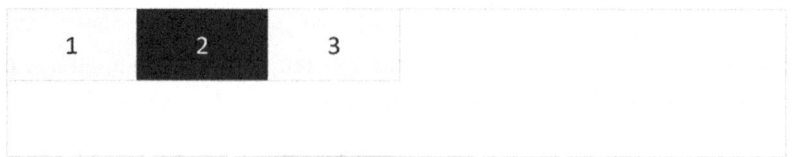

Ahora, si quisiéramos que se visualizasen en un orden determinado, por ejemplo, 2, 1, 3, en vez de 1, 2, 3, que es como estaban antes, podríamos hacer lo siguiente:

```
div :nth-child(1) {order: 2;}
div :nth-child(2) {order: 1;}
div :nth-child(3) {order: 3;}
```

Lo que generaría una salida como la siguiente ilustración:

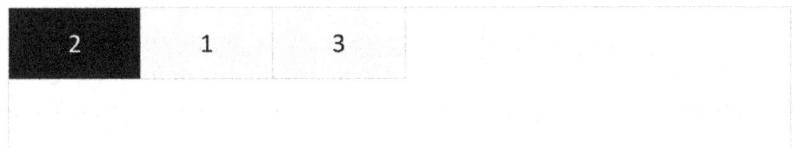

5.6.9 Interfaz de usuario

5.6.9.1 PROPIEDAD CURSOR

Especifica el icono que se debe mostrar en el puntero del ratón o dispositivo señalador cuando se acceda por encima de un elemento, se realice una acción de enfoque, o cualquier otro evento que relacione al dispositivo con el elemento. La propiedad tiene una gran variedad de elementos, sin embargo, los valores más frecuentes que podemos encontrar son:

▸ **AUTO**: indica que sea el navegador el que establezca el icono del puntero.

▸ **CELL**: indica que el icono de puntero debe ser una cruz simulando a un signo de suma.

▸ **DEFAULT**: indica que el icono de puntero debe ser el icono por defecto.

▸ **E-RESIZE**: indica que el icono de puntero debe ser una flecha de doble dirección horizontal, o de este a oeste. Es el mismo que EW-RESIZE.

▸ **HELP**: indica que el icono de puntero debe llevar una interrogación.

▸ **MOVE**: indica que el icono de puntero debe ser dos flechas de doble dirección cruzadas, como indicando los cuatro puntos cardinales.

▸ **N-RESIZE**: indica que el icono de puntero debe ser una flecha de doble dirección vertical, o de norte a sur. Es el mismo que NS-RESIZE.

▸ **NOT-ALLOWED**: indica que el icono de puntero debe ser un signo de prohibido.

▸ **POINTER**: indica que el icono de puntero debe ser una mano con el dedo índice extendido.

▸ **TEXT**: indica que el icono de puntero debe ser el icono de selección de texto.

Ejemplo:

```
aside a { cursor: pointer; }
```

5.6.9.2 PROPIEDAD OUTLINE

Es una propiedad compuesta que especifica un borde externo para los elementos. Si recordamos la ilustración del apartado de márgenes, era como la siguiente ilustración:

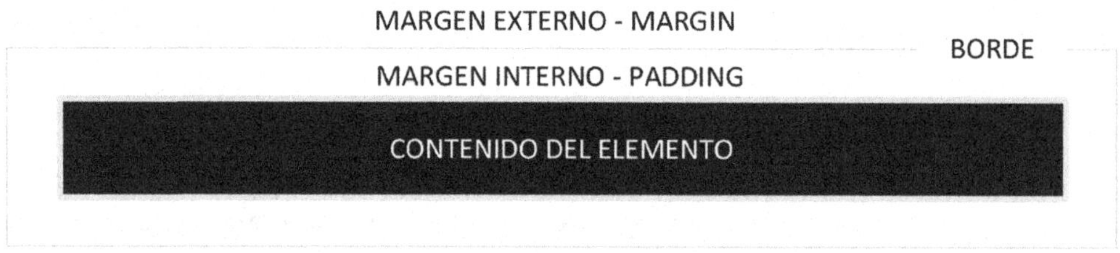

Pues bien, el borde externo OUTLINE está justo entre la línea de borde y el margen externo.

Su sintaxis es idéntica a la propiedad BORDER. Esto es, se compone de un valor de ancho, un estilo y un color de borde externo y, al igual que sucede con BORDER, todas estas opciones pueden asignarse a través de sus propiedades individuales.

- **OUTLINE-COLOR**: permite definir el color del borde externo.
- **OUTLINE-STYLE**: permite definir el estilo del borde externo.
- **OUTLINE-WIDTH**: permite definir el ancho del borde externo.

Dado que se van a comentar todas y cada una de las propiedades individuales que pueden asignarse a esta propiedad compuesta, sólo expondremos un ejemplo.

Ejemplo:

```
div { outline: 1px dashed #000; }
```

5.6.9.3 PROPIEDAD OUTLINE-COLOR

Especifica el color de los bordes externos del elemento. A diferencia de la propiedad BORDER-COLOR, OUTLINE-COLOR sólo se puede asignar un único valor para todos los lados del borde externo. Entre sus posibles valores podemos encontrar:

- ▶ **INVERT**: indica que el color del borde externo debe ser una inversión del color proporcionado por la propiedad BORDER-COLOR. Es el valor por defecto.

- ▶ **[COLOR]**: es un valor textual, como pueda ser BLACK o WHITE o, un código de color en hexadecimal, RGBA o HSLA.

Ejemplo:

```
div { outline-color: black; }
```

5.6.9.4 PROPIEDAD OUTLINE-OFFSET

Especifica el espacio en blanco que debe existir entre el borde interno proporcionado por la propiedad BORDER y el borde externo proporcionado por la propiedad OUTLINE. Entre sus posibles valores podemos encontrar:

- ▶ **[VALOR]**: indica un valor establecido en una de las medidas permitidas de CSS.

Ejemplo:

```
div { outline-offset: 0.4rem; }
```

5.6.9.5 PROPIEDAD OUTLINE-STYLE

Especifica el estilo de los bordes del elemento. A diferencia de la propiedad BORDER-STYLE, OUTLINE-STYLE sólo se puede asignar un único valor para todos los lados del borde externo. Entre sus posibles valores podemos encontrar:

- ▶ **NONE**: indica que NO se desean bordes en ninguno de los lados.

- ▶ **HIDDEN**: indica que los bordes deben estar ocultos.

- ▶ **DOTTED**: indica que los bordes deben ser únicos y punteados.

- ▶ **DASHED**: indica que los bordes deben ser únicos y rayados.

- ▶ **SOLID**: indica que los bordes deben ser únicos y continuos.

- ▶ **DOUBLE**: indica que los bordes deben ser dobles y continuos.

- **GROOVE**: indica que los bordes deben tener un efecto 3D acanalado.
- **RIDGE**: indica que los bordes deben tener un efecto 3D ondulado.
- **INSET**: indica que los bordes deben tener un efecto 3D presionado.
- **OUTSET**: indica que los bordes deben tener un efecto 3D en relieve.

A continuación, se muestran ejemplos de todos y cada uno de los estilos de borde:

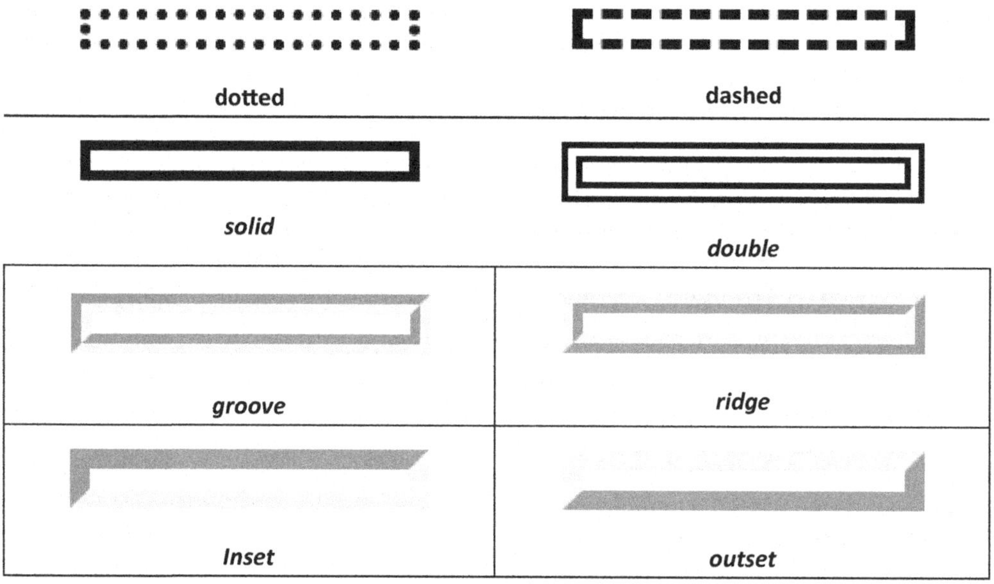

Ejemplos:

```
div { outline-style: solid; }
div { outline-style: groove; }
div { outline-style: double; }
```

5.6.9.6 PROPIEDAD OUTLINE-WIDTH

Especifica el tamaño de los bordes del elemento. A diferencia de la propiedad BORDER-WIDTH, OUTLINE-WIDTH sólo se puede asignar un único valor para todos los lados del borde externo. Entre sus posibles valores podemos encontrar:

▶ **THIN**: indica que los bordes deben tener un tamaño fino o delgado, equivalente a 1 píxel.

▶ **MEDIUM**: indica que los bordes deben tener un tamaño medio, equivalente a 3 píxeles. Es el valor por defecto.

▶ **THICK**: indica que los bordes deben tener un tamaño grueso, equivalente a 5 píxeles.

▶ **[VALOR]**: indica un valor establecido en una de las medidas permitidas de CSS.

Ejemplos:

```
div { outline-width: 2px; }
div { outline-width: 0.2vw; }
```

5.6.9.7 PROPIEDAD USER-SELECT

Especifica si el contenido del elemento es seleccionable o no. Entre sus posibles valores podemos encontrar:

▶ **ALL**: indica que la selección de todo texto se realiza a través de un clic, en vez de un doble click.

▶ **AUTO**: indica que el texto es seleccionable si el navegador lo permite. Es el valor por defecto.

▶ **NONE**: indica que NO es posible seleccionar el texto.

▶ **TEXT**: indica que es posible seleccionar el texto.

Ejemplos:

```
div { user-select: all; }
div { user-select: none; }
```

5.6.10 Animaciones y transiciones

Dado que las animaciones y transiciones se ha decidido extraerlas de este capítulo por su extensión y dificultad y dado que todos los valores de esta propiedad pueden asignarse de forma independiente a través de sus propiedades específicas, ahora sólo comentaremos un par de ejemplos y, en el capítulo de animaciones, transiciones y efectos, se comentarán en detalle todas sus posibles variaciones.

5.6.10.1 PROPIEDAD ANIMATION

Es una propiedad compuesta que especifica los detalles de cómo debe implementar una animación en el elemento. Se compone de un nombre de animación, una duración, una función de sincronización de tiempo, un retraso de empiece, un contador de iteraciones, una dirección, un modo de relleno y un estado de reproducción.

Todas estas características pueden asignarse a través de sus propiedades individuales y se describirán en el capítulo de animaciones, transiciones y efectos.

▶ **ANIMATION-NAME**: permite definir el nombre de la animación que se desea vincular al elemento, la cual hace referencia a la definición de una regla arroba KEYFRAMES.

▶ **ANIMATION-DURATION**: permite definir la duración de la animación.

▶ **ANIMATION-TIMING-FUNCTION**: permite definir la función de sincronización de tiempo.

▶ **ANIMATION-DELAY**: permite definir el retraso de empiece.

▶ **ANIMATION-ITERATION-COUNT**: permite definir el número o contador de iteraciones.

▶ **ANIMATION-DIRECTION**: permite definir la dirección.

▶ **ANIMATION-FILL-MODE**: permite definir el modo de relleno.

▶ **ANIMATION-PLAY-STATE**: permite definir el estado de reproducción.

Ejemplos:

```
div { animation: ejemplo1 5s infinite; }
li  { animation: ejemplo2 1.5s ease-in-out forwards; }
```

5.6.10.2 PROPIEDAD TRANSITION

Es una propiedad compuesta que especifica cómo deben suceder los cambios en el elemento. Se compone de una propiedad de transición, una duración, una función de sincronización de tiempo y un retraso de empiece.

Todas estas características pueden asignarse a través de sus propiedades individuales y se describirán en el capítulo de animaciones, transiciones y efectos.

▶ **TRANSITION-NAME**: permite definir el nombre de la transición que se desea vincular al elemento.

▶ **TRANSITION-DURATION**: permite definir la duración de la transición.

▶ **TRANSITION-TIMING-FUNCTION**: permite definir la función de sincronización de tiempo.

▶ **TRANSITION-DELAY**: permite definir el retraso de empiece.

Dado que se van a comentar todas y cada una de las propiedades independientes que pueden asignarse a esta propiedad compuesta, sólo expondremos un ejemplo.

Ejemplos:

```
/* Efecto de animación de 2 seg. cuando la propiedad WIDTH cambie */
div { transition: width 2s; }


/* Efecto de animación de 300ms cuando cambie cualquier propiedad de LI */
li  { transition: all 0.3s ease; }
```

5.6.11 Reglas arroba

5.6.11.1 REGLA CHARSET

Especifica la codificación de caracteres que se debe utilizar en la hoja de estilos.

Aunque generalmente el único valor que se utiliza es UTF-8 por temas de estandarización y compatibilidad, existen otros muchos valores que puede admitir, disponibles en la web de IANA. Para consultar todos los posibles valores puede visitarse la URL *https://www.iana.org/assignments/character-sets/character-sets. xhtml*.

No obstante, para que esta regla funcione, o se aplique, se deben tener en cuenta unas romas:

▶ La regla arroba CHARSET debe ser la primera declaración de la hoja de estilos.

▶ Si por cualquier razón, hubiese declaradas o definidas varias reglas CHARSET, la única que tendrá efecto será la primera, el resto se ignorarán.

▶ La regla arroba CHARSET no puede estar declarada dentro de ningún atributo o estructura STYLE de HTML.

 **NOTA**

Esta regla no es compatible con Internet Explorer 11, aunque sí con todas las versiones de Microsoft Edge.

Ejemplo:

```
@charset "utf-8"
```

5.6.11.2 REGLA FONT-FACE

Especifica la una nueva fuente de texto, o nuevo tipo de fuente, para poder utilizarse como tipografía en el documento o página web.

Cabe destacar que no todos los formatos de fuente están disponibles para todos los navegadores. Así, por ejemplo, los formatos de fuente de texto TTF/OTF y WOFF pueden ser interpretados por la mayoría de los agentes de usuario, pero el formato WOFF2 no está soportado por Internet Explorer ni Safari. En cuanto al formato SVG, es compatible con Safari, pero no con Firefox.

Por esta razón, lo normal es que se utilicen fuentes de texto vectoriales desde algún directorio interactivo de uso público, los cuales cargan todos los posibles formatos para que cada agente de usuario utilice el que más le convenga.

Para que la regla FONT-FACE pueda aplicarse, se deben definir una serie de parámetros u opciones:

- ▼ **FONT-FAMILY**: define el nombre de la fuente que se usará después, en las reglas CSS para vincular y aplicar el estilo. Es un parámetro requerido.

- ▼ **SRC**: permite definir la dirección o ubicación del archivo. Es un parámetro requerido.

- ▼ **FONT-STRETCH**: permite expandir o condensar el texto. Es opcional y puede contener cualquiera de los posibles valores de FONT-STRETCH.

- ▼ **FONT-STYLE**: permite establecer el estilo del texto. Es opcional y puede contener cualquiera de los posibles valores de FONT-STYLE.

- ▼ **FONT-WEIGHT**: permite establecer el grosor del texto. Es opcional y puede contener cualquiera de los posibles valores de FONT-WEIGHT.

- ▼ **UNICODE-RANGE**: permite definir el rango de caracteres Unicode que admite la fuente de texto. El valor por defecto es "U + 0-10FFFF".

Ejemplos:

```
/* Declaración de fuente básica */
@font-face {
    font-family: textFont;
    src: url(new_arial_100.ttf);
    font-weight: 100;
}

/* Declaración extraída de Google Fonts */
@font-face{
    font-family:'Roboto';
    font-style:normal;
    font-weight:400;
    src:local('Roboto Regular'),
    local('Roboto-Regular'),
    url(//fonts.gstatic.com/s/roboto/v18/KFOmCnqEu92Fr1Mu7mxKOzY.woff2)
    format('woff2');unicode-range:U+1F00-1FFF;
}
```

5.6.11.3 REGLA IMPORT

Permite incluir otras hojas de estilo dentro de la hoja de estilo actual. Debe estar declarada justo después de la declaración de la regla CHARSET.

Ejemplo:

```
@import "custom-styles.css";
```

Aunque, en general, se suelen importar las hojas de estilos sin ningún control de medios o resoluciones, es posible hacerlo en función de estos parámetros.

Ejemplo:

```
@import "mobile.css" screen and (max-width: 768px);
```

Para poder ver todos los posibles valores con los que se puede configurar la regla IMPORT se puede consultar la regla MEDIA, explicada un poco más adelante.

5.6.11.4 REGLA KEYFRAMES

Permite especificar una animación a partir de las reglas CSS que estén contenidas en su declaración. Esta regla, que sólo es aplicable para el contexto de las animaciones CSS, permite cambiar las propiedades y valores durante todo el ciclo de la animación.

Para poder definir el ciclo de vida de la animación se pueden utilizar las palabras clave FROM y TO o recurrir a valores de porcentaje, aunque, siempre es mejor utilizar esta segunda opción por temas de compatibilidad.

> **ⓘ NOTA**
>
> La característica !IMPORTANT es ignorada dentro de esta regla.

Ejemplo:

```
@keyframes ejemplo1 {
  from {top: 0px;}
  to {top: 200px;}
}
@keyframes ejemplo2 {
    0%   {top: 0px; left 0; }
    25%  {top: 0px; left: 50px; }
    50%  {top: 50px; left: 50px}
    75%  {top: 50px; left: 0}
    100% {top: 0; left 0; }
}
```

Si se desea más información y ejemplos sobre las animaciones se puede ir directamente al capítulo de animaciones, transiciones y efectos.

5.6.11.5 REGLA MEDIA

La regla MEDIA, referida habitualmente como "media query" o consulta de medios, se utiliza para aplicar diferentes reglas de estilo dependiendo de la resolución del dispositivo y/o medio.

Este tipo de consultas puede aplicarse para controlar varias casuísticas como son el medio, ancho y alto de la ventana gráfica (VIEWPORT), ancho y alto del dispositivo, la orientación y/o la resolución.

Seguramente, muchos de los lectores ya se habrán dado cuenta, o ya sabrán, que estas reglas MEDIA son muy utilizadas en diseños adaptativos y/o receptivos tanto en configuraciones de escritorio, como en tables o móviles. No obstante, también son utilizadas, como se ha podido observar en la propiedad IMPORT, para controlar los medios como son la pantalla, la impresora o la voz.

La regla MEDIA funciona de forma similar a como lo hacen otras propiedades de CSS ya que permite una declaración combinada o individual de un tipo de medio, con o sin la especificación de sus características e, incluso, una especificación sin tipo de medio.

Ejemplo:

```
@media screen and (min-width: 768px) and (max-width: 1024px){
    /* Reglas CSS aplicables para estas circunstancias */
}
```

Los tipos de medios disponibles son:

▸ **ALL**: indica que las reglas contenidas en la consulta de medios son válidas para cualquier tipo de medio. Es el valor por defecto.

▸ **PRINT**: indica que las reglas contenidas en la consulta de medios sólo son válidas para el tipo de medio definido como impresora.

▸ **SCREEN**: indica que las reglas contenidas en la consulta de medios sólo son válidas para el medio definido como pantalla, independientemente de si pertenece a un dispositivo de escritorio, tablet o móvil.

▸ **SPEECH**: indica que las reglas contenidas en la consulta de medios sólo son válidas para agentes de usuario que permiten la lectura mediante control de voz, como los lectores de pantalla utilizados por las personas con discapacidad.

Las características de medios, también llamadas funciones de medios son muchas y, algunas de ellas, no son compatibles con todos los agentes de usuario, sin embargo, aquí se comentarán la mayoría:

▸ **ANY-HOVER**: indica que las reglas contenidas en la consulta de medios deberán aplicarse cuando el dispositivo de entrada disponible puede pasar por los elementos. Sus posibles valores son HOVER, para indicar que todos los dispositivos y mecanismos que tengan disponible esta opción deben aplicar esta consulta de medios cuando esté disponible el desplazamiento por los elementos o, NONE, para cuando NO esté disponible el desplazamiento por los elementos.

```
@media (any-hover: hover){
    /* Reglas CSS aplicables cuando puede pasar por los elementos */
}

@media (any-hover: none){
    /* Reglas CSS aplicables cuando NO puede pasar por los elementos
    */
}
```

▶ **ANY-POINTER**: indica que las reglas contenidas en la consulta de medios deberán aplicarse cuando el dispositivo disponga de un dispositivo señalador (o de tipo puntero), sea o no primario, y tenga una precisión determinada. Sus posibles valores son FINE, para indicar que el dispositivo señalador es de alta precisión, COARSE, que indica que el dispositivo señalador es de precisión limitada o, NONE, que indica que no hay dispositivo señalador.

```
@media (any-pointer: coarse){
    /* Reglas CSS aplicables cuando el dispositivo es de baja preci-
sión */
}

@media (any-pointer: fine){
    /* Reglas CSS aplicables cuando el dispositivo es de alta preci-
sión */
}

@media (any-pointer: none){
    /* Reglas CSS aplicables cuando no hay dispositivo señalador */
}
```

▶ **ASPECT-RATIO**: indica que las reglas contenidas en la consulta de medios deberán aplicarse cuando la relación de altura y anchura de la ventana gráfica o VIEWPORT se corresponda con el valor indicado. Además, existen dos variaciones que permiten controlar los valores máximo y mínimo a través de los prefijos MAX- y MIN-.

```
@media (aspect-ratio: 16/9){
 /* Reglas CSS aplicables cuando el dispositivo es 16 a 9 */
}

@media (min-aspect-ratio: 1/1){
/* Reglas CSS aplicables cuando el dispositivo es, como máximo, 1 a 1
*/
}

@media (max-aspect-ratio: 11/16){
 /* Reglas CSS aplicables cuando el dispositivo es, como máximo, 11 a
16 */
}
```

▶ **COLOR**: indica que las reglas contenidas en la consulta de medios deberán aplicarse cuando la profundidad de color (número de bits para representar un color) solicitada se corresponda con la profundidad de color del dispositivo. Sus posibles valores son 1, 2, 4, 8, 16, 24 y 32 y, por defecto, su valor es 8. Además, existen dos variaciones que permiten controlar los valores máximo y mínimo a través de los prefijos MAX- y MIN-.

```
@media (color){
    /* Reglas CSS aplicables cuando el dispositivo es color */
}

@media (min-color: 8){
    /* Reglas CSS aplicables cuando el dispositivo admite 8 bits */
}

@media (max-color: 16){
    /* Reglas CSS aplicables cuando el dispositivo admite 16 bits */
}
```

▶ **COLOR-GAMUT**: indica que las reglas contenidas en la consulta de medios deberán aplicarse cuando el rango aproximado de colores admitido por el agente de usuario y dispositivo de salida se corresponda con el valor indicado. Sus posibles valores son SRGB, que admite la gama SRGB y son la inmensa mayoría de las pantallas de color, P3, que admite gama especificada por el espacio de color DCI P3 o una superior como SRGB y, REC2020, que admite la gama especificada por la Recomendación UIT-R BT.2020 Color Space o superior.

```
@media (color-gamut: srgb){
    /* Reglas CSS aplicables para estas circunstancias */
}

@media (color-gamut: p3){
    /* Reglas CSS aplicables para estas circunstancias */
}
@media (color-gamut: srgb){
    /* Reglas CSS aplicables para estas circunstancias */
}
```

▶ **COLOR-INDEX**: indica que las reglas contenidas en la consulta de medios deberán aplicarse cuando el dispositivo permita mostrar un cierto número de colores. Sus posibles valores van desde 0, que equivale a decir todos, hasta el permitido por cada dispositivo. Su valor por defecto es 0. Además, existen dos variaciones que permiten controlar los valores máximo y mínimo a través de los prefijos MAX- y MIN-.

```
@media (color-index: 0){
    /* Reglas CSS aplicables para estas circunstancias */
}

@media (min-color-index: 10){
    /* Reglas CSS aplicables cuando permite, como mínimo, 10 colores
*/
}

@media (max-color-index: 256){
    /* Reglas CSS aplicables cuando permite, como máximo, 256 colores
*/
}
```

▶ **GRID**: indica que las reglas contenidas en la consulta de medios deberán aplicarse cuando el dispositivo de salida utiliza un sistema basado en rejilla o es un mapa de bits. Sus posibles valores son 1 o 0 que indican si el dispositivo de salida está o no basado en rejilla, respectivamente.

```
@media (grid: 0){
    /* Reglas CSS aplicables cuando NO está basado en rejilla */
}
```

▶ **HEIGHT**: indica que las reglas contenidas en la consulta de medios deberán aplicarse cuando la altura del dispositivo de salida se corresponda con el valor indicado. Como sus análogas, posee dos variaciones que permiten controlar los valores máximo y mínimo a través de los prefijos MAX- y MIN-.

```
@media (height: 610px){
    /* Reglas CSS aplicables para estas circunstancias */
}

@media (min-height: 40vh){
    /* Reglas CSS aplicables para estas circunstancias */
}

@media (max-height: 80vh){
    /* Reglas CSS aplicables para estas circunstancias */
}
```

▶ **HOVER**: indica que las reglas contenidas en la consulta de medios deberán aplicarse cuando el dispositivo de entrada permita al usuario el desplazamiento por los elementos. Sus posibles valores son HOVER, para indicar que todos los dispositivos y mecanismos que tengan disponible esta opción deben aplicar esta consulta de medios cuando esté disponible el desplazamiento por los elementos o, NONE, para cuando NO esté disponible el desplazamiento por los elementos.

```
@media (hover: hover){
    /* Reglas CSS aplicables cuando puede desplazarse */
}

@media (hover: none){
    /* Reglas CSS aplicables cuando NO puede desplazarse */
}
```

▼ **INVERTED-COLORS**: indica que las reglas contenidas en la consulta de medios deberán aplicarse cuando el agente de usuario, o el sistema operativo, tenga invertidos los colores. Sus posibles valores son INVERTED, para indicar que se aplique cuando los colores estén invertidos y, NONE, para indicar que se aplique cuando los colores se muestran normalmente.

```
@media (inverted-colors: inverted){
    /* Reglas CSS aplicables cuando los colores están invertidos */
}

@media (inverted-colors: none){
    /* Reglas CSS aplicables cuando los colores NO están invertidos */
}
```

▼ **MONOCHROME**: indica que las reglas contenidas en la consulta de medios deberán aplicarse cuando el dispositivo sea monocromo. Sus posibles valores son 0, para indicar que se aplique cuando NO es monocromo, o "vacío", para indicar que se aplique cuando sí lo es.

```
@media (monochrome: 0){
    /* Reglas CSS aplicables cuando no es monocromo */
}

@media (monochrome){
    /* Reglas CSS aplicables cuando es monocromo */
}
```

▼ **ORIENTATION**: indica que las reglas contenidas en la consulta de medios deberán aplicarse cuando el dispositivo tenga establecida una orientación de pantalla determinada. Sus posibles valores son PORTRAIT, para indicar que se aplique cuando el dispositivo está en posición vertical, lo que equivale a decir, cuando la anchura es menor que la altura y, LANDSCAPE para indicar que se aplique cuando el dispositivo está en horizontal, es decir, el caso contrario.

```
@media (orientation: landscape){
    /* Reglas CSS aplicables cuando el dispositivo está en horizontal
*/
}


@media (orientation: portrait){
    /* Reglas CSS aplicables cuando el dispositivo está en vertical */
}
```

▶ **POINTER**: indica que las reglas contenidas en la consulta de medios deberán aplicarse cuando el dispositivo disponga de un dispositivo señalador (o de tipo puntero) considerado primario y tenga una precisión determinada. Sus posibles valores son FINE, para indicar que el dispositivo señalador es de alta precisión, COARSE, que indica que el dispositivo señalador es de precisión limitada o, NONE, que indica que no hay dispositivo señalador.

```
@media (pointer: coarse){
    /* Reglas CSS aplicables cuando el dispositivo es de baja preci-
sión */
}

@media (pointer: fine){
    /* Reglas CSS aplicables cuando el dispositivo es de alta preci-
sión */
}

@media (pointer: none){
    /* Reglas CSS aplicables cuando no hay dispositivo señalador */
}
```

▶ **RESOLUTION**: indica que las reglas contenidas en la consulta de medios deberán aplicarse cuando la densidad en píxeles del dispositivo se corresponda con el valor indicado. Como sus análogas, posee dos variaciones que permiten controlar los valores máximo y mínimo a través de los prefijos MAX- y MIN-.

```
@media (resolution: 100dpi){
/* Reglas CSS aplicables cuando la densidad es 100 píxeles */
}

@media (min-resolution: 72dpi){
```

```
/* Reglas CSS aplicables cuando la densidad es, como minimo, 72 píxe-
les */
}

@media (max-resolution: 300dpi){
/* Reglas CSS aplicables cuando la densidad es, como minimo, 300 píxe-
les */
}
```

▻ **WIDTH**: indica que las reglas contenidas en la consulta de medios deberán aplicarse cuando la anchura del dispositivo de salida se corresponda con el valor indicado. Como sus análogas, posee dos variaciones que permiten controlar los valores máximo y mínimo a través de los prefijos MAX- y MIN-.

```
@media (width: 32vw){
    /* Reglas CSS aplicables para estas circunstancias */
}

@media (min-width: 64vw){
    /* Reglas CSS aplicables para estas circunstancias */
}

@media (max-width: 96vw){
    /* Reglas CSS aplicables para estas circunstancias */
}
```

5.7 FUNCIONES

A continuación, se muestra una descripción, más o menos detallada, de las funciones CSS más frecuentemente utilizadas en páginas web, a excepción de las funciones de filtro y transformaciones que se verán en un capítulo dedicado más adelante.

5.7.1 Funciones de pseudo-elementos

5.7.1.1 FUNCIÓN ATTR

El término ATTR es la abreviatura de ATTRIBUTE y tiene como objetivo devolver el valor descrito por el atributo indicado. Es muy frecuente utilizarlo para mostrar datos guardados en atributos personalizados DATA.

Ejemplo:

```
div::before { content: attr(data-value); }
```

Cabe destacar que, aunque esta función resulta ser experimental y sólo es posible utilizarla en la propiedad CONTENT de los pseudo-elementos ::BEFORE y ::AFTER, puede llegar a ofrecer muchas funcionalidades y/o posibilidades.

5.7.1.2 FUNCIÓN COUNTER

La función COUNTER permite recuperar el valor actual de un contador CSS. Aunque los contadores CSS pueden considerarse variables CSS, su manipulación se realiza de forma muy distinta. Esta manipulación se realiza a través de las propiedades COUNTER-RESET y COUNTER-INCREMENT, las cuales permiten reiniciar una variable y e incrementar su valor, respectivamente.

```
ul.falso-ol    { counter-reset: indice;}
ul.falso-ol li { counter-increment: indice; }
```

Los contadores CSS pueden ser muy útiles cuando se desea representar una lista de objetos que utilizan una estructura que no está basada en listas de HTML. Por ejemplo, podría darse el caso de que se quisiera presentar un listado construido a partir de elementos gramáticos ARTICLE en donde, cada uno de ellos tiene definido una imagen, un título, un texto introductorio y un enlace.

La forma de utilizar la función COUNTER es la siguiente:

Ejemplo:

```
ul.falso-ol li::before { content: counter(indice); }
```

5.7.2 Funciones de cálculo

5.7.2.1 FUNCIÓN CALC

El término CALC es la abreviatura de CALCULATE y tiene como objetivo realizar operaciones matemáticas como sumas, restas, multiplicaciones y divisiones. Puede resultar muy interesante en aquellas ocasiones en donde el control del espacio disponible es muy complejo o cuando se desea que tenga una proporción determinada. No obstante, el segundo operando siempre debe ser en píxeles, em o rem.

```
div     { width: calc(100% - 20px); }
section { height: calc(50% - 16px); }
article { top: calc(50% - 16px); }
```

```
header   { left: calc(2% - 2px); }
aside    { right: calc(5% - 0.5em); }
span     { bottom: calc(100% - 2em); }
nav      { border-width: calc(100% - 2em); }
ol       { border-radius: calc(50% - 10px); }
ul       { padding-top: calc(50% - 32px); }
dt       { margin-left: calc(25% - 1px); }
```

Entre las peculiaridades que presenta esta función, cabe destacar que, todos sus operandos deben llevar asociada una unidad de medida junto al valor y que deben estar separados del operando mediante un espacio.

5.7.3 Funciones gráficas

5.7.3.1 FUNCIÓN LINEAR-GRADIENT

La función LINEAR-GRADIENT tiene como objetivo crear transiciones suaves y progresivas a lo largo de una línea que viene definida a través de una dirección o ángulo entre dos o más colores separados por coma. Las transiciones lineales, también conocidas como degradados o gradientes lineales, pueden utilizarse en las propiedades BACKGROUND, BACKGROUND-IMAGE, BORDER-IMAGE y LIST-STYLE-IMAGE.

Para establecer los posibles valores de ángulo o dirección, CSS dispone de varias posibilidades. Una de ellas es especificar el lado o esquina desde donde empezará la transición. Esto es posible realizarlo a través de la palabra clave TO, seguida de una de las palabras clave LEFT, TOP, RIGHT o BOTTOM.

```
div { background-image: linear-gradient(to right, black, transparent); }
```

Otra de las formas se definir la dirección o ángulo es a través de una de las unidades de medida de ángulos que maneja CSS. Esto es:

- ▶ **DEG**: unidad de medida que representa un valor en grados. Sus posibles valores van de 0 a 360 con cualquier valor decimal.

- ▶ **GRAD**: unidad de medida que representa un valor en grados centesimales. Sus posibles valores van de 0 a 400 con cualquier valor decimal.

- ▶ **RAD**: unidad de medida que representa un valor en radianes. Sus posibles valores van desde 0 a 2π (aproximadamente 6.283184), o múltiplos de este.

- ▶ **TURN**: unidad de medida que representa un valor en número de vueltas. Sus posibles valores van de 0 a 1 con cualquier valor decimal.

EQUIVALENCIA	DEG	GRAD	TURN	RAD
	0	0	0	0
	90	100	0.25	1.5708
	180	200	0.50	3.1416
	270	300	0.75	4.7124

Si nos fijamos en la tabla anterior, podremos ver que todas las unidades de medida avanzan en el sentido de las agujas de un reloj. Por tanto, si lo que se desea es avanzar en sentido contrario, los valores deberán ser negativos.

```
div { border-image: linear-gradient(45deg, black, transparent); }
div { border-image: linear-gradient(50grad, black, transparent); }
div { border-image: linear-gradient(0.125turn, black, transparent); }
div { border-image: linear-gradient(0.7854rad, black, transparent); }
```

Por último, sólo destacar que el parámetro de dirección o ángulo es opcional y que, de omitirse, el degradado será vertical de arriba hacia abajo.

5.7.3.2 FUNCIÓN REPEATING-LINEAR-GRADIENT

La función REPEATING-LINEAR-GRADIENT tiene como objetivo crear transiciones repetitivas de tipo lineal entre dos o más colores. Al igual que la función LINEAR-GRADIENT, este tipo de transiciones o degradados es posible utilizarlos en las propiedades BACKGROUND, BACKGROUND-IMAGE, BORDER-IMAGE y LIST-STYLE-IMAGE.

La única diferencia que añade en sus sintaxis es que usa un parámetro adicional que indica el espacio o tamaño al que se debe aplicar. Estos valores pueden ser establecidos en cualquiera de las unidades de medida de longitud permitidas por CSS.

```
div {
    background-image: repeating-linear-gradient(
        45deg,
        black 45px, transparent 47px, gray 60px);
}

/* El resultado debería ser algo como: */
```

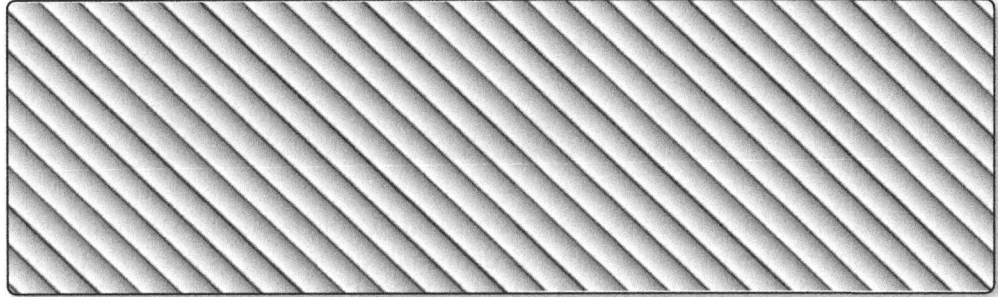

5.7.3.3 FUNCIÓN RADIAL-GRADIENT

La función RADIAL-GRADIENT tiene como objetivo crear transiciones suaves y progresivas circulares o elípticas, a partir de un centro, una posición y un contorno, entre dos o más colores. Este tipo de transiciones o degradados es posible utilizarlos en las propiedades BACKGROUND, BACKGROUND-IMAGE, BORDER-IMAGE y LIST-STYLE-IMAGE.

Los degradados radiales crean, por tanto, una transición que empieza en un punto central situado en una posición concreta y a lo largo y ancho del elemento contenedor. Al igual que sucede con su variante LINEAR-GRADIENT, los valores se separan a través de comas.

Las transiciones radiales se alimentan de tres parámetros, aunque no dispone de límite. La forma y posición, color y tamaño para el punto de inicio y color y tamaño para el punto de parada. Los siguientes parámetros serán los siguientes puntos de parada.

Si, en el parámetro primer parámetro, se omite la forma y posición, la transición que se asignará al elemento será en base a las proporciones del elemento contenedor, es decir, si el elemento es cuadrado, el degradado será circular, pero si el elemento tiene forma rectangular, el degradado será elíptico.

```
div { background: radial-gradient(
                #FFFFFF 5px, #CCCCCC 50px,
                #AAAAAA 100px, #000000 200px); }


/* El resultado debería ser algo como: */
```

Si, en el parámetro primer parámetro, se omite sólo la posición, la transición que se asignará al elemento será la que se defina por parámetro, es decir, CIRCLE, ELLIPSE, CLOSEST-CORNER, FARTHEST-CORNER, CLOSEST-SIDE o FARTHEST-SIDE, pero la transición o degradado comenzará en el punto central del elemento contenedor.

Si, en el parámetro primer parámetro, se especifican tanto la forma, como la posición, la transición que se asignará al elemento será la que se defina por su parámetro forma, es decir, CIRCLE, ELLIPSE, CLOSEST-CORNER, FARTHEST-CORNER, CLOSEST-SIDE o FARTHEST-SIDE, y empezando en el punto indicado por la palabra clave AT.

```
div { background: radial-gradient(
                ellipse at 0 0,
                #FFFFFF 5px,
                #CCCCCC 50px,
                #AAAAAA 100px,
                #000000 200px); }


/* El resultado debería ser algo como: */
```

```
div { background: radial-gradient(
                  ellipse farthest-corner at 200px 40px,
                  #FFFFFF 5px,
                  #CCCCCC 50px,
                  #AAAAAA 100px,
                  #000000 200px); }


/* El resultado debería ser algo como: */
```

5.7.3.4 FUNCIÓN REPEATING-RADIAL-GRADIENT

La función REPEATING-LINEAR-GRADIENT tiene como objetivo crear transiciones repetitivas de tipo radial entre dos o más colores. Al igual que la función RADIAL-GRADIENT, este tipo de transiciones o degradados es posible utilizarlos en las propiedades BACKGROUND, BACKGROUND-IMAGE, BORDER-IMAGE y LIST-STYLE-IMAGE.

La única diferencia en sus sintaxis es que los degradados se van acumulando unos encima de otros en función de sus valores de tamaño, los cuales pueden ser establecidos en cualquiera de las unidades de medida de longitud permitidas por CSS.

```
div {
    background-image: repeating-radial-gradient(
                    closest-side,
                    #000000 5px, #888888 15px, #888000 25px);
}

/* El resultado debería ser algo como: */
```

5.7.3.5 FUNCIÓN CONIC-GRADIENT

La función CONIC-GRADIENT tiene como objetivo crear transiciones de tipo cónico entre dos o más colores. Al igual que sus análogas, este tipo de transiciones es posible utilizarla en las propiedades BACKGROUND, BACKGROUND-IMAGE, BORDER-IMAGE y LIST-STYLE-IMAGE.

Su sintaxis es idéntica a LINEAR-GRADIENT y su aplicación idéntica a RADIAL-GRADIENT, con la diferencia de que la transición se aplica con respecto a un cono.

```
div {
    background: conic-gradient(black, darkgray, gray, lightgray, white);
}

/* El resultado debería ser algo como: */
```

```
div { background: conic-gradient( black 0deg, #333 0deg 10deg, #666 10deg 20deg,
#999 40deg 120deg, #ccc 120deg 200deg, white 400deg); }

/* El resultado debería ser algo como: */
```

5.8 HACKS

El término hack significa "corte" o "hachazo" y en CSS se usa para discernir el agente de usuario que ejecuta la página o aplicación web. La distinción del agente de usuario se realiza a partir de un prefijo de codificación que se suele corresponder con el motor que utiliza y/o su versión.

El objetivo de esta distinción es aplicar un marcado CSS específico para conseguir que los documentos o páginas web se vean exactamente igual, independientemente del navegador o herramienta de asistencia que se utilice.

ⓘ NOTA

Que una página web pueda funcionar correctamente, independientemente del agente de usuario que utilice el usuario, es a lo que se refieren los diseñadores y maquetadores cuando suelen hacer referencia al concepto de Cross Browsing.

Aunque existen multitud de hacks o prefijos, en el mundo web únicamente se suelen utilizar cuatro.

- **-MS-**: es el prefijo que aplica a Microsoft Internet Explorer.

- **-MOZ-**: es el prefijo que aplica a Firefox y navegadores basados en Gecko.

- **-O-**: es el prefijo que aplica a Opera.

- **-WEBKIT-**: es el prefijo que aplica a Chrome Safari y navegadores basados en Webkit y/o Blink.

Cabe destacar que sólo existen unas pocas propiedades que admitan estos prefijos y que conocerlas y recordarlas puede ser algo complicado si no se usan con cierta frecuencia, pero, por suerte, todas ellas están descritas en la página de W3SCHOOLS - CSS3 SOPORTE A NAVEGADORES:

https://www.w3schools.com/cssref/css3_browsersupport.asp.

CSS Reference With Browser Support

The table below lists all CSS properties and how each property is supported in the different browsers:

The number to the right of the browser icon indicates in which browser version the property was first supported.

Property	Edge	Firefox	Chrome	Safari	Opera
A					
align-content	11	28	21	9	12.1
align-items	11	20	21	9	12.1
align-self	11	20	21	9	12.1
all		27	37		24
animation	10	16	43	9	30

Captura de W3Schools.

También es importante aclarar que, aunque los hacks suelen hacer referencia a declaraciones específicas basadas en estos prefijos, también pueden hacer referencia a consultas de medios que sólo interpreta un agente de usuario determinado. A continuación, se muestran las más utilizadas, sin embargo, existen gran cantidad de variaciones y combinaciones.

Todas ellas pueden consultarse en *http://browserhacks.com/*.

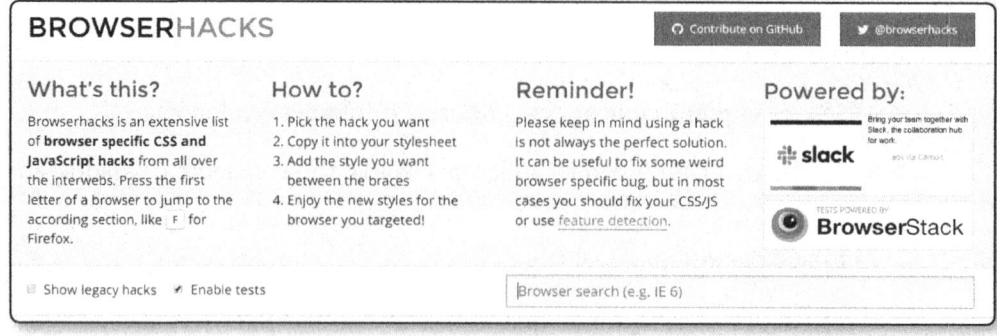

Captura de BrowserHacks.

```
/* Firefox CSS hacks */
@media screen and (min--moz-device-pixel-ratio:0) {} {
    /* Reglas únicamente para Firefox 4 o superior */
}

/* Chrome CSS hacks */
@media screen and (-webkit-min-device-pixel-ratio:0) {
    /* Reglas únicamente para Chrome 29 o superior */
}

/* Opera CSS hacks */
@media (min-resolution: .001dpcm) {
    /* Reglas únicamente para Opera 12 o superior */
}

/* Safari CSS hacks */
@media \\0 screen {
    /* Reglas únicamente para Safari 7 o superior */
}

/* Internet Explorer y Edge CSS hacks */
@media screen and (-ms-high-contrast: active), (-ms-high-contrast: none) {
    /* Reglas únicamente para IE 10 o superior y Edge */
}
```

5.9 SELECTORES

A continuación, se muestra una descripción, más o menos detallada, con los selectores CSS más frecuentemente utilizados en documentos y páginas web.

5.9.1 Simples y combinados

5.9.1.1 SELECTOR UNIVERSAL

El carácter "asterisco" es un selector universal que selecciona todos los elementos del documento.

Ejemplo: aplicar a todos los elementos un color negro.

```
* { color: black; }
```

5.9.1.2 SELECTOR DE TIPO

Permite seleccionar todos los elementos que se correspondan con un nombre de etiqueta HTML.

Ejemplo: aplicar a todos los elementos DIV del documento un color de borde verde.

```
div            { border-color: #00FF00; }
```

5.9.1.3 SELECTOR DE CLASE O PUNTO

El carácter "punto" selecciona todos los elementos que tengan como clase el identificador indicado detrás del punto.

Ejemplo: aplicar a todos los elementos que contengan la clase "items-group" un color negro.

```
.items-group { color: #000; }
```

5.9.1.4 SELECTOR DE ID O ALMOHADILLA

El símbolo "almohadilla" permite seleccionar el elemento que tenga como ID el identificador indicado detrás de la almohadilla. Aunque no provoca error que haya dos elementos con el mismo ID, es importante controlarlo para no obtener resultados imprevisibles.

Ejemplo: aplicar al elemento "banner" un color de fondo negro y un color textual en blanco.

```
#banner        { background: black; color: white; }
```

5.9.1.5 SELECTOR ESPACIO

El carácter "espacio" permite seleccionar todos los elementos que estén contenidos en los elementos que se correspondan con el selector previamente declarado.

Ejemplo: aplicar a todos los elementos P que estén dentro de elementos DIV un tamaño de fuente de 14 píxeles.

```
div p          { font-size: 14px; }
```

5.9.1.6 SELECTOR COMA

El carácter "coma" permite seleccionar todos los elementos que resulten de combinar los selectores de forma independiente.

Ejemplo: aplicar a todos los elementos DIV y SPAN del documento un color rojo.

```
div, span           { color: red; }
```

5.9.1.7 SELECTOR MAYOR QUE

El símbolo "mayor que" permite seleccionar todos los elementos que estén contenidos en los elementos que se correspondan con el selector previamente declarado y que sean hijos directos.

Ejemplo: aplicar a los hijos P directos de elementos DIV un ancho del 100%.

```
div > p           { width: 100%; }
```

5.9.1.8 SELECTOR SUMA

El símbolo "suma" permite seleccionar todos los elementos que resulten del selector de la derecha y que estén declarados justo después del de los elementos seleccionados por el selector predecesor.

Ejemplo: aplicar a los elementos BUTTON que estén definidos justo después de un elemento INPUT un borde de 2 píxeles con estilo sólido y color gris.

```
input + button { border: 2px solid gray; }
```

5.9.1.9 SELECTOR VIRGULILLA

Permite seleccionar todos los elementos que sean hermanos del elemento previamente declarado.

Ejemplo: aplicar a todos los elementos LABEL que tengan como hermano a un elemento DIV un color de borde verde.

```
div ~ label           { border-color: #00FF00; }
```

5.9.1.10 SELECTOR [ATRIBUTO]

Permite seleccionar los elementos que tengan definido el atributo establecido entre corchetes.

Ejemplo: aplicar a todos los elementos SPAN que tengan establecido el atributo ROLE a un ancho del 100%.

span[role]   { width: 100%; }

5.9.1.11 SELECTOR [ATRIBUTO=VALOR]

Permite seleccionar los elementos que tengan definido el atributo establecido entre corchetes y cuyo valor sea el "valor" indicado.

Ejemplo: aplicar a todos los elementos INPUT de tipo imagen del documento una altura de 32 píxeles.

```
input[type="image"]      { height: 32px; }
```

5.9.1.12 SELECTOR [ATRIBUTO^=VALOR]

Permite seleccionar los elementos que tengan definido el atributo establecido entre corchetes y cuyo valor empiece por el "valor" indicado.

Ejemplo: aplicar a todos los elementos INPUT que empiecen la definición del atributo CLASS con el patrón FORM una altura de 32 píxeles.

```
input[class^="form"] { height: 32px; }
```

Esto seleccionaría, por ejemplo, todos los elementos que tengan el atributo CLASS establecido a FORM-GROUP, FORM-CONTROL, pero no ACTION-FORM.

5.9.1.13 SELECTOR [ATRIBUTO*=VALOR]

Permite seleccionar los elementos que tengan definido el atributo establecido entre corchetes y cuyo valor contengan el "valor" indicado.

Ejemplo: aplicar a todos los elementos INPUT que contengan en el atributo CLASS el patrón FORM una altura de 32 píxeles.

```
input[class*="form"] { height: 32px; }
```

Esto seleccionaría, por ejemplo, todos los elementos que tengan el atributo CLASS establecido a FORM-GROUP, FORM-CONTROL y ACTION-FORM.

5.9.1.14 SELECTOR [ATRIBUTO$=VALOR]

Permite seleccionar los elementos que tengan definido el atributo establecido entre corchetes y cuyo valor termine por el "valor" indicado.

Ejemplo: aplicar a todos los elementos INPUT que terminen la definición del atributo CLASS con el patrón FORM una altura de 32 píxeles.

```
input[class$="form"] { height: 32px; }
```

Esto seleccionaría, por ejemplo, todos los elementos que tengan el atributo CLASS establecido a ACTION-FORM, pero no FORM-CONTROL y FORM-GROUP.

5.9.2 Pseudo-clases

Las pseudo-clases son un tipo de selector que tiene CSS y que sirven para dar funcionalidad a los elementos en función de su estado. A continuación, se explican la mayoría de ellas.

5.9.2.1 SELECTOR :ACTIVE

Permite seleccionar todos los elementos de tipo enlace que estén activos.

Ejemplo: aplicar a todos los elementos A activos un color de texto azul.

```
a:active { color: #003366; }
```

5.9.2.2 SELECTOR :CHECKED

Permite seleccionar todos los elementos de tipo RADIO, CHECKBOX u OPTION que estén chequeados o conmutados, es decir, que los elementos de tipo RADIO, CHECKBOX tengan establecida la propiedad CHECKED o que los elementos OPTION de un elemento SELECT tengan establecida la propiedad SELECTED.

Ejemplo: aplicar a todos los elementos RADIO chequeados un color de fondo negro.

```
input[type="radio"]:checked { background: #000; }
```

```
RADIO                                                     RESULTADO
    (•) Sí
    ( ) No
CHECKBOX
    [■] Acepta los Términos de uso
    [■] Acepta la Política de Privacidad
    [ ] Quiero recibir ofertas y novedades en mi correo personal
SELECT
    OPTION
    OPTION SELECTED
```

Cabe destacar que, aunque puede no afectar, cuando se desea crear un sitio totalmente accesible no es recomendable cambiar el aspecto de los RADIO, CHECKBOX u OPTION.

5.9.2.3 SELECTOR :DISABLE

Permite seleccionar todos los elementos que estén deshabilitados, es decir, que tengan establecida la propiedad DISABLED.

Ejemplo: aplicar a los elementos INPUT deshabilitados un color de fondo gris claro con texto gris oscuro.

```
input:disabled{ background: #eee; color: #999; }
```

5.9.2.4 SELECTOR :EMPTY

Permite seleccionar todos los elementos que estén totalmente vacíos, es decir, que no tengan ni espacios, ni texto, ni hijos.

Ejemplo: aplicar a los elementos SPAN que estén vacíos con un color de fondo negro con borde blanco.

```
span:empty{ background: #000; border: 1px solid #fff; }
```

```
UL                                                        RESULTADO
    <LI></LI>
    <LI>
        <input ... />
    </LI>
```

5.9.2.5 SELECTOR :ENABLE

Permite seleccionar todos los elementos que estén habilitados, es decir, que no tengan establecida la propiedad DISABLED.

Ejemplo: aplicar a los elementos INPUT no deshabilitados un color de fondo negro con borde blanco.

```
input:enabled{ background: #000; border: 1px solid #fff; }
```

5.9.2.6 SELECTOR :FIRST-CHILD

Permite seleccionar los elementos que sean el primer descendiente del elemento especificado. Si no indica elemento, se seleccionan todos los primeros descendientes.

Ejemplo: Supongamos una lista desordenada UL con cinco elementos LI y que lo que se desea es aplicar un estilo de negrita al primer elemento de cada elemento UL. Lo que se podría hacer es:

```
ul li:first-child { font-weight: bold; }
```

UL	RESULTADO
Elemento 1	
Elemento 2	
Elemento 3	
Elemento 4	
Elemento 5	

5.9.2.7 SELECTOR :FIRST-OF-TYPE

Permite seleccionar los elementos que sean el primer descendiente del elemento y tipo (nombre de etiqueta) especificado. Si no indica elemento, se seleccionan todos los primeros descendientes.

La diferencia entre :FIRST-CHILD y :FIRST-OF-TYPE es que :FIRST-OF-TYPE seleccionará aquellos elementos que puede que no sean el primer elemento del elemento padre, es decir, puede que el elemento P sea el número dos o más del elemento padre, pero es el primero de ese tipo.

Ejemplo: Supongamos un contenedor DIV con cinco elementos dispuestos como [P, SPAN, P, P, SPAN] y que lo que se desea es aplicar un estilo de negrita al primer elemento de tipo SPAN. Lo que se podría hacer es:

```
div span:first-of-type { font-weight: bold; }
```

```
DIV                                                    RESULTADO
    Elemento P
    Elemento SPAN
    Elemento P
    Elemento P
    Elemento SPAN
```

5.9.2.8 SELECTOR :FOCUS

Permite seleccionar el elemento que posea el foco de teclado.

Ejemplo: aplicar a todos los elementos INPUT, BUTTON y A que posean el foco un color de texto blanco con fondo azul.

```
a:focus,
input:focus,
button:focus      { background: #003366; color: #FFFFFF; }
```

5.9.2.9 SELECTOR :HOVER

Permite seleccionar todos los elementos que estén por dentro del elemento por el que se pasa el puntero del ratón.

Ejemplo: aplicar a todos los elementos INPUT, BUTTON y A un color de texto blanco con fondo azul cuando se pasa el ratón por encima.

```
a:hover, input:hover, button:hover { background: #003366; color: #FFFFFF; }
```

5.9.2.10 SELECTOR :INVALID

Permite seleccionar todos los elementos que no pasen la validación requerida por HTML5.

El selector :INVALID sólo funciona cuando los elementos tienen alguna limitación como que sea requerido, que tenga un mínimo o máximo establecido o que sea de un campo de tipo especial como el email o number. Por tanto, si un elemento INPUT tiene el atributo REQUIRED establecido y se define una regla que contemple esta pseudo-clase, se aplicará de manera automática.

Ejemplo: aplicar a los elementos INPUT que no sean válidos un color de fondo rojo puro.

```
input:invalid { background: red; }
```

5.9.2.11 SELECTOR :LAST-CHILD

Permite seleccionar los elementos que sean el último descendiente del elemento especificado. Si no indica elemento, se seleccionan todos los últimos descendientes.

Ejemplo: supongamos una lista desordenada UL con cinco elementos LI y que lo que se desea es aplicar un estilo de negrita al último elemento de cada elemento UL. Lo que se podría hacer es:

```
ul li:last-child { font-weight: bold; }
```

```
Elemento 1                                                    RESULTADO
Elemento 2
Elemento 3
Elemento 4
Elemento 5
```

5.9.2.12 SELECTOR :LAST-OF-TYPE

Permite seleccionar los elementos que sean el último descendiente del elemento y tipo (nombre de etiqueta) especificado. Si no indica elemento, se seleccionan todos los últimos descendientes.

La diferencia entre :LAST-CHILD y :LAST-OF-TYPE es que :LAST-OF-TYPE seleccionará aquellos elementos que puede que no sean el último elemento del elemento padre, es decir, puede que el elemento P sea el penúltimo o uno anterior del elemento padre, pero es el último de ese tipo.

Ejemplo: Supongamos un contenedor DIV con cinco elementos dispuestos como [P, SPAN, P, P, SPAN] y que lo que se desea es aplicar un estilo de negrita al último elemento de tipo P. Lo que se podría hacer es:

```
div p:last-of-type { font-weight: bold; }
```

```
DIV                                                           RESULTADO
    Elemento P
    Elemento SPAN
    Elemento P
    Elemento P
    Elemento SPAN
```

5.9.2.13 SELECTOR :LINK

Permite seleccionar todos los elementos de tipo enlace no visitados.

Ejemplo: aplicar a todos los elementos A no visitados un color de texto rojo y sin subrayado.

```
a:link {
    color: red;
    text-decoration: none;
}
```

Cabe destacar que, por temas de accesibilidad, no es recomendable cambiar el aspecto de los enlaces, aunque esta acción no se realice casi nunca.

5.9.2.14 SELECTOR :OPTIONAL

Permite seleccionar todos los elementos de tipo INPUT, SELECT y TEXTAREA que sean opcionales, es decir, que no tengan establecido la propiedad REQUIRED.

Ejemplo: aplicar a todos los elementos INPUT de tipo texto opcionales un color de fondo dorado y texto negro.

```
input:optional { background: gold; color: #000; }
```

5.9.2.15 SELECTOR :ONLY-CHILD

Permite seleccionar los elementos que sean el único descendiente entre los elementos del mismo nivel.

Ejemplo: Supongamos dos listas desordenada UL, una con un único elemento LI y otra con dos elementos LI. Lo que se desea es aplicar un estilo de negrita a la lista que sólo tienen un único hijo. Lo que se podría hacer es:

```
ul li:only-child { font-weight: bold; }
```

```
Lista 1                                         RESULTADO
    Elemento 1
Lista 2
    Elemento 1
    Elemento 2
```

5.9.2.16 SELECTOR :ONLY-OF-TYPE

Permite seleccionar los elementos que sean el único descendiente de ese tipo o nombre de etiqueta entre los elementos del mismo nivel.

Ejemplo: Supongamos dos contenedores DIV, ambos con único elemento, pero en uno el hijo es un elemento SPAN y, en el otro, es un elemento P. Lo que se desea es aplicar un estilo de negrita al elemento del contenedor que sólo tenga un único hijo y que sea de tipo SPAN. Lo que se podría hacer es:

```
div span:only-of-type { font-weight: bold; }
```

```
DIV                                                                                    RESULTADO
      SPAN
DIV
    P
```

5.9.2.17 SELECTOR :NOT(SELECTOR)

Permite seleccionar todos los elementos que NO coincidan con el selector indicado entre paréntesis.

Ejemplo: aplicar a todos los elementos que sean A un color de texto azul y, para aquellos que no sean A un color de texto negro.

```
a         { color: blue; }
*:not(a) { color: black; }
```

Cabe destacar que el valor dentro de los paréntesis puede ser cualquier selector de los anteriores, es decir, puede ser una etiqueta, una clase, un identificador, una pseudo-clase, un pseudo-elemento o una combinación de ellos.

5.9.2.18 SELECTOR :NTH-CHILD(N)

Permite seleccionar los elementos que sean el número de descendiente indicado por el valor de N, empezando por 1.

Cuando se trabaja con este selector, se pueden utilizar valores de palabra clave (también llamados valores predefinidos) y de notación funcional (también llamados valores calculados). Los valores de palabra clave son las palabras reservadas EVEN y ODD, que representan a los valores pares e impares respectivamente.

Los valores de notación funcional, utilizan el formato de expresión AN + B, que representa la serie de valores que resultan de multiplicar un factor N por A y sumarle el valor de B. Dicho de otro modo, el valor del patrón AN + B representa a los elementos que resulten de realizar la división entera de A más el offset entero B. Por tanto, el patrón 2N simboliza todos los elementos pares y, 3N+1, simboliza los elementos que estén definidos en las posiciones 1, 4, 7, ...

Ejemplo: Supongamos una lista desordenada UL con cinco elementos LI y que lo que se desea es aplicar un estilo de negrita al tercer elemento de cada elemento UL. Lo que se podría hacer es:

```
li:nth-child(3) { font-weight: bold; }
```

Elemento 1	RESULTADO
Elemento 2	
Elemento 3	
Elemento 4	
Elemento 5	

5.9.2.19 SELECTOR :NTH-LAST-CHILD(N)

Permite seleccionar los elementos que sean el número de ascendiente indicado por el valor de N empezando desde el final y con el valor 1.

A modo aclaratorio, el valor de N igual a 1 se corresponderá con el último descendiente del elemento padre, el valor de N igual a 2, se corresponderá con el penúltimo descendiente, y así sucesivamente.

Cuando se trabaja con este selector, se pueden utilizar valores de palabra clave (también llamados valores predefinidos) y de notación funcional (también llamados valores calculados). Los valores de palabra clave son las palabras reservadas EVEN y ODD, que representan a los valores pares e impares respectivamente.

Los valores de notación funcional, utilizan el formato de expresión AN + B, que representa la serie de valores que resultan de multiplicar un factor N por A y sumarle el valor de B. Dicho de otro modo, el valor del patrón AN + B representa a los elementos que resulten de realizar la división entera de A más el offset entero B. Por tanto, el patrón 2N simboliza todos los elementos pares y, 3N+1, simboliza los elementos que estén definidos en las posiciones 1, 4, 7, ...

Ejemplo: Supongamos una lista desordenada UL con cinco elementos LI y que lo que se desea es aplicar un estilo de negrita al penúltimo elemento de cada elemento UL. Lo que se podría hacer es:

```
li:nth-last-child(2) { font-weight: bold; }
```

```
Elemento 1                                                  RESULTADO
Elemento 2
Elemento 3
Elemento 4
Elemento 5
```

5.9.2.20 SELECTOR :NTH-LAST-OF-TYPE(N)

Selecciona los elementos que sean del tipo especificado y cuya posición sea el valor indicado por N empezando desde el final, con el valor 1.

A modo aclaratorio, el valor de N igual a 1 se corresponderá con el último descendiente del elemento padre que tenga ese tipo (nombre de etiqueta), que no tiene por qué ser el último descendiente.

Cuando se trabaja con este selector, se pueden utilizar valores de palabra clave (también llamados valores predefinidos) y de notación funcional (también llamados valores calculados). Los valores de palabra clave son las palabras reservadas EVEN y ODD, que representan a los valores pares e impares respectivamente.

Los valores de notación funcional, utilizan el formato de expresión AN + B, que representa la serie de valores que resultan de multiplicar un factor N por A y sumarle el valor de B. Dicho de otro modo, el valor del patrón AN + B representa a los elementos que resulten de realizar la división entera de A más el offset entero B. Por tanto, el patrón 2N simboliza todos los elementos pares y, 3N+1, simboliza los elementos que estén definidos en las posiciones 1, 4, 7, …

Ejemplo: Supongamos un contenedor DIV con cinco elementos dispuestos como [P, SPAN, P, P, SPAN] y que lo que se desea es aplicar un estilo de negrita al penúltimo elemento de tipo P. Lo que se podría hacer es:

```
div p:nth-last-of-type(2) { font-weight: bold; }
```

```
DIV                                                         RESULTADO
    Elemento P
    Elemento SPAN
    Elemento P
    Elemento P
    Elemento SPAN
```

5.9.2.21 SELECTOR :READ-ONLY

Permite seleccionar todos los elementos que tengan el atributo READONLY establecido entre sus atributos HTML, es decir, que sean de sólo lectura.

Ejemplo: aplicar a todos los elementos INPUT que sean de sólo lectura un color de fondo lima.

```
span:read-only { background: lime; }
```

5.9.2.22 SELECTOR :REQUIRED

Permite seleccionar todos los elementos que tengan el atributo REQUIRED establecido entre sus atributos HTML, es decir, que tengan un carácter obligatorio.

Ejemplo: aplicar a todos los elementos INPUT que sean requeridos u obligatorios y sean inválidos un color de fondo naranja.

```
span:invalid:required { background: orange; }
```

5.9.2.23 SELECTOR :ROOT

Permite seleccionar el elemento raíz del documento, al igual que el elemento HTML, pero con la diferencia de que, la pseudo-clase :ROOT tiene mucho más peso y relevancia. Por ejemplo, mientras que el selector HTML no se suele utilizar para definir variables CSS, la pseudo-clase :ROOT sí.

Ejemplo: definir una variable bg-color que contenga el color rojo para que pueda ser utilizada por todas las reglas declaradas en el documento.

```
:root { --bg-color: #F00; }
```

5.9.2.24 SELECTOR :TARGET

Las direcciones o URL que comienzan con una almohadilla representan un identificador de anclaje a un determinado elemento dentro de un documento. Cuando el usuario pulsa en un elemento A que posee un HREF con una almohadilla, se lanza un evento que pone el foco en el elemento que tiene ese ID. Cuando eso sucede se activa la pseudo-clase :TARGET.

Por tanto, la pseudo-clase :TARGET selecciona el elemento destino cuando el usuario pulsa en un elemento que vincula dicho elemento con el punto de anclaje.

Ejemplo: Imaginemos un elemento A que apunta a un DIV que posee el mismo ID que el referenciado por el atributo HREF y que está oculto por previa declaración de CSS.

```
<style>
    div { display: none }
</style>

<a href="#enlace">Enlace</a>
<div id="enlace">
    <h2>Enlace</h2>
    <p>Un contenido cualquiera</p>
</div>
```

Si ejecutásemos el código anterior en un navegador, lo que se vería es sólo el enlace y si pulsásemos en dicho enlace, no mostraría nada, únicamente provocaría una navegación hacia el punto de anclaje. Para hacerlo visible cuando se pulse el enlace podríamos recurrir a una funcionalidad en JavaScript, pero no, es más sencillo a través de la pseudo-clase :TARGET.

```
div:target { display: block; }
```

Ahora sí, si añadimos esta regla al código anterior, y pulsamos en el enlace, veremos que, además de provocar una navegación, se muestra el DIV con todo su contenido.

5.9.2.25 SELECTOR :VALID

Permite seleccionar todos los elementos que pasen la validación requerida por HTML5 y JavaScript.

El selector :VALID sólo funciona cuando los elementos tienen alguna limitación como que sea requerido, que tenga un mínimo o máximo establecido, que sea de un campo de tipo especial como el email o sólo numérico. Por tanto, si un elemento INPUT no tiene el atributo REQUIRED establecido, no realiza ningún otro tipo de validación, y se define una regla que contemple esta pseudo-clase, se aplicará de manera automática.

Ejemplo: aplicar a los elementos INPUT que sean válidos un color de fondo verde claro.

```
input:valid { background: lightgreen; }
```

5.9.2.26 SELECTOR :VISITED

Permite seleccionar todos los elementos de tipo enlace visitados.

Ejemplo: aplicar a todos los elementos A visitados un color de texto verde.

```
a:visited { color: green; }
```

Cabe destacar que, por temas de accesibilidad, no es recomendable cambiar el aspecto de los enlaces, aunque esta acción no se realice casi nunca.

5.9.3 Pseudo-elementos

Los pseudo-elementos son un tipo de selector que tiene CSS y que sirven para añadir estilos adicionales en una parte concreta del elemento. Es por ello por lo que se suele afirmar que, mientras que las pseudo-clases están vinculadas a los estados del elemento, los pseudo-elementos están vinculados al aspecto visual.

5.9.3.1 SELECTORES ::BEFORE Y ::AFTER

Prácticamente todos los elementos de CSS tienen tres capas de visualización superpuestas, la anterior, la seleccionada y la posterior. Mientras que la capa seleccionada es manipulable a través del propio elemento, la anterior y posterior son manipulables a través de los pseudo-elementos BEFORE y AFTER.

Se dice que los pseudo-elementos BEFORE y AFTER son el primer y último hijo del elemento, respectivamente, sin embargo, aunque sean hijos del elemento, no pertenecen al HTML. Por esta razón, cuando se desea insertar contenido en estas capas se debe recurrir a la propiedad CONTENT, para asignar contenido sin la intervención de HTML.

Aunque pueda parecer que no, el contenido de la propiedad CONTENT puede ser muy diverso. Permite la asignación de una cadena de texto (vacía o no), un código hexadecimal o Unicode, una palabra clave de CSS como OPEN-QUOTE o CLOSE-QUOTE, una función CSS o, incluso, una combinación de todos ellos. Por ejemplo, un uso muy frecuente para los pseudo-selectores BEFORE y AFTER es la asignación de una URL para mostrar un gráfico o icono.

A continuación, se muestran unos cuantos ejemplos:

```
.elemento::before    { content: ""; }
.card::before        { content: "\1F340"; }
button i::after      { content: url(./icono.png); }
```

```
.list::after          { content: counter(index); }
h2 span::before       { content: attr(data-value); }
div:lang(es)::before { content: open-quote; }


/* Combinación de funciones, palabras clave y strings */
div::after { content: open-quote " " attr(data-title) " " close-quote; }
```

5.9.3.2 SELECTOR ::FIRST-LETTER

Permite seleccionar la primera letra del contenido de cada elemento.

Ejemplo: aplicar a la primera letra de todos los elementos P un tamaño de fuente de 24 píxeles.

```
p:first-letter { font-size: 24px; }
```

> **① NOTA**
>
> Este pseudo-elemento sólo puede utilizar las propiedades referidas a la fuente, color de texto y fondo, márgenes, borde, y propiedades específicas TEXT-DECORATION, VERTICAL-ALIGN, TEXT-TRANSFORM, LINE-HEIGHT, FLOAT y CLEAR.

5.9.3.3 SELECTOR ::FIRST-LINE

Permite seleccionar la primera línea del contenido de cada elemento.

Ejemplo: aplicar a la primera línea de todos los elementos P un color textual negro con subrayado.

```
p:first-line { color: black; text-decoration: underline; }
```

> **① NOTA**
>
> Este pseudo-elemento sólo puede utilizar las propiedades referidas a la fuente, color de texto y fondo, márgenes, borde, y propiedades específicas TEXT-DECORATION, VERTICAL-ALIGN, TEXT-TRANSFORM, LINE-HEIGHT, FLOAT y CLEAR.

5.9.3.4 SELECTOR ::SELECTION

Permite definir un estilo específico para marcar el texto seleccionado.

Ejemplo: definir que el color de la selección de texto sea en color amarillo con fondo negro.

```
::selection { background: black; color: yellow; }
```

> **ⓘ NOTA**
>
> Este pseudo-elemento sólo puede utilizar las BACKGROUND, COLOR, CURSOR y OUTLINE. Además, para que se vuelva totalmente compatible con todos los navegadores se debe recurrir al uso de prefijos CSS o CSS Hacks para que este selector sea aplicado. En general, los tres más utilizados son -WEBKIT-, -MOZ- o -MS-.

5.9.3.5 SELECTOR ::PLACEHOLDER

Permite definir un estilo específico para los elementos que admiten el establecimiento del atributo PLACEHOLDER de HTML.

Ejemplo: definir que el color de la selección de texto sea en color amarillo con fondo negro.

```
::placeholder { background: black; color: yellow; }
```

> **ⓘ NOTA**
>
> Este pseudo-elemento sólo puede utilizar las BACKGROUND, COLOR, CURSOR y OUTLINE. Además, para que se vuelva totalmente compatible con todos los navegadores se debe recurrir al uso de prefijos CSS o CSS Hacks para que este selector sea aplicado. En general, los tres más utilizados son -WEBKIT-, -MOZ- o -MS-.

5.9.4 Especificidad de los selectores

La especificidad es la forma mediante la cual los agentes de usuario deciden que tiene más o menos relevancia o peso. Esto es una de las características que hará que una regla se aplique y sobrescriba a otras, aunque esté declarada antes.

Selector	Peso
Tipo	0
Pseudo-elementos	0
Clase	1
Atributo	1
ID	2
Atributo style	3
Palabra clave !important	4
Attributo style con !important dentro	5

Tanto el selector universal, como los combinadores (+, >, ~ o el espacio) y la pseudo-clase :NOT(), no tienen efectividad en lo que respecta a estos pesos, pero sí dentro de la definición de la pseudo-clase :NOT().

Cualquier declaración en línea sobre los elementos HTML sobrescribe los estilos definidos en las hojas de estilo internas o externas, a menos que, las reglas CSS tengan contenidas la palabra clave IMPORTANT.

Aunque, en principio, esta palabra clave no tiene nada que ver con la especificidad, sí que influye en ella anulando prácticamente toda posible herencia. Por esta razón, se ha puesto con el mayor peso en nuestra tabla.

También cabe destacar que, el uso de la palabra clave IMPORTANT no es una buena práctica a nivel de desarrollo profesional, primero porque rompe la estandarización de las reglas en cascada, segundo, porque dificulta la lectura y depuración del código y, tercero, pero no menos importante, porque puede provocar comportamientos no contemplados o deseados en el documento.

5.10 VARIABLES

Hasta no hace tanto, la utilización de variables era una de las limitaciones que presentaba CSS. Sin embargo, en el año 2015, eso empezó a cambiar.

La necesidad de poder definir variables viene ya desde las primeras incorporaciones web a nivel profesional. Si se piensa un poco, es muy frecuente encontrarse con valores repetidos en las hojas de estilo, pero no sólo a nivel de colores, también a otros niveles como puedan ser los márgenes, animaciones o transiciones.

Las variables CSS, más correctamente denominadas *propiedades personalizadas*, pueden ser establecidas o manipuladas por varios métodos, pero su alcance lo decide la característica de herencia.

Para definir una propiedad personalizada se debe utilizar el prefijo -- (doble guion), que le indica al agente de usuario que es una variable. La forma más frecuente de declarar ésta y otras variables es recurriendo a la pseudo-clase :ROOT:

```
:root { --background: whitesmoke; }
```

Si se define una propiedad personalizada dentro de la pseudo-clase :ROOT, podrá ser utilizado por todas las reglas CSS declaradas en el documento. Sin embargo, si se define una propiedad personalizada dentro de, por ejemplo, un selector DIV, podrá ser utilizado tanto por él y todos sus pseudo-elementos, pero no podrá ser utilizado por un LABEL.

```
div {
    background: var(--backcolor);
    color: var(--forecolor);
    padding: 5px;
    --forecolor: yellow;
    --backcolor: black;
}

div::before{
    content:"Texto en amarillo";
    position:relative;
    width: 100%;
    height: 100%;
    color: var(--backcolor);
    background: var(--forecolor);
}
```

Como se puede apreciar en la ilustración anterior, para utilizar dichas variables o propiedades personalizadas, se debe utilizar la función VAR().

Sin embargo, como hemos dicho anteriormente, no sólo es posible realizar la declaración de variables CSS a través de CSS. Esto se debe a que, esencialmente, las variables CSS se introducen el DOM del documento pudiendo ser accedidas y manipuladas a través de JavaScript. Esto es posible hacerlo mediante el uso del método SETPROPERTY perteneciente a la interfaz STYLE.

```
document.documentElement.style.setProperty('--background', 'whitesmoke');
```

Esto puede ser útil cuando se requiere manipular en tiempo real las variables para realizar, por ejemplo, estilos personalizados para cada usuario. Sólo por entender mejor esta casuística, imaginemos que tenemos una aplicación web en la que se desea que cada usuario pueda definir su tamaño de letra, colores y tipo de fuente, entre otros valores.

En un principio, declararíamos unos estilos por defecto, por si el usuario no tiene definida ninguna personalización. En concreto algo como:

```css
:root {
    --backcolor: #f0f0f0;
    --forecolor: #003366;
    --fontFamily: Arial, sans-serif;
    --fontSize: 15px;
}
```

Luego, haríamos una llamada en JavaScript para recuperar la configuración personalizada del usuario y sobrescribiríamos la configuración por defecto.

```javascript
var http = new XMLHttpRequest()

http.open("GET", './getCustomPersonalization.php')
http.onreadystatechange = function(){
    if(this.readyState == 4 && this.status == 200){
        var resultado = JSON.parse(this.responseText)
        override(resultado);
    }
}

http.send();

function override(customJSON){
    var style = document.documentElement.style;
    for(key in customJSON){
        style.setProperty('--' + key, customJSON[key]);
    }
}
```

6

MANIPULACIÓN DE GRÁFICOS

6.1 CREACIÓN DE ANIMACIONES EN FORMATO VÍDEO

La creación de vídeos puede realizarse a través de múltiples herramientas que van desde soluciones profesiones de escritorio como Adobe Premiere, Adobe After Effects, Filmora o iMovie, hasta soluciones móviles o portátiles como Kinemaster, Canva o CapCut.

Para crear vídeos se pueden seguir los siguientes pasos:

▼ **Planificación y guionización**: antes de comenzar, se debe definir el propósito y el mensaje del vídeo a través de un guion que detalle qué contenido se desea incluir y cómo se desea presentarlo.

▼ **Grabación del vídeo**: para hacer este cometido se puede recurrir a una cámara de vídeo o un dispositivo móvil para grabar el contenido visual. Eso sí, deberemos asegurarnos de tener una buena iluminación y un sonido claro, si procede.

▼ **Edición del vídeo**: elegir la solución de software más adecuada a nuestro nivel de conocimiento y destreza (ejemplo de ellos son los mencionados antes como Adobe Premiere o Kinemaster) para editar y organizar el contenido grabado. Con estos programas podremos agregar efectos visuales, transiciones, música y subtítulos según sea necesario.

▼ **Optimización para la web**: una vez que se haya creado o editado el vídeo, deberemos asegurarnos de optimizarlo para su visualización en la web a través de una adecuada compresión para reducir su tamaño y mejorar su velocidad de carga.

▶ **Subida del vídeo**: la subida al sitio web puede hacerse a través de múltiples vías, pero la más frecuente es recurrir a plataformas de alojamiento de vídeos online como YouTube, Vimeo o Wistia. Estas plataformas nos permitirán compartir fácilmente el vídeo y embeberlo en nuestro sitio web y redes sociales.

▶ **Incrustación en tu sitio web**: una vez que el vídeo esté online, se puede incrustar en los sitios web utilizando el código proporcionado por las plataformas de alojamiento de vídeos o realizarlo mediante código HTML como se mostrará a continuación.

▶ **Pruebas y optimización**: por último, deberemos realizar algunas pruebas para asegurarnos de que el vídeo se vea y funcione correctamente en los diferentes dispositivos y navegadores web. Este proceso puede que requiera de la realización de ajustes adicionales según sea necesario para garantizar una experiencia de visualización óptima.

6.1.1 Inserción de vídeos en una página web

6.1.1.1 ELEMENTO SOURCE

El elemento SOURCE permite especificar los recursos alternativos de medios que están disponibles para ser gestionados por los elementos AUDIO, PICTURE y VÍDEO.

Estos recursos serán seleccionados de forma automática por el agente de usuario en función del tipo de medio, códec o consulta de medios.

```
<picture>
    <source srcset="./img/land-laptop.png" media="(min-width: 1366px)" />
    <source srcset="./img/land-tablet.png" media="(min-width: 900px)" />
    <source srcset="./img/land-mobile.png" media="(min-width: 768px)" />
</picture>
```

Entre los atributos que admite en su configuración, se deben destacar los siguientes:

6.1.1.1.1 Atributo SRCSET

Especifica una lista de imágenes, separadas por coma, a seleccionar según sea el medio, resolución, ... Cada elemento de esta lista se compone de una URL, un descriptor de ancho seguido de la letra W minúscula (por ejemplo, 360w o 480w) y un descriptor de densidad seguido de la letra X minúscula (por ejemplo, 2x).

Aunque las opciones de descriptor de ancho y descriptor de densidad son opcionales, al menos, una de ellas siempre debe estar presente. Es un elemento obligatorio cuando está definido dentro de una estructura **PICTURE**.

6.1.1.1.2 Atributo MEDIA

Especifica la consulta de medios que se debería cumplir para poder aplicarse el recurso. Sigue las mismas normas y validaciones que las consultas de medios definidas por la regla **@MEDIA**.

6.1.1.1.3 Atributo TYPE

Especifica el tipo MIME del recurso. Todos los posibles valores que puede tomar este atributo están disponibles en la dirección *http://www.iana.org/ assignments/media-types/*.

6.1.1.2 ELEMENTO VÍDEO

El elemento VÍDEO especifica que el contenido que se va a representar es una película, cortometraje o cualquier otro contenido de vídeo. Aunque actualmente existen varios formatos de vídeo, entre los que podemos encontrar el MP4, AVI, WEBM u OGG, el más compatible es el formato en MP4.

```
<vídeo controls>
    <source src=" el-quinto-elemento.mp4" type="audio/mp4">

    El navegador no soporta la etiqueta vídeo.
</vídeo>
```

Entre los atributos que admite en su configuración, hay que destacar la propiedad **AUTOPLAY**, para indicar si se debe poner automática en modo reproducción, **CONTROLS**, para especificar si se deben mostrar o no los controles de parar, reanudar, siguiente, etcétera, **LOOP**, para indicar si el audio se debe repetir de manera continuada cuando termine su reproducción, **MUTED**, para indicar si el volumen o salida de audio debe estar silenciada, **HEIGHT** y **WIDTH**, que especifican la altura y anchura en píxeles de la imagen dentro del documento y **SRC**, que especifica la URL del archivo de audio a cargar.

Si el elemento VÍDEO no puede reproducir ninguno de los vídeos propuestos con sonido o el agente de usuario indica que no es posible la reproducción de sonido, el elemento TRACK podrá adquirir un papel importante. Esto es así porque, el elemento TRACK especifica una pista adicional que servirá como descripción textual para el elemento VÍDEO.

6.2 TRANSFORMACIONES Y EFECTOS

Una transformación es un cambio de "estado" sobre la forma que la ejecuta. Esto se suele traducir en cambios en la escala, rotación, sesgado o desplazamiento del elemento en base a un sistema de coordenadas de dos dimensiones, aunque es posible conseguir efectos en sistemas de coordenadas de 3 dimensiones.

Por intentar ser más preciso y claro, a partir de este momento y para los ejemplos de esta sección, supondremos un elemento DIV al que se le han definido unos estilos de 100 píxeles de ancho, 100 píxeles de alto, un fondo con degradado vertical de blanco a negro y un borde de 2 píxeles negros, sin márgenes internos ni externos. Esto es:

```css
div {
    width: 100px;
    height: 100px;
    background: linear-gradient(0deg, black 0, black 50%, white);
    border: 2px solid #000;
    margin: 0;
    padding: 0;
}
```

6.2.1 Función de escalado (scale)

La función SCALE permite cambiar el tamaño del objeto respecto de su tamaño original.

La manera de especificar la relación de tamaño es a través de un valor en tanto por uno. Este valor de relación de tamaño puede especificarse a nivel global, es decir, para ambos ejes X e Y o, de manera independiente, es decir, un valor concreto para cada eje, lo que permite romper la relación de aspecto de la figura u objeto original.

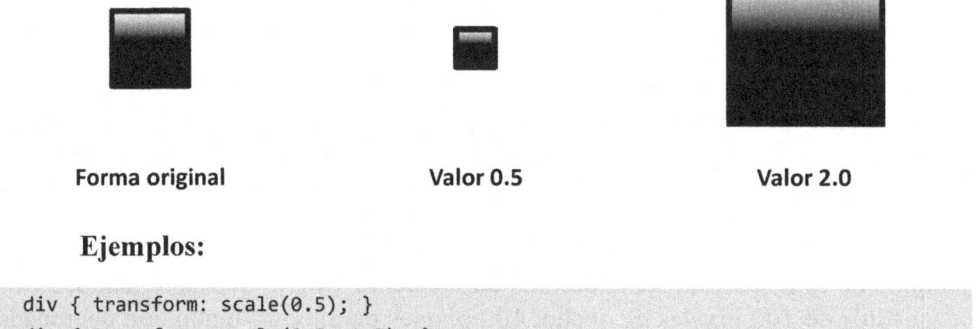

Forma original   **Valor 0.5**   **Valor 2.0**

Ejemplos:

```
div { transform: scale(0.5); }
div { transform: scale(0.5, 1.5); }
```

6.2.2 Función de rotación (rotate)

La función ROTATE permite girar un objeto respecto a cualquiera de los ejes de un sistema de coordenadas tridimensional.

La manera más sencilla de especificar la cuantía del giro es a través de un valor en grados, es decir, mediante un valor comprendido entre 0 y 360, seguido del sufijo DEG. No obstante, también es posible especificar el valor de la rotación en radianes. La forma de calcular los radianes a partir de los grados es:

$$RAD = Grados * \frac{\pi}{180} = 1° * \frac{3.14159265359...}{180} = 0.0174533 \text{ radianes}$$

Si se especifica un valor positivo, el giro se realizará en el sentido de las agujas del reloj y, si se especifica un valor negativo, el giro se realizará en el sentido contrario a las agujas del reloj.

Forma original   **Valor positivo**   **Valor negativo**

Ejemplos:

```
div { transform: rotate(45deg); }
div { transform: rotate(-45deg); }
```

Si se desea que el giro se realice en un eje en particular, se debe recurrir a ROTATEX, ROTATEY o ROTATEZ.

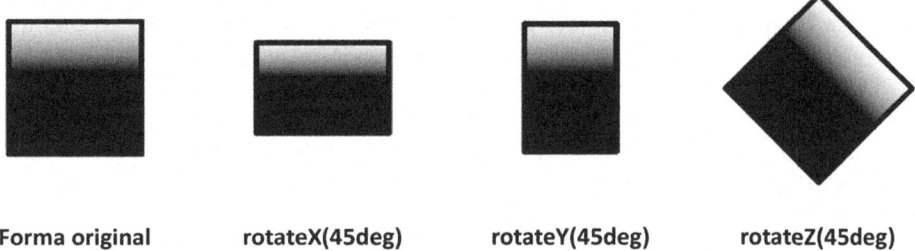

Forma original   **rotateX(45deg)**   **rotateY(45deg)**   **rotateZ(45deg)**

6.2.3 Función de sesgado (skew)

La función SKEW permite inclinar un objeto respecto a cualquiera de los ejes de un sistema de coordenadas bidimensional.

Al igual que sucede con la función de ROTATE, la manera más sencilla de especificar la cuantía de la inclinación es a través de un valor en grados, es decir, mediante un valor comprendido entre 0 y 360, seguido del sufijo DEG. No obstante, también es posible especificar el valor de la rotación en radianes. La forma de calcular los radianes a partir de los grados es:

$$RAD = Grados * \frac{\pi}{180} = 1° * \frac{3.14159265359...}{180} = 0.0174533 \text{ radianes}$$

Si se especifica un valor positivo, la inclinación se realizará de modo que, la parte superior, se irá posicionando más hacia la izquierda y, la parte inferior, más hacia la derecha. Por el contrario, si se especifica un valor negativo, la inclinación se realizará de modo que, la parte superior, se irá posicionando más hacia la derecha y, la parte inferior, más hacia la izquierda.

Forma original   **Inclinación positiva**   **Inclinación negativa**

Ejemplos:

```
div { transform: skew(45deg); }
div { transform: skew(-45deg); }
```

6.2.4 Función de traslado (translate)

La función TRANSLATE permite mover un objeto respecto en cualquiera de los ejes de un sistema de coordenadas tridimensional.

La manera habitual de especificar este desplazamiento es en píxeles o porcentajes, no obstante, es posible especificarlo en cualquiera de las unidades de medida compatibles con CSS.

Original   Desplazamiento positivo   Desplazamiento negativo

Ejemplos:

```
div { transform: translate(100px); }
div { transform: translate(-100px); }
```

Si se desea que el desplazamiento se realice en un eje en particular, se debe recurrir a TRANSLATEX, TRANSLATEY o TRANSLATEZ según el eje que se quiera manipular.

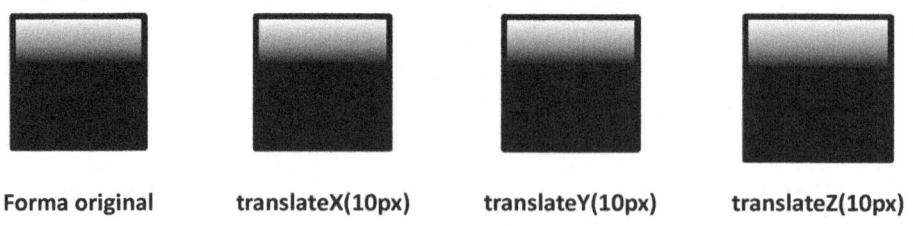

Forma original   translateX(10px)   translateY(10px)   translateZ(10px)

Por último, destacar que para que el desplazamiento en el eje Z se lleve a cabo, hay que especificar, al menos, un valor de perspectiva, es decir, un valor máximo para el eje Z. Por intentar ser algo más claros, si el contenedor donde está el elemento es de 100x100 píxeles, lo habitual es establecer la perspectiva a 100 píxeles:

Ejemplos:

```
div { transform: perspective(100px) translateZ(10px); }
```

6.2.5 Filtros o efectos en CSS

Un filtro de CSS es una transformación en la representación gráfica del elemento u objeto. En general, se aplican únicamente a imágenes rasterizadas, aunque también es posible aplicarlos a imágenes vectoriales.

6.2.5.1 DESENFOQUE (BLUR)

La función BLUR tiene como objetivo realizar un desenfoque gaussiano tomando como parámetro una desviación estándar. Esto significa que cuanto mayor sea este valor, mayor será el efecto de desenfoque.

Para quién no lo sepa, un desenfoque gaussiano es un efecto de suavizado realizado a través de un algoritmo o fórmula matemática y que se basa en calcular un nuevo color a partir del color de un pixel dado y los que están a su alrededor.

La consecuencia directa de esta nueva imagen será la pérdida de algunos detalles con respecto a la imagen original provocando una sensación de pérdida de nitidez o claridad en los bordes del pixel tratado.

Imagen Original   **Desenfoque Gaussiano 2px**   **Desenfoque Gaussiano 4px**

Ejemplos:

```
div { filter: blur(0px); /* Imagen izquierda */ }
div { filter: blur(2px); /* Imagen central */ }
div { filter: blur(4px); /* Imagen derecha */ }
```

6.2.5.2 BRILLO O ILUMINACIÓN (BRIGHTNESS)

La función BRIGHTNESS tiene como objetivo realizar una compensación de iluminación regular a todo el objeto o imagen. Los valores de esta función se suelen especificar en tanto por uno, aunque también es posible especificar sus valores en porcentajes.

Si estamos en la unidad de medida en tanto por uno, significa que, si el valor es menor de uno, la imagen se volverá más oscura y, si el valor es mayor que uno, la imagen se volverá más clara.

Imagen Original   **Iluminación al 200%**   **Iluminación al 400%**

Ejemplos:

```
div { filter: brightness(0); /* Imagen izquierda */ }
div { filter: brightness(2); /* Imagen central */ }
div { filter: brightness(4); /* Imagen derecha */ }
```

6.2.5.3 CONTRASTE (CONTRAST)

La función CONTRAST tiene como objetivo realizar una compensación de contraste a todo el objeto o imagen. Los valores de esta función se suelen especificar en tanto por uno, aunque también es posible especificar sus valores en porcentajes.

Si estamos en la unidad de medida en tanto por uno, los valores permitidos son entre 0 y 1. Esto significa que, si el valor es cero, la imagen eliminará todo el contraste disponible, por lo que el negro se volverá gris puro y, si el valor es uno, la imagen no aplicará ningún ajuste de contraste, por lo que se verá la imagen original.

Imagen Original   **filter: contrast(0.5)**   **filter: contrast(0);**

Ejemplos:

```
div { filter: contrast(1);   /* Imagen izquierda */ }
div { filter: contrast(0.5); /* Imagen central */ }
div { filter: contrast(0);   /* Imagen derecha */ }
```

6.2.5.4 SOMBRA PARALELA (DROP-SHADOW)

La función DROP-SHADOW tiene como objetivo realizar un efecto de sombra paralela sobre el objeto o imagen.

Por entendernos, una sombra podría definirse como una copia desenfocada e independiente del canal alfa con una tonalidad de color determinada y situada por debajo de la imagen original.

Los valores de esta función se suelen especificar en píxeles, aunque también es posible especificar sus valores en cualquiera de las unidades de medida compatibles de CSS.

La función DROP-SHADOW se alimenta de dos valores de posición, un valor para indicar el radio de desenfoque, un valor para indicar el radio de propagación y código de color.

Los dos primeros valores de posicionamiento son las coordenadas X e Y donde se trasladará la sombra con respecto a la posición original. Para un valor de X positivo, la sombra se desplazará hacia la derecha, mientras que, para un valor negativo, la sombra se desplazará hacia la izquierda. Algo similar pasa con el eje Y. Para un valor de Y positivo, la sombra se desplazará hacia la abajo, mientras que, para un valor negativo, la sombra se desplazará hacia arriba.

El parámetro de radio de desenfoque, el tercer valor, producirá un mayor desenfoque cuanto mayor sea su valor. Un valor de 0 no aplicará ningún efecto de desenfoque y, como consecuencia de su lógica, no admitirá valores negativos.

El parámetro de radio de propagación, el cuarto valor, provocará que la sombra se expanda o contraiga en función de su valor. Por defecto es 0 lo que producirá que se aplique una sombra con un tamaño equivalente al tamaño de la imagen original. No obstante, este parámetro no es compatible con muchos navegadores, por lo que si se incluyen en la definición de la sombra, puede que no se realice el efecto por un error de sintaxis.

Imagen Original   **Sombra sin desenfoque**   **Sombra con desenfoque**

Ejemplos:

```
div { filter: drop-shadow(0px 0px 0px #000);    /* Imagen izquierda */ }
div { filter: drop-shadow(10px 10px 0px #000);  /* Imagen central */ }
div { filter: drop-shadow(10px 10px 10px #000); /* Imagen derecha */ }
```

6.2.5.5 ESCALA DE GRISES (GRAYSCALE)

La función GRAYSCALE tiene como objetivo eliminar de la representación gráfica de un objeto sus matices de color. Los valores de esta función se suelen especificar en tanto por uno, aunque también es posible especificar sus valores en porcentajes.

Si estamos en la unidad de medida en tanto por uno, los valores permitidos son entre 0 y 1. Esto significa que, si el valor es cero, la imagen tendrá todos los matices de color y, si es uno, se aplicará el filtro de manera completa dejando la imagen en escala de grises.

  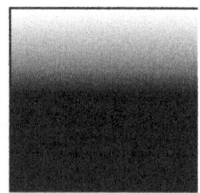 

Imagen Original   **Escala de grises al 50%**   **Escala de grises al 100%**

Aunque en una impresión en blanco y negro no se perciba, si estableciésemos un degradado rojo en imagen de la izquierda, la imagen del centro se percibiría como rojo oscuro con matices marrones y, la imagen de la derecha, se percibiría como se ve en el papel, es decir, en tonos grisáceos.

Ejemplos:

```
div { filter: grayscale(0);   /* Imagen izquierda */ }
div { filter: grayscale(0.5); /* Imagen central */ }
div { filter: grayscale(1);   /* Imagen derecha */ }
```

6.2.5.6 ROTACIÓN DE COLOR (HUE-ROTATE)

La función HUE-ROTATE tiene como objetivo aplicar una modificación en la tonalidad de los colores en base a una desviación calculada a través de un ángulo.

Para entender mejor este concepto pongamos un ejemplo. Si tomamos una imagen cualquiera y nos fijamos en un color concreto de la misma, veremos que dicho color tiene una posición concreta dentro de lo que se denomina "círculo cromático natural degradado".

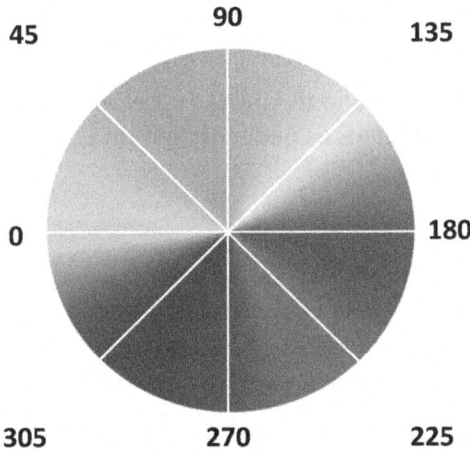

Círculo cromático natural degradado. Fuente: Wikipedia, la enciclopedia libre.

Por ejemplo, si tomamos como referencia el color amarillo, vemos que está situado, más o menos, a la 1 y media, es decir, formando un ángulo de 135 grados. Pero, si tomamos como referencia el color rojo, vemos que está situado, más o menos, a las 3 en punto, o formando un ángulo de 180 grados.

Al aplicar una rotación de color con un valor determinado de grados, lo que se consigue es, por decirlo así, que el circulo cromático gire en el sentido de las agujas del reloj, provocando que, el amarillo se convierta en turquesa y que, el rojo, se convierta en un verde.

Cabe destacar que, puede que, al aplicar este filtro, los resultados no se parezcan a los colores expuestos en el gráfico. Esto es porque la rotación de color sólo afecta al color y no al contraste, iluminación o saturación.

Imagen Original   **Rotación de 90 grados**   **Rotación de 180 grados**

Ejemplos:

```
div { filter: hue-rotate(0deg);    /* Imagen izquierda */ }
div { filter: hue-rotate(90deg);   /* Imagen central */ }
div { filter: hue-rotate(180deg);  /* Imagen derecha */ }
```

Si observamos el resultado de aplicar una rotación de color de 180 grados sobre el color rojo, lo que veremos es que se transforma en su color complementario, al igual que hace la función INVERT.

6.2.5.7 INVERSIÓN (INVERT)

La función INVERT tiene como objetivo transformar un color dado en su opuesto o complementario. Los valores de esta función se suelen especificar en tanto por uno, aunque también es posible especificar sus valores en porcentajes.

Si estamos en la unidad de medida en tanto por uno, los valores permitidos son entre 0 y 1. Esto significa que, si el valor es cero, la imagen se representará con sus colores originales y, si es uno, la imagen será representada con sus colores complementarios.

Imagen Original   **Inversión al 50%**   **Inversión al 100%**

Como se puede apreciar, cuando la inversión es equitativa (al 50 por ciento o 0.5), sea cual sea el color del pixel, se convierte en negro al 50%, es decir, un color RGB (128, 128, 128) o #808080 en hexadecimal. La razón de este resultado es porque la mezcla de un color con su complementario siempre genera un gris puro.

Ejemplos:

```
div { filter: invert(0);   /* Imagen izquierda */ }
div { filter: invert(0.5); /* Imagen central */ }
div { filter: invert(1);   /* Imagen derecha */ }
```

6.2.5.8 OPACIDAD (OPACITY)

La función OPACITY tiene como objetivo transformar el canal alfa de los colores para que se vuelva transparente. Esta función es básicamente la misma que la propiedad OPACITY de CSS, no obstante, es preferible aplicar esta funcionalidad a través de FILTER puesto que, algunos navegadores aprovechan la aceleración hardware en este filtro.

Los valores de esta función se suelen especificar en tanto por uno, aunque también es posible especificar sus valores en porcentajes.

Si estamos en la unidad de medida en tanto por uno, los valores permitidos son entre 0 y 1. Esto significa que, si el valor es cero, la imagen será totalmente transparente y, si es uno, la imagen será totalmente opaca.

Imagen Original   **Transparencia al 50%**   **Transparencia al 100%**

Ejemplos:

```
div { filter: opacity(1);   /* Imagen izquierda */ }
div { filter: opacity(0.5); /* Imagen central */ }
div { filter: opacity(0);   /* Imagen derecha */ }
```

6.2.5.9 SATURACIÓN (SATURATE)

La función SATURATE tiene como objetivo modificar la saturación de un color dado. Los valores de esta función se suelen especificar en tanto por uno, aunque también es posible especificar sus valores en porcentajes.

Si estamos en la unidad de medida en tanto por uno, significa que, si el valor es menor de uno, la imagen perderá saturación y, si el valor es mayor que uno, la imagen se irá sobresaturando. El valor cero, la convertirá en una imagen a escala de grises, equivalente a la función GRAYSCALE(1).

| Imagen Original | Saturación al 50% | Sin Saturación de Color |

Ejemplos:

```
div { filter: saturate(1);   /* Imagen izquierda */ }
div { filter: saturate(0.5); /* Imagen central */ }
div { filter: saturate(0);   /* Imagen derecha */ }
```

6.2.5.10 SEPIA (SEPIA)

El efecto SEPIA se suele corresponder con los pigmentos obtenidos de la tinta de la sepia y, en CSS, tiene como objetivo transformar los colores de forma que tomen un color rojo anaranjado con poca o muy poca saturación, como si de un envejecimiento o pérdida de pigmentos de color se tratase. Los valores de esta función se suelen especificar en tanto por uno, aunque también es posible especificar sus valores en porcentajes.

Si estamos en la unidad de medida en tanto por uno, los valores permitidos son entre 0 y 1. Esto significa que, si el valor es cero, la imagen será representada con sus colores originales y, si es uno, la imagen será representada con la aplicación del efecto por completo.

Imagen Original   **Sepia al 50%**   **Sepia al 100%**

Ejemplos:

```
div { filter: sepia(0);   /* Imagen izquierda */ }
div { filter: sepia(0.5); /* Imagen central */ }
div { filter: sepia(1);   /* Imagen derecha */ }
```

6.3 TRANSICIONES

Una transición es un efecto de animación que permite realizar cambios en las propiedades de un objeto de manera progresiva o escalonada controlando el tiempo y la velocidad. Por ejemplo, frecuentemente vemos que los botones cambian el color de fondo cuando el dispositivo señalador pasa por encima de ellos. Muchas veces este cambio de color se realiza de forma abrupta, es decir, el cambio de un color a otro se realiza en el mismo instante en el que el cursor se sitúa sobre el botón sin ningún tipo de mezcla ni degradación. Sin embargo, si definimos una transición, podemos conseguir que el cambio de color se realice de manera gradual en base a una medición de tiempo y velocidad determinados.

Cabe destacar que, aunque en general, las transiciones se realizan de manera gradual, dependiendo de qué propiedades intervengan en el proceso, podrían producirse cambios de estado bruscos no graduales.

También es importante aclarar que, aunque todos los navegadores actuales ya soportan la especificación de la W3C, puede que sea necesaria la utilización de prefijos específicos como son -O-TRANSITION, -MOZ-TRANSITION y -WEBKIT-TRANSITION.

6.3.1 Propiedad transition-delay

Especifica el retraso de empiece, es decir, el tiempo que se debe esperar para iniciar la transición cuando el elemento sufre un cambio en la propiedad o propiedades indicadas por la propiedad TRANSITION-PROPERTY. Entre sus posibles valores podemos encontrar:

▸ **[TIEMPO]**: es un valor decimal que expresa el número de segundos o milisegundos que se debe esperar antes de iniciar la transición. El valor por defecto es 0, lo que indica que empiece inmediatamente sin retraso alguno, pero, además, permite el establecimiento de valores negativos, que representan un valor de tiempo que indica la duración de la transición como si ya hubiese estado reproduciéndose de antes.

Ejemplos:

```
div { transition-delay: 1s; }
div { transition-delay: 1.25s; }
div { transition-delay: 25ms; }
```

6.3.2 Propiedad transition-duration

Especifica la duración de la transición, es decir, el tiempo total que debe invertirse para el cambio en la propiedad o propiedades indicadas por la propiedad TRANSITION-PROPERTY. Entre sus posibles valores podemos encontrar:

▸ **[TIEMPO]**: es un valor decimal que expresa el número de segundos o milisegundos que se debe tardar en realizar la transición. Su valor por defecto es 0.

Ejemplos:

```
div { transition-duration: 1s; }
div { transition-duration: 0.75s; }
div { transition-duration: 250ms; }
```

6.3.3 Propiedad transition-property

Especifica la propiedad, o lista de propiedades, que disparará la transición, es decir, el nombre de la propiedad o propiedades que, cuando cambien, provocarán que un efecto de transición se lleve a cabo. Entre sus posibles valores podemos encontrar:

▸ **ALL**: indica que cualquier cambio en cualquier propiedad lanzará un efecto de transición.

▸ **NONE**: indica que ninguna propiedad lanzará un efecto de transición.

▶ **[PROPIEDAD]**: lista de propiedades CSS, separadas por coma, para las cuales el efecto de transición se llevará a cabo.

Ejemplos:

```
div { transition-property: all; }
div { transition-property: transform; }
div { transition-property: width, height, padding; }
```

6.3.4 Propiedad transition-timing-function

Especifica la función de sincronización de tiempo de la transición, es decir, cuál será la curva de velocidad que se deberá seguir durante el tiempo que dure la transición. Entre sus posibles valores podemos encontrar:

▶ **CUBIC-BEZIER**: indica los valores decimales de 0.0 a 1.0 para los cuatro puntos de la curva de Bézier. En la siguiente ilustración se puede observar, a modo de ejemplo, una curva de Bézier que muestra cómo cambia la velocidad durante la ejecución de la transición.

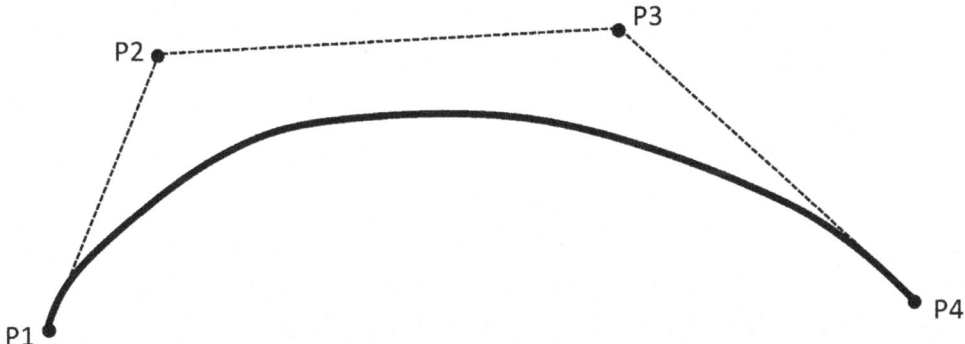

▶ **EASE**: indica que el efecto de transición debe empezar lento, luego volverse rápido y, al final, nuevamente lento. Es equivalente a una curva de Bézier cúbica CUBIC-BEZIER (0.25, 0.1, 0.25, 1). Es el valor por defecto.

▶ **EASE-IN**: indica que el efecto de transición debe empezar lento, equivalente a una curva de Bézier cúbica CUBIC-BEZIER (0, 0, 1, 1).

▶ **EASE-IN-OUT**: indica que el efecto de transición debe empezar y terminar lento, equivalente a una curva de Bézier cúbica CUBIC-BEZIER (0.42, 0, 0.58, 1).

▼ **EASE-OUT**: indica que el efecto de transición debe empezar lento, equivalente a una curva de Bézier cúbica CUBIC-BEZIER (0, 0, 1, 1).

▼ **LINEAR**: indica que el efecto de transición debe permanecer constante durante el tiempo que dure la transición, equivalente al valor EASE-OUT y a una curva de Bézier cúbica CUBIC-BEZIER (0, 0, 1, 1).

▼ **STEPS**: indica una función de pasos con dos parámetros. El primero especifica el número de intervalos mediante un valor positivo distinto de cero y, el segundo, una de las palabras clave START o END que especifican el punto donde se debe producir el cambio de intervalo.

▼ **STEP-END**: indica que es un único paso que se produce al final, equivalente a STEPS (1, END).

▼ **STEP-START**: indica que es un único paso que se produce en el comienzo, equivalente a STEPS (1, START).

Ejemplos:

```
div { transition-timing-function: linear; }
div { transition-timing-function: ease-in-out; }
div { transition-timing-function: cubic-bezier(0.20, 0.1, 0.50, 1); }
```

6.4 ANIMACIONES

6.4.1 Propiedad animation-delay

Especifica el retraso de empiece, es decir, el tiempo que se debe esperar para iniciar la animación. Entre sus posibles valores podemos encontrar:

▼ **[TIEMPO]**: es un valor decimal que expresa el número de segundos o milisegundos que se debe esperar antes de iniciar la animación. El valor por defecto es 0, lo que indica que empiece inmediatamente sin retraso alguno y permite el establecimiento de valores negativos, que representan u valor de tiempo que indica la duración de la animación como si ya hubiese estado reproduciéndose de antes.

Ejemplos:

```
div { animation-delay: 1.50s; }
div { animation-delay: 25ms; }
```

6.4.2 Propiedad animation-direction

Especifica la dirección de la animación, es decir, si debe reproducirse hacia adelante, hacia atrás o en ciclos alternos. Entre sus posibles valores podemos encontrar:

▶ **ALTERNATE**: indica que la animación debe reproducirse primero hacia adelante y, después, hacia atrás.

▶ **ALTERNATE-REVERSE**: indica que la animación debe reproducirse primero hacia atrás y, después, hacia adelante.

▶ **NORMAL**: indica que la animación debe reproducirse hacia adelante. Es el valor por defecto.

▶ **REVERSE**: indica que la animación debe reproducirse hacia atrás.

Ejemplos:

```
div { animation-direction: reverse; }
div { animation-direction: alternate; }
```

6.4.3 Propiedad animation-duration

Especifica la duración de la animación, es decir, el tiempo total que se debe invertir en desarrollarla. Entre sus posibles valores podemos encontrar:

▶ **[TIEMPO]**: es un valor decimal que expresa el número de segundos o milisegundos que se debe tardar en realizar la animación. Su valor por defecto es 0.

Ejemplos:

```
div { animation-duration: 1s; }
div { animation-duration: 1.25s; }
div { animation-duration: 25ms; }
```

6.4.4 Propiedad animation-fill-mode

Especifica el estilo que debe presentar el elemento cuando la animación no se está reproduciendo, es decir, el estilo antes de empezar, después de terminar o en ambos casos. Entre sus posibles valores podemos encontrar:

▸ **BACKWARDS**: el elemento aparecerá con los valores establecidos por el primer fotograma definido por una regla arroba KEYFRAMES, dependiendo de la propiedad ANIMATION-DURATION, y se mantendrá durante el periodo que esté establecido por la propiedad ANIMATION-DELAY.

▸ **FORWARDS**: el elemento aparecerá con los valores establecidos por el último fotograma definido por una regla arroba KEYFRAMES, dependiendo de la propiedad ANIMATION-DURATION y del contador o recuento de iteraciones establecido por la propiedad ANIMATION-DELAY.

▸ **BOTH**: la animación seguirá las reglas en ambos sentidos de la animación.

▸ **NONE**: el elemento NO recibirá ningún estilo antes o después de la animación.

Ejemplos:

```
div { animation-fill-mode: both; }
div { animation-fill-mode: forwards; }
div { animation-fill-mode: backwards; }
```

6.4.5 Propiedad animation-iteration-count

Especifica el número de veces que la animación debe reproducirse. Entre sus posibles valores podemos encontrar:

▸ **INIFINITE**: indica que la animación NO debe parar nunca de reproducirse.

▸ **[NÚMERO]**: es un valor entero que indica el número total de ocasiones que debe reproducirse. Por defecto, está establecido a 1.

Ejemplos:

```
div   { animation-iteration-count: infinite; }
span  { animation-iteration-count: 3; }
aside { animation-iteration-count: 3; }
```

6.4.6 Propiedad animation-name

Especifica el nombre de la animación. Este nombre está directamente asociado al identificador definido por una regla arroba KEYFRAMES. Entre sus posibles valores podemos encontrar:

▶ **NONE**: indica que la animación NO debe desarrollar ninguna animación.

▶ **[NOMBRE]**: es un valor de tipo cadena sin comillas simples o dobles que indica el nombre de la animación a utilizar. Debe ser el mismo que uno de los identificadores definidos por una regla arroba KEYFRAMES.

Ejemplos:

```
div    { animation-name: ejemplo1; }
span   { animation-name: FadeIn; }
aside  { animation-name: movetotop; }
```

6.4.7 Propiedad animation-play-state

Especifica cuándo la animación debe ejecutarse (o continuar su ejecución) o debe ponerse en modo pausa. Entre sus posibles valores podemos encontrar:

▶ **PAUSED**: indica que la animación se ponga en pausa.

▶ **RUNNING**: indica que la animación se ejecute o siga ejecutándose.

Ejemplos:

```
div       { animation-play-state: running; }
div:hover { animation-play-state: pause; }
```

6.4.8 Propiedad animation-timing-function

Especifica la función de sincronización de tiempo de la animación, es decir, cuál será la curva de velocidad que se deberá seguir durante el tiempo que dure la animación. Entre sus posibles valores podemos encontrar:

▶ **CUBIC-BEZIER**: indica los valores decimales de 0.0 a 1.0 para los cuatro puntos de la curva de Bézier. En la siguiente ilustración se puede observar, a modo de ejemplo, una curva de Bézier que muestra cómo cambia la velocidad durante la ejecución de la animación.

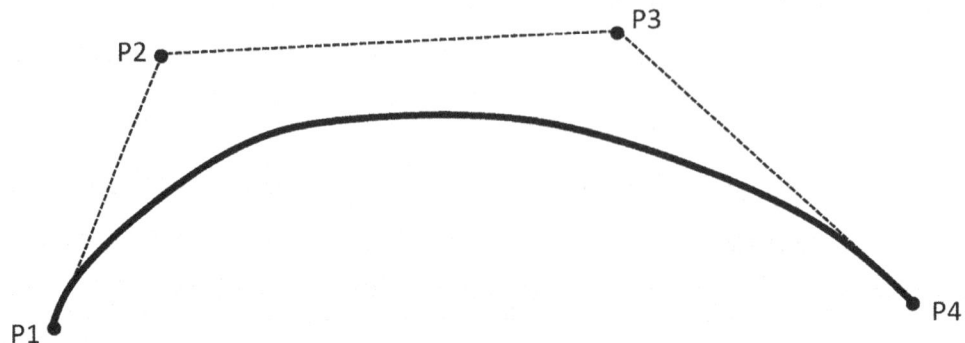

▸ **EASE**: indica que el efecto de animación debe empezar lento, luego volverse rápido y, al final, nuevamente lento. Es equivalente a una curva de Bézier cúbica CUBIC-BEZIER (0.25, 0.1, 0.25, 1). Es el valor por defecto.

▸ **EASE-IN**: indica que el efecto de animación debe empezar lento, equivalente a una curva de Bézier cúbica CUBIC-BEZIER (0, 0, 1, 1).

▸ **EASE-IN-OUT**: indica que el efecto de animación debe empezar y terminar lento, equivalente a una curva de Bézier cúbica CUBIC-BEZIER (0.42, 0, 0.58, 1).

▸ **EASE-OUT**: indica que el efecto de animación debe empezar lento, equivalente a una curva de Bézier cúbica CUBIC-BEZIER (0, 0, 1, 1).

▸ **LINEAR**: indica que el efecto de animación debe permanecer constante durante el tiempo que dure la animación, equivalente al valor EASE-OUT y a una curva de Bézier cúbica CUBIC-BEZIER (0, 0, 1, 1).

▸ **STEPS**: indica una función de pasos con dos parámetros. El primero especifica el número de intervalos mediante un valor positivo distinto de cero y, el segundo, una de las palabras clave START o END que especifican el punto donde se debe producir el cambio de intervalo.

▸ **STEP-END**: indica que es un único paso que se produce al final, equivalente a STEPS (1, END).

▸ **STEP-START**: indica que es un único paso que se produce en el comienzo, equivalente a STEPS (1, START).

Ejemplos:

```
div { animation-timing-function: linear; }
div { animation-timing-function: ease-in-out; }
div { animation-timing-function: cubic-bezier(0.20, 0.1, 0.50, 1); }
```

6.4.9 Regla keyframes

La regla @KEYFRAMES permite controlar todos y cada uno de los pasos que se producen en una secuencia de animación. Esto es útil cuando se desea que, el navegador, no controle la animación, como sucede con las transiciones en donde se gestiona la evolución de la animación de forma automática a partir de unos parámetros iniciales.

La manera de especificar el número de pasos o partes de la animación se puede establecer a través de porcentajes o, mediante las palabras reservadas FROM y TO.

```
@keyframes desplazamiento-lento-rapido {
    from { top: 0; }
    to   { top: 100px; }
}
```

Si se decide por realizar la declaración de la animación a través de porcentajes, es obligatorio que se definan los estados inicial y final, es decir, los valores 0% y 100% puesto que, de no ser así, la animación podría no realizarse. A continuación, se muestra un ejemplo de animación con tres pasos:

```
@keyframes desplazamiento-lento-rapido {
      0% { top: 0; }
     50% { top: 30px; }
    100% { top: 100px; }
}
```

Si analizamos el ejemplo anterior, veremos que, sea cual sea la velocidad y duración de la animación, durante la primera mitad de la secuencia, el objeto se moverá hacia abajo 30 píxeles, pero en la segunda mitad de la animación se desplazará 70. Esto producirá un efecto de, más lento al principio, más rápido al final.

En este punto, es importante aclarar que, únicamente las propiedades que sean definidas en el inicio y fin de la secuencia serán animadas, por lo que, si introducimos una propiedad entre medias, se ignorará. Este caso es el que se da en el siguiente ejemplo:

```
@keyframes desplazamiento-lento-rapido {
    0% { top: 0; }
    50% { right: 50px; }
    100% { top: 100px; }
}
```

Aunque se haya definido la propiedad RIGHT en el paso intermedio, la animación sólo desplazará el objeto desde la posición 0 hasta la posición 100.

6.4.10 Ejemplos resueltos

6.4.10.1 EJEMPLO COMPLETO DE TRANSICIÓN

Este ejemplo consiste en aumentar el tamaño de un elemento al situar el puntero del ratón encima.

```
<!DOCTYPE html>
<html>
    <head>
        <style>
            .box { width: 100px; height: 100px; background: #000000;
                transition: width 2s ease-in-out;
            }
            .box:hover { width: 200px; height: 100px; }
        </style>
    </head>
    <body>
        <h1>The transition Property</h1>
        <p>Posiciona el ratón encima del cuadro negro</p>
        <i class="box"></i>
    </body>
</html>
```

6.4.10.2 EJEMPLO COMPLETO DE ANIMACIÓN

Este ejemplo se basa en simular la escritura en una máquina de escribir.

```
<!DOCTYPE html>
<html>
    <head>
        <style>
            .typewriter h1 {
                color: #fff;
```

```
                font-family: arial;
                font-size: 1.4rem;
                overflow: hidden;
                border-right: .15em solid #333;
                white-space: nowrap;
                margin: 0 auto;
                letter-spacing: .2em;
                width: auto;
                display: inline-block;
                animation: typing 3.5s steps(30, end),
                           blink-caret .5s step-end infinite;
            }

            @keyframes typing { from { width: 0 } to { width: 100% } }
            @keyframes blink-caret {
                from, to { border-color: transparent }
                50%      { border-color: #333 }
            }
        </style>
    </head>
    <body>
        <div class="typewriter">
            <h1>Esto es un ejemplo de animación typewriter</h1>
        </div>
    </body>
</html>
```

6.4.10.3 EJEMPLO COMPLETO DE EFECTO Y ANIMACIÓN

Este ejemplo consiste en simular un panel de información de Renfe cercanías en donde se indica la próxima parada.

```
<!DOCTYPE html>
<html>
    <head>
        <style>
            @import url(https://fonts.googleapis.com/css?family=VT323);

            *   { box-sizing: border-box; }
            body{ background: #000; color: #fff;
                    font-family: 'VT323'; font-size: 24px;
                    line-height: 1.2; -webkit-font-smoothing: none; }
            h1  { font-size: 4rem; margin: 0; text-transform: uppercase; }
            h1 span{ float: right; }
            p        { margin-bottom: 0; color : #ff2022; font-size: 64px;
```

```css
                    float: right; text-transform: uppercase; width: auto;
                    position: relative; left: 100%;
                    animation: move 20s steps(2000, end) infinite;
                    white-space: nowrap; }
a, a:visited { border-bottom: 0.2rem solid #ffec80;
                    color: #ffec80;
                    text-decoration: none; }
a:active, a:focus, a:hover{
    background-color: #ffec80;
    color: #333; }


.piece { display: block; height: 100%; overflow: hidden;
            left: 0; top: 0; width: 100%; }
.noclick { pointer-events: none; }
.frame    { background-color: #181818; border-radius: 10px;
                padding: 15px; height: auto; position: absolute;
                top: 2%; left: 2%; width: 96%;
                pointer-events: none; }
.emblem1 { display: none; position: absolute; left: 50%;
                bottom: 0; font-size: 2rem; height: 3rem;
                width: 3rem; text-align: center; color: white;
                background: -webkit-linear-gradient(#fff, #555);
                -webkit-background-clip: text;
                -webkit-text-fill-color: transparent;
                text-shadow: 0 0.1rem 0rem rgba(0,0,0,0.4),
                            0 0 2rem rgba(0,0,0,0.8);
                transform: translate(-50%); }
.output1 { animation: output 10ms infinite;
                background-color: #333;
                overflow: scroll; position: absolute;
                padding: 3rem 2rem; pointer-events: auto;
                text-shadow: 0rem 0.2rem 1rem
                            lighten(var(custom-bg), 20%);
                z-index: -1; }


.scanlines { background: linear-gradient(to bottom,
                rgba(255,255,255,0), rgba(255,255,255,0) 50%,
                rgba(0,0,0,0.2) 70%, rgba(0,0,0,0.6));
                background-size: 100% 0.3rem; border-radius: 2rem;
                position: absolute; }


.glow1 { animation: glow 60s infinite;
            background: radial-gradient(circle at center,
                    rgba(27,212,89,1) 0%,
                    rgba(27,212,89,0.88) 58%,
```

```
                                rgba(21,235,92,0.57) 80%,
                                rgba(19,94,29,0.27) 93%,
                                rgba(10,23,12,0) 100%);
                    opacity: 0.15; pointer-events: none;
                    position: fixed; }

            @keyframes move   { from { left: 200vw } to { left: -100vw } }
            @keyframes output {   0% { opacity: 0.9; }
                                 50% { opacity: 1; } }
            @keyframes glow   {   0% { opacity: 0.1; }
                                 50% { opacity: 0.2; } }

        </style>
    </head>
    <body class="noisy">
        <div class="frame">
            <div class="piece output">
                <h1>Madrid N.Min <span>1min</span></h1>
                <p>Próximo tren efectuará parada en Chamartín, Ramón y Cajal,
Pitis y las Rozas</p>
                <div class="piece scanlines noclick"></div>
                <div class="piece glow noclick"></div>
            </div>
        </div>
    </body>
</html>
```

6.5 EFECTOS CON TEXTOS

6.5.1 Efectos estéticos y con movimiento

Aunque antiguamente las animaciones se creaban únicamente en JavaScript, la realidad es que hoy se evitan siempre que sea posible debido, fundamentalmente, a su alto coste en el rendimiento.

Hoy en día, prácticamente todos los efectos y animaciones se realizan a través de CSS y SVG. Eso sí, en algunas ocasiones, la ayuda de un lenguaje de guion como JavaScript, puede convertirse en un buen aliado.

6.5.2 Creación de textos mejorados y con movimiento

Para poder crear textos mejorados primero debemos hablar de la propiedad de CSS TEXT-SHADOW.

6.5.2.1 LA PROPIEDAD TEXT-SHADOW

La propiedad text-shadow permite definir sombras a cualquier contenido textual. Para poder definir una sombra mediante esta propiedad, se debe establecer un offset compuesto por tres valores, que se corresponden con una posición horizontal, una posición vertical y un radio de difuminación o desenfoque y un color.

Si el valor de la posición horizontal es positivo, la sombra avanzará en sentido hacia la derecha, por lo que, si es negativo, avanzará en sentido hacia la izquierda. Algo similar pasa con el segundo parámetro. Si el valor de la posición vertical es positivo, la sombra avanzará en sentido hacia abajo, por lo que, si es negativo, avanzará en sentido hacia arriba.

Cabe destacar que, salvo excepciones, la propiedad text-shadow no se debe utilizar porque, además de dificultar su lectura y disminuir la legibilidad, puede proporcionar una imagen corporativa "desaliñada".

Para ver mejor su funcionalidad y posibles resultados, veamos un ejemplo. Supongamos un elemento de cabecera H2 con el texto Cabecera H2.

```
<h2>Cabecera H2</h2>
```

Un posible efecto de sombra podría ser:

```
h2 {
    display: block;
    text-align: center;
    color: #000 !important;
    text-shadow: 0px 20px #d6d6d6;
}
```

Y el resultado debería ser algo como:

CABECERA H2

Aunque este efecto puede resultar llamativo, si ahora quisiéramos darle un efecto de inclinación para que parezca un reflejo, con text-shadow, no podemos hacer nada. Para ello, deberíamos utilizar el pseudo selector BEFORE o AFTER y "jugar" con los diferentes posicionamientos, además de agregarle un efecto de transformación. En concreto, podríamos hacer algo como lo siguiente:

```
h2 {
    display: block;
    text-align: center;
    color: #000 !important;
    position: relative;
}
h2::after {
    content: "Cabecera H2";
    position: absolute;
    left: 2px;
    top: 20px;
    width: 100%;
    height: 100%;
    transform: skew(15deg);
    color: #dfe1e4;
}
```

Y el resultado debería ser algo como:

CABECERA H2

Si ahora deseamos que se mueva la sombra, lo que se puede hacer es aplicar un efecto de animación a los estilos del selector H2 que acabamos de definir, para el primer caso y, al pseudo elemento BEFORE, para el segundo.

```
@keyframes move {
    0%   { transform: skew(-15deg);}
    50%  { transform: skew(15deg);}
    100% { transform: skew(-15deg);
}

/* Para el caso con text-shadow */
h2 {
    display: block;
    text-align: center;
    color: #000 !important;
    position: relative;
    animation-name: move;
    animation-timing-function: cubic-bezier(0.4, 0, 1, 0.8);
    animation-iteration-count: infinite;
    animation-duration: 3s;}
}
```

```
/* Para el caso con el pseudo elemento after */
h2::after {
    content: "Cabecera H2";
    position: absolute;
    left: 2px;
    top: 20px;
    width: 100%;
    height: 100%;
    transform: skew(15deg);
    color: #dfe1e4;
    animation-name: move;
    animation-timing-function: cubic-bezier(0.4, 0, 1, 0.8);
    animation-iteration-count: infinite;
    animation-duration: 3s;}
}
```

A continuación mostramos el código para realizar algunos efectos comunes en Internet a través de text-shadow.

6.5.2.1.1 Sombra solida

Para conseguir este efecto se deben definir múltiples sombras diferentes con tonos idénticos, pero aumentando en cada sombra las posiciones horizontal y vertical.

```
h2.solida{
    text-shadow: -1px 1px #333, -2px 2px #333,
                 -3px 3px #333, -4px 4px #333, -5px 5px #333;
    color: #060;
}
```

El resultado debería ser algo como:

6.5.2.1.2 Efecto de fuego

Para conseguir este efecto se deben definir múltiples sombras con diferentes tonos anaranjados, amarillos y rojos claros. Dependiendo del radio y el color de fondo, el efecto podrá ser más o menos fidedigno.

```
h2.fuego{
    text-shadow: 0 3px 20px red, 0 0 20px red,
                 0 0 10px orange, 4px -5px 6px yellow,
                 -4px -10px 10px yellow, 0 -10px 30px yellow
    color: #666;
}
```

El resultado debería ser algo como:

6.5.2.1.3 Texto grabado

Para conseguir este efecto hace falta que la sombra del texto no destaque mucho sobre el fondo. En este ejemplo usaremos un fondo oscuro y un par de sombras con una tonalidad más oscura que el fondo.

```
h2.grabado {
    background-color: #414141;
    color: #ddd;
    padding: 10px;
    text-shadow: 1px 1px #555, -1px -1px #333;
}
```

El resultado debería ser algo como:

6.5.2.1.4 Texto en relieve

Al igual que para el ejemplo de efecto grabado o hundido, para conseguir este efecto hace falta que la sombra del texto no destaque mucho sobre el fondo. Las sombras serán las mismas que antes, sin embargo, lo que cambiará es la dirección de la luz.

```
h2.relieve {
    background-color: #414141;
    color: #ddd;
    padding: 10px;
    text-shadow: -1px -1px #555, 1px 1px #333;
}
```

El resultado debería ser algo como:

6.5.2.1.5 Efecto rayado

Para conseguir este efecto hace falta definir múltiples sombras con una tonalidad lo suficientemente destacable. El secreto es ir incrementando el offset en cada una de las sombras de modo que, cada vez que se define una nueva, se aumente su posición horizontal y vertical.

```
h2.multiple{
  text-shadow: 1px 1px #ccc, 2px 2px #aaa, 3px 3px #888, 4px 4px #666
}
```

El resultado debería ser algo como:

6.5.2.1.6 Efecto neón

Para conseguir este efecto lo único que hace falta es jugar con el offset del radio y utilizar colores blancos y brillantes como los de un neón o led. En general, podríamos decir que, cuantas más sombras se definan, más real parecerá.

```css
h2.neon{
    background: #000;
    color: #fff;
    font-family: "Open Sans";
    font-size: 48px;
    height: 180px;
    padding-top: 55px;
    font-weight: 900;
    text-shadow: 0 0 7px #fff,
                 0 0 10px #fff,
                 0 0 20px #fff,
                 0 0 40px #ff2dff,
                 0 0 60px #ff2dff,
                 0 0 80px #ff2dff,
                 0 0 120px #ff2dff,
                 0 0 150px #ff2dff;
}
```

El resultado debería ser algo como:

Si ahora quisiéramos proporcionarle una animación a este último ejemplo, podríamos dotar al testo de un parpadeo. Este efecto generalmente requiere de una animación CSS infinita que se basa en desactivar las sombras que se han definido en puntos concretos no equidistantes. De esta forma parecerá un efecto de iluminación típico de una marquesina o anuncio publicitario.

```css
h2.neon{
    animation: parpadeo 5s infinite alternate;
    background: #000;
    color: #fff;
    font-family: "Open Sans";
    font-size: 48px;
    height: 180px;
    padding-top: 55px;
    font-weight: 900;
}
@keyframes parpadeo {
    0%, 20%, 26%, 28%, 55%, 70%, 100% {
        text-shadow: 0 0 7px #fff, 0 0 10px #fff,
                     0 0 20px #fff, 0 0 40px #ff2dff,
                     0 0 60px #ff2dff, 0 0 80px #ff2dff,
                     0 0 120px #ff2dff, 0 0 150px #ff2dff;
    } 25%, 27%, 54.5% {
        text-shadow: none;
    }
}
```

6.5.3 Adecuación de los efectos a la página web

Aunque prácticamente todos los efectos de animación se pueden definir o crear a través de CSS, en ocasiones, necesitamos valernos de un lenguaje de guion como JavaScript.

Esta necesidad surge de la necesidad de ejecutar transiciones o animaciones cuando no dependen del foco, del puntero del dispositivo señalizador y/o del elemento que lanza o activa el efecto. Por ejemplo, este es el caso de los menús Off-Canvas, en donde un elemento externo, como un botón de hamburguesa, dispara o hace que aparezca una capa desde fuera de la pantalla por la izquierda.

Para verlo más claro imaginemos que tenemos un botón situado en la parte superior izquierda de la pantalla que deseamos que muestre un menú de navegación deslizante que aparezca y desaparezca en función de si se ha pulsado o no dicho botón.

El botón podría ser:

```html
<button class="toggle-collapse">Mostrar / Ocultar Menú</button>
```

Y el menú de navegación podría ser algo como:

```
<nav class="offcanvas">
    <h3>Menú Principal</h3>
    <ul>
        <li><a href="#">Inicio</a></li>
        <li><a href="#">Servicios</a></li>
        <li><a href="#">Contactar</a></li>
    </ul>
</nav>
```

Para que este menú no esté visible, lo que necesitamos es definir una clase CSS que lo oculte en la zona de la izquierda, fuera de la zona de visualización o ventana.

```
<style>
    nav.offcanvas{
        position: fixed;
        top: 0;
        left: -300px;
        width: 300px;
        height: 100%;
        transition: left 0.4s ease;
        z-index: 99;
    }
</style>
```

Y para que este se vuelva visible, lo que necesitamos es definir una clase CSS que lo traslade a una parte visible de la pantalla, en nuestro caso, la posición cero de la coordenada X referenciada por la propiedad LEFT.

```
<style>
    nav.offcanvas.active{
        left: 0;
    }
</style>
```

Pero, ¿cómo hacemos para que se muestre u oculte? Sencillo, para ello utilizaremos un método de JavaScript que añadirá o eliminará la clase ACTIVE en el botón y elemento de navegación que se desea tratar.

```
<script type="text/javascript">
    document.querySelector(".toggle-collapse").onclick = function(e){
        e.target.classList.toggle("active");
        document.querySelector("nav.offcanvas").classList.toggle("active")
    }
```

```
</script>
```

Si observamos la función, tanto al elemento de navegación NAV, como al elemento disparador BUTTON, se les añade o elimina la clase ACTIVE. La razón de añadírselo a los dos elementos es por si, más adelante, queremos realizar un tratamiento especial cuando presentan esa clase.

De hecho, lo más utilizable es que el botón cambiase el texto en función de si está activo o no. Es decir, si no está activado, que contuviese el texto "Mostrar Menú" y, si está activo, que contuviese el texto "Ocultar Menú". Para ello, sólo deberíamos añadir al final de nuestra función la siguiente condición:

```
if(e.target.classList.contains("active")){
    e.target.innerHTML = "Ocultar Menú"
} else {
    e.target.innerHTML = "Mostrar Menú"
}
```

6.6 CREACIÓN DE MAPAS

Para crear y acceder a mapas web, es decir, imágenes con áreas interactivas definidas mediante coordenadas en una página web, se pueden seguir los siguientes pasos:

6.6.1 Identificar la ubicación del archivo

Lo primero que haremos es averiguar dónde está ubicado el archivo de mapa de imagen. Si ya está dentro del código de una página web, se puede encontrar esta información revisando el código fuente de la página web o consultando con el desarrollador web responsable del sitio.

6.6.2 Incrustación de etiqueta IMG

A continuación, usaremos la etiqueta <img> para incrustar la imagen en la página web. Asegúrate de que la ruta de la imagen esté correctamente especificada en el atributo src. Esto es:

```
<img src="ruta/a/imagen.jpg" alt="Descripción de la imagen">
```

6.6.3 Agregado del atributo usemap

Para asociar la imagen con el archivo de mapa de imagen, deberemos agregar el atributo usemap a la etiqueta <img> y establecer su valor en el nombre del archivo de mapa de imagen sin la extensión ".map". Esto es:

```
<img src="ruta/a/imagen.jpg"
    alt="Descripción de la imagen"
    usemap="#nombreMapa">
```

6.6.4 Crear el archivo de mapa de imagen

Una vez hecho todo lo anterior, el archivo de mapa de imagen debe tener la misma ruta y el mismo nombre que la imagen, pero con la extensión ".map". Es decir, que la imagen la hemos denominado imagen.jpg, el archivo de mapa de imagen debería denominarse imagen.map.

6.6.5 Definir las áreas interactivas

Ahora, lo que haremos es abrir el archivo de mapa de imagen en un editor de texto y definir las áreas interactivas utilizando las etiquetas <map> y <area>. Cada área debe tener atributos que especifiquen la forma (rectangular, circular o poligonal) y las coordenadas que definen el área interactiva en relación con la imagen.

```
<map name="nombreMapa">
    <area shape="rect"
          coords="x1,y1,x2,y2"
          href="enlace.html"
          alt="Descripción del área">
    <!-- Otras áreas interactivas -->
</map>
```

6.6.6 Guardar y subir el archivo

Una vez hechos todos los cambios, deberemos guardar los cambios en el archivo de mapa de imagen y subirlo al servidor web, asegurándonos de que esté en la misma ubicación que la imagen.

Con ello, y habiendo seguido estos pasos, la imagen con áreas interactivas debería mostrarse correctamente en la página web y ser utilizable para los usuarios.

6.7 COMO ARRASTRAR Y COLOCAR IMÁGENES

Para crear la funcionalidad de arrastrar y soltar imágenes en HTML, necesitaremos combinar fragmentos de HTML, CSS y JavaScript. A continuación, se muestra un posible ejemplo:

6.7.1 Crear el marcado HTML

```
<div id="contenedor" class="contenedor">
        <div id="arrastre" class="arrastre">
                Arrastra y suelta la imagen aquí
        </div>
        <input type="file" id="seleccionador" accept="image/*">
</div>
```

6.7.2 Estilizar con CSS

```
.contenedor {
  width: 300px;
  height: 300px;
  border: 2px dashed #ccc;
  text-align: center;
  padding: 20px;
}

.arrastre {
  font-size: 16px;
  color: #999;
}

.arrastre:hover {
  cursor: pointer;
  color: #666;
}
```

6.7.3 Agregar el script de JavaScript

```
const contenedor = document.getElementById('contenedor');
const arrastre = document.getElementById('arrastre');
const seleccionador = document.getElementById('seleccionador');
```

```
arrastre.addEventListener('dragover', (e) => {
        e.preventDefault();
});

arrastre.addEventListener('drop', (e) => {
        e.preventDefault();
        const archivo = e.dataTransfer.files[0];
        mostrarImagen(archivo);
});

seleccionador.addEventListener('change', (e) => {
        const archivo = e.target.files[0];
        mostrarImagen(archivo);
});

function mostrarImagen(archivo) {
        const lector = new FileReader();
        lector.onload = function(e) {
                const imagen = new Image();
                imagen.src - e.target.result;
                contenedor.innerHTML = '';
                contenedor.appendChild(imagen);
        }
        lector.readAsDataURL(archivo);
}
```

Con estos "sencillos" pasos, podremos crear un contenedor en el que poder arrastrar y soltar imágenes. No obstante, también podremos seleccionar imágenes a través del input de tipo file que se declara en el HTML. Luego, la imagen seleccionada se mostrará en el contenedor.

7

OPTIMIZACIÓN Y LIMITACIONES DEL DISEÑO

7.1 REPARTICIÓN DE ESPACIOS DENTRO DE UNA PÁGINA

La distribución o repartición de espacios dentro de una página web es esencial para crear un diseño equilibrado y fácil de usar. A continuación, se muestran algunas técnicas comunes para distribuir el espacio de manera efectiva:

7.1.1 Diseño basado en tablas

Las tablas son una forma de distribuir los espacios muy poco flexible y accesible, por lo que no suele ser recomendable a no ser que sea una necesidad o se corresponda con una tabla de datos común de toda la vida.

7.1.1.1 ELEMENTOS HTML DISPONIBLES

7.1.1.1.1 Elemento caption

El elemento CAPTION especifica que el contenido que se va a representar es el título de una tabla. Sólo puede definirse un elemento CAPTION por tabla y es importante que el elemento CAPTION sea el primer hijo directo del elemento TABLE.

7.1.1.1.2 Elemento table

El elemento TABLE especifica que el contenido que se va a representar es una estructura de datos tabulados en forma de filas y columnas, es decir, una tabla.

Entre los atributos que admite en su configuración, se deben destacar **BORDER, CELLPADDING, CELLSPACING y WIDTH,** pero todos ellos es mejor declararlos a través de sus homólogos de CSS.

Las tablas es uno de los elementos de HTML menos accesibles que, a menudo, encontramos en las páginas. Primero porque los desarrolladores no conocen todas las posibilidades de configuración y, segundo, porque si no se ve toda ella en su conjunto puede ser algo muy difícil de entender o contextualizar. Como ejemplo extremo, piénsese que, si un usuario sólo puede ver un dato en una tabla que, además, no presenta una cabecera por la circunstancia que sea, puede no saber a qué se refiere dicho dato.

Por tanto, si se han de utilizar, se deben especificar las dimensiones en términos de porcentaje y establecer todas sus propiedades para que no se pierda semántica y/o accesibilidad.

La declaración de los elementos de cabecera y pie de tabla (THEAD y TFOOT) deben establecerse antes que el elemento del contenido de la tabla TBODY para que el agente de usuario pueda renderizar la información de contexto antes de recibir el detalle con todas las filas de datos, que pueden ser muchas.

Cabe destacar que, los atributos ID, HEADERS y SCOPE, no tienen ningún efecto visual, sin embargo, junto con el elemento CAPTION, son muy útiles para las tecnologías asistivas como los lectores de pantalla puesto que aclaran y fortalecen su significado.

7.1.1.1.3 Elemento colgroup

El elemento COLGROUP especifica que el contenido que se va a representar es un grupo de una o más columnas de una tabla. Suele ser útil para aplicar estilos de forma agrupada en vez de tener que repetirlos de uno en uno.

Es importante que el elemento COLGROUP sea hijo directo del elemento TABLE, que esté declarado justo después del elemento CAPTION y justo antes de los elementos THEAD, TBODY o TFOOT porque, de no ser así, puede afectar a la usabilidad web y a la accesibilidad web.

Para especificar o definir las propiedades de cada columna dentro de cada elemento COLGROUP se debe utilizar el elemento COL. Este elemento sólo permite el atributo SPAN para definir el número de columnas que debe abarcar.

```
<colgroup>
    <col style="background: whitesmoke;"></col>
    <col span="2" style="background: lavender;"></col>
</colgroup>
```

7.1.1.1.4 Elementos thead y tfoot

El elemento THEAD especifica que el contenido que se va a representar es el encabezado de una tabla. El elemento TFOOT es idéntico al elemento THEAD, con la diferencia de que el contenido que se va a representar es el pie de página de una tabla.

Cabe destacar que los elementos THEAD y TFOOT deben declararse justo después del elemento CAPTION y COLGROUP y justo antes del elemento TBODY. También es importante constatar que el elemento THEAD no se debe omitir puesto que su omisión puede perjudicar de forma notable a la usabilidad web y a la accesibilidad web de la página.

7.1.1.1.5 Elemento tbody

El elemento TBODY especifica que el contenido que se va a representar es el cuerpo de una tabla.

Cabe destacar qué elemento TBODY debe declararse justo después de los elementos THEAD y TFOOT. Además, no se debe omitir puesto que su omisión puede perjudicar de forma notable a la usabilidad web y a la accesibilidad web de la página.

7.1.1.1.6 Elemento tr

El elemento TR especifica que el contenido que se va a representar es una fila perteneciente a un encabezado, cuerpo o pie de página de una tabla.

7.1.1.1.7 Elemento th

El elemento TH especifica que el contenido que se va a representar es una celda de encabezado.

Entre los atributos que admite en su configuración, se deben destacar **COLSPAN**, que especifica el número de columnas que se deben unificar, **ROWSPAN**, que especifica el número de filas que se deben unificar, **ID**, que especifica el identificador de la columna y que es necesario para utilizarlo con el atributo HEADERS del elemento TD, **HEADERS**, que especifica la lista de identificadores únicos (separados por espacios en blanco) que se corresponden con los atributos ID pertenecientes a los elementos TH y **SCOPE**, que especifica un único valor que vincula la información entre las celdas de la cabecera y las celdas de datos para indicar si una celda de encabezado es un encabezado para una columna, una fila o un grupo de columnas o un grupo de filas.

7.1.1.1.8 Elemento td

El elemento TD especifica que el contenido que se va a representar es una celda de datos.

Entre los atributos que admite en su configuración, se deben destacar **COLSPAN**, que especifica el número de columnas que se deben unificar, **ROWSPAN**, que especifica el número de filas que se deben unificar y **HEADERS**, que especifica la lista de identificadores únicos (separados por espacios en blanco) que se corresponden con los atributos ID pertenecientes a los elementos TH.

7.1.1.2 ELEMENTOS DISPONIBLES EN CSS

A continuación, se muestran las propiedades de CSS que están expresamente dedicadas a tablas.

7.1.1.2.1 Propiedades border-collapse

Especifica si se deben fusionar o separar los bordes del elemento. Entre sus posibles valores podemos encontrar **COLLAPSE**, que indica que los bordes deben fusionarse cuando sea posible y no es efectivo cuando se encuentra en conjunción con las propiedades EMPTY-CELLS y BORDER-SPACING y, **SEPARATE**, que es el valor por defecto e indica que los bordes deben mostrarse separados e independientes para cada celda o elemento.

ⓘ **NOTA**

La propiedad BORDER-COLLAPSE sólo es válida para los elementos TABLE, TH y TD.

7.1.1.2.2 Propiedad border-spacing

Especifica la distancia entre los bordes de las celdas adyacentes, siempre y cuando la propiedad BORDER-COLLAPSE esté establecida a SEPARATE. Sus posibles se deben asignar a través de un valor establecido en una de las medidas permitidas de CSS.

> ### ⓘ NOTA
>
> La propiedad BORDER-COLLAPSE sólo es válida para los elementos TABLE, TH y TD.

7.1.1.2.3 Propiedad caption-side

Especifica la posición del título de una tabla. Entre sus posibles valores podemos encontrar **BOTTOM**, que indica que el título debe estar debajo de la tabla y **TOP**, que indica que el título debe estar encima de la tabla. Es el valor por defecto.

7.1.1.2.4 Propiedad empty-cells

Especifica si se deben mostrar o no los bordes de las celdas vacías. Entre sus posibles valores podemos encontrar **HIDE**, que indica que NO se deben mostrar y **SHOW**, que es el valor por defecto e indica que se deben mostrar.

7.1.1.2.5 Propiedad table-layout

Especifica el modo en el que se tienen que diseñar celdas, filas y columnas de la tabla. Entre sus posibles valores podemos encontrar **AUTO**, que indica que el ancho de la columna debe establecerse sin romper el texto o contenido de las celdas y **FIXED**, que indica que el ancho de la tabla será gestionado por el usuario y que, las columnas, deberán ser gestionadas por el ancho de las celdas de la primera fila. Si no se estableciesen anchos en la primera fila, los anchos de las columnas se dividirán por partes iguales, independientemente de su contenido.

7.1.1.3 CREACIÓN DE TABLAS RESPONSIVE

Las tablas son, quizás, el componente menos flexible que ofrece HTML. Sin embargo, gracias a CSS y JavaScript es posible hacer que esta característica se vuelva algo menos rígida. Por ejemplo, supongamos una tabla de datos como la siguiente:

EJEMPLO DE TABLA ADAPTATIVA						
ID	Empresa	F. Movimiento	Tipo	Concepto	Importe	Estado
1	Consultores SA	30-12-2019	Ingreso	Nómina	+1268.00 €	Efectuado
2	Carrefour	01-01-2020	Recibo	Supermercado	-128.56 €	Efectuado
3	El Corte Inglés	03-01-2020	Recibo	Chaqueta hombre L-XL	-99.99 €	Pendiente
4	El Corte Inglés	03-01-2020	Recibo	Pantalón hombre M-L	-48.50 €	Pendiente

Si probásemos esta tabla en un dispositivo móvil, lo más probable es que viésemos una barra de desplazamiento horizontal y, dependiendo de la resolución del dispositivo, de los tamaños de fuente y de los estilos agregados, puede que hasta prácticamente nada de información útil.

Para solucionar este supuesto, a continuación, se muestran algunas de las técnicas para hacer que las tablas de HTML puedan verse en cualquier dispositivo sin perder legibilidad e independientemente de sus dimensiones o densidad.

7.1.1.3.1 Mediante barras de desplazamiento

Esta técnica consiste en definir normalmente la tabla y aplicarle unas consultas de medios cuando se produce una condición determinada, como pueda ser el ancho del dispositivo.

Es la técnica más sencilla de todas, pero no la que mejor se adapta a las condiciones del dispositivo ya que, si los datos son muy largos, puede no verse casi nada de información.

La técnica consiste en ajustar el tamaño de la tabla al 100% del ancho del dispositivo, cambiar el modo de representación de la tabla a BLOCK, en vez de TABLE, y habilitar el desplazamiento horizontal en la misma.

Código CSS

```
@media screen and (max-width: 620px) {
    table { display: block; overflow-x: auto; width: 100%; }
}
```

Posible resultado

EJEMPLO DE TABLA ADAPTATIVA						
ID	Empresa	F. Movimiento	Tipo	Concepto	Importe	Estad
1	Consultores SA	30-12-2019	Ingreso	Nómina	+1268.00 €	Efectu
2	Carrefour	01-01-2020	Recibo	Supermercado	-128.56 €	Efectu
3	El Corte Inglés	03-01-2020	Recibo	Chaqueta hombre L-XL	-99.99 €	Pendi
4	El Corte Inglés	03-01-2020	Recibo	Pantalón hombre M-L	-48.50 €	Pendi

7.1.1.3.2 Mediante consultas de medios

Al igual que sucede con la técnica de la barra de desplazamiento horizontal, esta técnica consiste en definir normalmente la tabla y aplicarle unas consultas de medios cuando se produce una condición determinada, como pueda ser el ancho del dispositivo.

Aunque esta técnica resulta ser algo más tediosa y laboriosa, es la que mejor se adapta a las condiciones del dispositivo si no se desea recurrir a JavaScript. Por ello, es una de las más utilizadas en situaciones reales.

La técnica consiste en ajustar el tamaño de la tabla al 100% del ancho del dispositivo, ocultar los campos de cabecera, cambiar el modo de representación de las celdas y, agregar unos atributos personalizados con los nombres de las columnas para utilizarlos como identificadores de campo.

Estos identificadores de campo se mostrarán a través de pseudo-elemento BEFORE en la parte izquierda de cada celda cuando las condiciones de la consulta de medios se cumplan y, para que los valores de estos campos no pierdan legibilidad, el valor de las celdas se alineará a la derecha, todo ello, además, con la intención de aprovechar, al máximo, el espacio disponible.

Código CSS

```
html,
body { margin: 0; padding: 0; font-family: 'Roboto', sans-serif;
       display: block; font-size: 14px;
}

table        { border: 1px solid rgba(0,0,0,0.2); border-spacing: 2px;
               margin: 10px 0; }

table caption { background: #000000; color: #fff; font-size: 1.0rem;
               font-weight: bold; line-height: 1.5; padding: 0;
```

```
                  text-transform: uppercase; }

table td,
table th      { border: 1px solid rgba(0,0,0,0.2); border-spacing: 0;
                font-size: 1rem; padding: 5px; text-align: left;
                margin: 2px 0; white-space: nowrap; }


table thead th:nth-child(6),
table tbody td:nth-child(6){ text-align: right; }

@media screen and (max-width: 620px) {
    table { width: 100%; }

    thead { display: none; }

    tr td:first-child { background: #f0f0f0; font-weight: bold; }

    tbody td { display: block; text-align: right; }

    tbody td:before { content: attr(data-field); display: block;
                      float: left; font-weight: bold; padding: 0 10px 0 0;
                      text-align: left; width: auto; }
}
```

Cabe destacar que este código CSS se alimenta de un atributo personalizado DATA-FIELD que debe estar definido en cada elemento TD de la tabla y que debe ser idéntico al texto contenido dentro del elemento TH.

En lo referente a este último código de CSS, y al igual que pasaba con la técnica anterior, el cambio de comportamiento se realiza cuando la resolución llega al valor de 620 píxeles.

Posible resultado

EJEMPLO DE TABLA ADAPTATIVA	
ID	1
Empresa	Consultores SA
F. Movimiento	30-12-2019
Tipo	Ingreso
Concepto	Nómina
Importe	+1268.00 €
Pago	Efectuado
ID	2

7.1.2 Diseño basado en cajas flexibles (Flexbox)

Las cajas flexibles no son nada más que otra de las formas de organizar la información a través de filas y columnas, pero, al contrario que las tablas, sus elementos pueden manipularse, ensancharse o encogerse para rellenar el espacio adicional y, con ello, representarse de manera correcta en dispositivos con poca resolución o de pequeño tamaño.

7.1.2.1 PRINCIPALES ELEMENTOS DISPONIBLES EN CSS

7.1.2.1.1 Propiedad align-content

Especifica cómo se deben distribuir los elementos verticalmente. Es una propiedad similar a ALIGN-ITEMS, pero en lugar de alinear elementos flexibles, alinea líneas flexibles. Entre sus posibles valores podemos encontrar:

CENTER: indica que las líneas de elementos deben distribuirse verticalmente por la zona media del contenedor flexible.	
FLEX-END: indica que las líneas de elementos deben distribuirse verticalmente por la zona final del contenedor flexible.	
FLEX-START: indica que las líneas de elementos deben distribuirse verticalmente por la zona inicial del contenedor flexible.	
SPACE-AROUND: indica que las líneas de elementos deben distribuirse verticalmente de forma uniforme por el contenedor flexible con espacios perceptibles en cada extremo.	
SPACE-BETWEEN: indica que las líneas de elementos deben distribuirse verticalmente de forma uniforme por los extremos del contenedor flexible.	
STRECTCH: indica que las líneas de elementos deben ajustarse verticalmente para ocupar o rellenar el espacio restante. Es el valor por defecto.	

ⓘ NOTA

La propiedad ALIGN-CONTENT sólo tendrá algún efecto cuando el modo de visualización (DISPLAY) sea FLEX y la propiedad FLEX-WRAP esté establecida a WRAP o a WRAP-REVERSE.

7.1.2.1.2 Propiedad align-items

Especifica la alineación predeterminada para los elementos que están dentro de un contenedor flexible. Entre sus posibles valores podemos encontrar:

BASELINE: indica que los elementos deben estar posicionados en la línea base del contenedor flexible.	1 2 3
CENTER: indica que los elementos deben estar posicionados en la parte central del contenedor flexible.	1 2 3
FLEX-END: indica que los elementos deben estar posicionados al final del contenedor flexible.	1 2 3
FLEX-START: indica que los elementos deben estar posicionados al principio del contenedor flexible.	1 2 3
STRECTCH: indica que los elementos deben ajustarse al alto del contenedor para rellenarlo. Es el valor por defecto.	1 2 3

ⓘ NOTA

La propiedad ALIGN- ITEMS sólo tendrá algún efecto cuando el modo de visualización (DISPLAY) sea FLEX y puede anularse a través de la propiedad ALIGN-SELF.

7.1.2.1.3 Propiedad allign-self

Especifica la alineación determinada para un elemento que está dentro de un contenedor flexible. Entre sus posibles valores podemos encontrar:

AUTO: indica que la alineación es inherente y que debe heredarse de la propiedad ALIGN-ITEMS definida en su contenedor. Es el valor por defecto.	1 2 3
BASELINE: indica que el elemento debe estar posicionado en la línea base del contenedor flexible.	2 / 1 3
CENTER: indica que el elemento debe estar posicionado en la parte central del contenedor flexible.	1 2 3
FLEX-END: indica que el elemento debe estar posicionado al final del contenedor flexible.	1 3 / 2
FLEX-START: indica que el elemento debe estar posicionado al principio del contenedor flexible.	2 / 1 3
STRECTCH: indica que el elemento se debe ajustar al alto del contenedor para rellenarlo.	1 2 3

> **ⓘ NOTA**
>
> La propiedad ALIGN- ITEMS sólo tendrá algún efecto cuando el modo de visualización (DISPLAY) sea FLEX.

7.1.2.1.4 Propiedad flex

Es una propiedad compuesta que especifica, de forma conjunta, las propiedades de crecimiento flexible, decrecimiento flexible y el ancho del elemento.

El crecimiento viene determinado por la propiedad FLEX-GROW y se establece a través de un número que indica cómo irá creciendo el elemento con respecto al resto de elementos flexibles.

El decrecimiento viene determinado por la propiedad FLEX-SHRINK y se establece a través de un número que indica cómo irá decreciendo el elemento con respecto al resto de elementos flexibles.

El ancho viene determinado por la propiedad FLEX-BASIS y se establece a través de un en alguna de las unidades de medida estándar de CSS.

Si se asignan los tres valores, se aplicarán en el orden anteriormente indicado, es decir, es como si se estableciese de forma independiente las variables FLEX-GROW, FLEX-SHRINK y FLEX-BASIS, en este orden.

```
li  { flex: 1 1 auto; } /* FLEX-GROW FLEX-SHRINK FLEX BASIS */
```

Si se asignan dos valores, se podrán establecer o el crecimiento y el ancho, o el crecimiento y el decrecimiento. Es decir, es como si se estableciese de forma independiente las variables FLEX-GROW y FLEX-BASIS o FLEX-GROW y FLEX-SHRINK, en este orden.

```
p   { flex: 1 100%; }   /* FLEX-GROW FLEX-BASIS */
p   { flex: 1 1; }      /* FLEX-GROW FLEX-SHRINK */
```

Si se asigna un único valor, podrá aplicarse o un crecimiento o un ancho, es decir, es como si se estableciese de forma independiente la variable FLEX-GROW o la variable FLEX-BASIS.

```
p   { flex: 1; }      /* FLEX-GROW */
p   { flex: 100%; }   /* FLEX-BASIS */
```

7.1.2.1.5 Propiedad flex-basis

Especifica el ancho inicial de un elemento flexible. Entre sus posibles valores podemos encontrar **AUTO**, que indica que el ancho es igual a la anchura predefinida del elemento flexible o, en ausencia de valor, en función de su contenido y, **[VALOR]**, que indica un valor establecido en una de las medidas permitidas de CSS.

Por ejemplo, imaginemos que tenemos un contenedor flexible con un ancho de 100 píxeles con tres elementos, en donde cada uno de ellos, tiene establecidas las propiedades FLEX-GROW y FLEX-SHRINK a 0 y la propiedad FLEX-BASIS a 33px. Esto debería producir un resultado similar al siguiente:

Ahora, si establecemos la propiedad FLEX-BASIS a 0 al segundo elemento, el resultado debería ser similar al siguiente:

Pero, si estableciésemos la propiedad FLEX-BASIS a 50px para el segundo elemento el resultado debería ser similar al siguiente:

Como se puede apreciar en la ilustración, el elemento 3 no entra en el contenedor de forma completa y se ve desbordado.

7.1.2.1.6 Propiedad flex-direction

Especifica la dirección de los elementos flexibles. Entre sus posibles valores podemos encontrar:

▸ **COLUMN**: indica que los elementos deben mostrarse verticalmente empezando por arriba. Un ejemplo podría ser que todos los elementos se sitúen, unos debajo de otros, desde arriba del contenedor en formación de A-B-C-D.

▸ **COLUMN-REVERSE**: indica que los elementos deben mostrarse verticalmente, empezando por abajo y con los elementos invertidos de orden. Un ejemplo podría ser que todos los elementos se sitúen, unos encima de otros, desde abajo del contenedor en formación de D-C-B-A.

▶ **ROW**: indica que los elementos deben mostrarse horizontalmente, empezando por la izquierda. Un ejemplo podría ser que los elementos se situasen todos seguidos y alineados a la izquierda en la parte superior del contenedor en formación de A-B-C-D. Es el valor por defecto.

▶ **ROW-REVERSE**: indica que los elementos deben mostrarse horizontalmente, empezando por la derecha y con los elementos invertidos de orden. Un ejemplo podría ser que los elementos se situasen todos seguidos y alineados a la derecha en la parte superior del contenedor en formación de D-C-B-A.

7.1.2.1.7 Propiedad flex-flow

Es una propiedad compuesta que especifica la dirección de los elementos flexibles y si deben ajustarse o no al ancho del contenedor.

El ajuste de los elementos viene determinado por la propiedad FLEX-WRAP, mientras que la dirección viene determinada por la propiedad FLEX-DIRECTION. El orden de asignación es arbitrario, es decir, se puede realizar la asignación de la propiedad a través de la dirección y el ajuste, o a la inversa.

En general, se recomienda utilizar esta, y las demás formas abreviadas, debido a que su interpretación y renderizado se realiza algo más rápido.

7.1.2.1.8 Propiedad flex-grow

Especifica la relación de crecimiento del elemento con respecto a los demás. Entre sus posibles valores podemos encontrar un valor **[NÚMERO]** y que es un valor entero que indica, por decirlo así, el factor de multiplicación con respecto a los demás. Esto es, si todos los elementos de un contenedor flexible tienen un valor asignado de 1, menos uno que tiene un valor de 3, eso querrá decir que ese elemento será tres veces mayor que el resto.

7.1.2.1.9 Propiedad flex-shrink

Especifica la relación de decrecimiento del elemento con respecto a los demás. Entre sus posibles valores podemos encontrar un valor **[NÚMERO]** y que es un valor entero que indica, por decirlo así, el factor de división con respecto a los demás. Esto es, si todos los elementos de un contenedor flexible tienen un valor asignado de 1, menos uno que tiene un valor de 3, eso querrá decir que ese elemento será tres veces menor que el resto.

7.1.2.1.10 Propiedad flex-wrap

Especifica si el elemento debe ajustarse o no al ancho del contenedor. Entre sus posibles valores podemos encontrar:

- ▶ **NOWRAP**: indica que el elemento no debe ajustarse. Es el valor por defecto.

- ▶ **WRAP**: indica que el elemento debe ajustarse si fuese necesario.

- ▶ **WRAP-REVERSE**: indica que el elemento debe ajustarse si fuese necesario, pero en orden inverso.

Por ejemplo, imaginemos que tenemos un contenedor flexible que tiene un ancho de 150 píxeles y, dentro, tiene definidos cuatro elementos de 40 por 40 píxeles cada uno. Dependiendo de cómo se establezca la propiedad FLEX-WRAP, debería producirse algo similar a uno de los siguientes resultados:

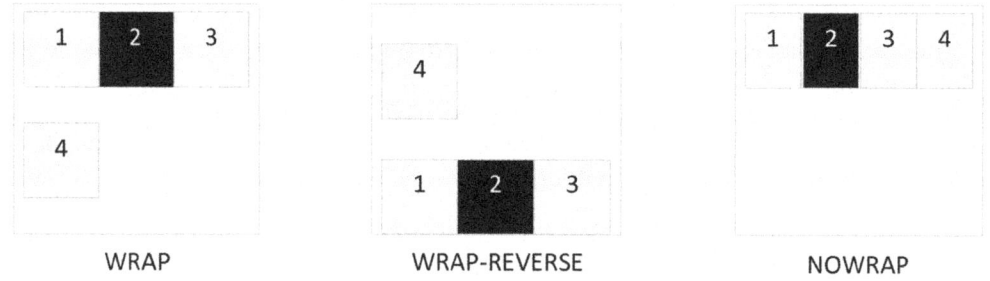

WRAP   WRAP-REVERSE   NOWRAP

7.1.2.1.11 Propiedad justify-content

Especifica la alineación horizontal para los elementos flexibles cuando éstos no utilizan, o no cubren, todo el espacio disponible. Entre sus posibles valores podemos encontrar:

CENTER: indica que los elementos deben estar posicionados en la parte central del contenedor flexible.	1 2 3
FLEX-END: indica que los elementos deben estar posicionados a la derecha del contenedor flexible.	1 2 3

FLEX-START: indica que los elementos deben estar posicionados a la izquierda del contenedor flexible.	1 2 3
SPACE-BETWEEN: indica que los elementos deben ajustarse de forma que los espacios adyacentes sean iguales.	1 2 3
SPACE-AROUND: indica que los elementos deben ajustarse de forma que los espacios entre ellos sean iguales, a excepción del primer y último elemento, en donde los espacios, anterior al primer elemento, y posterior al último elemento, deben ser la mitad que el espacio que hay entre el resto de los elementos.	1 2 3

7.1.2.1.12 Propiedad order

Especifica el orden de un elemento flexible con respecto al resto de elementos que tiene a su mismo nivel. Entre sus posibles valores podemos encontrar un valor **[NÚMERO]** que es un valor entero el cual indica el orden de aparición en la horizontal de izquierda a derecha. Por defecto, su valor es 0.

Para verlo claro, si, por ejemplo, tuviésemos un contenedor flexible con tres elementos y no estableciésemos la propiedad ORDER, los elementos aparecerían colocados según orden de aparición, es decir, **1, 2, 3**. Sin embargo, si estableciésemos al primer elemento un ORDER: 2 y al segundo un ORDER: 1, lo que veríamos es que el orden de aparición en pantalla sería **2, 1, 3**.

7.1.2.2 CREACIÓN DE FLEXBOX RESPONSIVE

La creación de una estructura tipo tabla a través de cajas flexibles puede llegar a ser una tarea bastante tediosa y con comportamientos algo indeseables, como que el ancho de las celdas no se suele ajustar al ancho del contenido. Sin embargo, responden muy bien a todo tipo de resoluciones.

Dicho esto, y para ayudar a comprender mejor todo esto de las cajas flexibles, vamos a intentar implementar el mismo conjunto de datos que usamos con las tablas.

Si nos fijamos en el resultado podremos ver que, siendo los mismos datos, el modo de presentarlos en pantalla es muy diferente. Esto es, básicamente, porque las cajas flexibles están pensadas para establecer contenidos adaptables en función del ancho y no para presentar datos como si fuesen tablas.

EJEMEPLO DE TABLA CON FLEXBOX CSS						
ID	Empresa	F. Movimiento	Tipo	Concepto	Importe	Estado
1	Consultores SA	30-12-2019	Ingreso	Nómina	+1268.00 €	Efectuado
2	Carrefour	01-01-2020	Recibo	Supermercado	-128.56 €	Efectuado
3	El Corte Inglés	03-01-2020	Recibo	Chaqueta hombre L-XL	-99.99 €	Efectuado
4	El Corte Inglés	03-01-2020	Recibo	Pantalón hombre M-L	-48.50 €	Efectuado

Para hacer esto basta con crear una estructura de datos a modo de un DIV contenedor que posea tantos DIV como filas tenga (incluyendo la cabecera y el título de la tabla) y, dentro de cada uno de estos, tantos DIV como columnas tenga cada fila. Algo como:

```
<div class="flexbox">
    <div class="caption">EJEMEPLO DE TABLA CON FLEXBOX CSS</div>

    <div class="row header">
        <div class="col">ID</div>
        <div class="col">Empresa</div>
        <div class="col">F. Movimiento</div>
        <div class="col">Tipo</div>
        <div class="col">Concepto</div>
        <div class="col">Importe</div>
        <div class="col">Estado</div>
    </div>

    <div class="row">
        <div class="col">1</div>
        <div class="col">Consultores SA</div>
        <div class="col">30-12-2019</div>
        <div class="col">Ingreso</div>
        <div class="col">Nómina</div>
        <div class="col">+1268.00 €</div>
        <div class="col">Efectuado</div>
    </div>

    <div class="row">...</div>
    ...
</div>
```

Después, sólo necesitaremos definir el sistema de cajas flexibles a las clases **.ROW** y **.COL**, y unos cuantos estilos adicionales:

Código CSS

```
.flexbox .caption { display: block; text-align: center; font-weight: 600;
                    background: #000; color: #fff; }
.flexbox          { border: 1px solid #ccc; }
.flexbox .row     { display: flex; width: 100%; max-width: 100%;margin: 0;}
.flexbox .col     { border: 1px solid #ccc; display: flex;
                    flex-flow: column nowrap; justify-content: flex-start;
                    align-items: flex-start; flex: 1 1 100%; margin: 1px;
                    padding: 0 5px; max-width: calc(100% / 7); }
.flexbox .header .col { font-weight: 600; }
```

7.1.3 Diseño basado en cuadrículas (Grid Layout)

El diseño basado en cuadrículas no es más que un sistema más actual para realizar diseños de estructuras bidimensionales. Sin embargo, tiene una gran diferencia y es que no requiere de contenedores diferenciables para filas y columnas ya que nos permite alinear los elementos a través de CSS, lo que ahorra en HTML y disminuye la carga del DOM (Document Object Model y representa la interfaz de programación para documentos HTML y XML), el cual se verá más adelante.

El diseño en Grid Layout se puede utilizar para obtener muy diversos resultados, pero desde una perspectiva diferente a las vistas hasta ahora. Dado que puede ser algo muy complicado y largo de explicar, aquí presentaremos lo más básico para empezar a trabajar. Si se desea más información se recomienda visitar la página de MDN Web Docs en *https://developer.mozilla.org/es/docs/Web/CSS/CSS_Grid_Layout* o la página de CSS Tricks *https://css-tricks.com/snippets/css/complete-guide-grid/*, la cual está en inglés.

7.1.3.1 PRINCIPALES ELEMENTOS DISPONIBLES EN CSS

7.1.3.1.1 Propiedad display

Especifica que vamos a definir un contenedor de cuadrículas. Entre sus posibles valores podemos encontrar **GRID**, que indica que se va a definir un grid a nivel de bloque y **INLINE-GRID**, que indica que se va a definir un grid a nivel de línea.

7.1.3.1.2 Propiedades grid-template-rows y grid-template-columns

Especifican las filas y columnas de la cuadrícula mediante una lista de valores que definen el tamaño y espacio entre sus elementos separados por espacios. El tamaño puede ser descrito a través de una de las unidades de media de CSS o por la palabra clave **FR**, que es lo más frecuente y representa una fracción del espacio libre en la cuadrícula.

El siguiente ejemplo describiría un grid de 4 filas por 7 columnas:

```css
.grid {
    display: grid;
    grid-template-columns: 1fr 1fr 1fr 1fr 1fr 1fr 1fr;
    grid-template-rows: 1fr 1fr 1fr 1fr;
    gap: 5px;
}
```

Suponiendo que tengamos un contenedor grid con 28 elementos de caja (p.e. DIV) como hijos directos. El resultado debería ser similar a:

7.1.3.1.3 Propiedades grid-row-start y grid-row-end, grid-column-start, grid-column-end

Especifican la ubicación de los elementos dentro de la cuadrícula haciendo referencia a posiciones específicas.

Mientras que las propiedades **GRID-COLUMN-START** y **GRID-ROW-START** son para asignar la posición donde comienzan, **GRID-COLUMN-END** y **GRID-ROW-END** son para posición donde terminan. Para que lo veamos un poco más claro, veamos el siguiente ejemplo:

```css
.large-item {
    grid-column-start: 2;
    grid-column-end: five;
    grid-row-start: row1-start;
    grid-row-end: 3;
}
```

Suponiendo que tengamos un contenedor grid con 19 elementos de caja (p.e. DIV) como hijos directos. Si a uno de estos DIV le asignamos esta clase, el resultado debería ser similar a:

7.1.3.1.4 Propiedad align-items y justify-items

Especifican cómo se deben distribuir los elementos horizontal y/o verticalmente. Estas propiedades son similares a sus homólogas de Flexbox ALIGN-ITEMS y JUSTIFY-CONTENT, pero en lugar de alinear elementos flexibles, alinea cuadrículas.

Entre sus posibles valores podemos encontrar **STRETCH**, que es el valor por defecto e indica que las cuadrículas se ajusten al alto disponible de la celda, **START**, que indica que los elementos se coloquen en la parte inicial de su celda, **END**, que indica que los elementos se coloquen en la parte final de su celda, **CENTER**, que indica que los elementos se coloquen en la parte central de su celda y **BASELINE**, que indica que los elementos se alineen a lo largo de la línea de base del texto.

Para que veamos un poco el comportamiento de estas propiedades lo mejor es que lo pongamos en práctica, sin embargo, a continuación, mostraremos un caso de uso particular que es cuando, ambas propiedades, están declaradas como **CENTER**.

```
.grid {
    display: grid;
    grid-template-columns: 1fr 1fr 1fr 1fr 1fr 1fr 1fr;
    grid-template-rows: 1fr 1fr 1fr 1fr;
    gap: 5px;
    align-items: center;
    justify-items: center;
}
```

El resultado debería ser similar a:

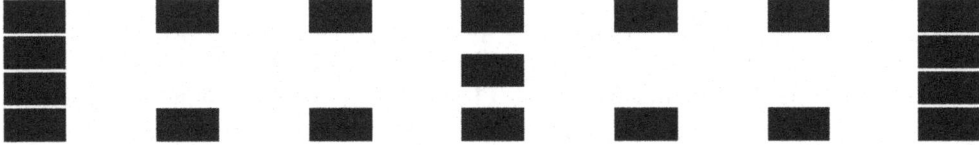

7.1.3.1.5 Función repeat y las palabras clave

La función **REPEAT** es un método elegante que nos permite ahorrar tiempo a la hora de definir el tamaño de las cuadrículas o celdas. Por ejemplo, en vez de usar la definición anterior que se mostró en las propiedades **GRID-TEMPLATE-ROWS** y **GRID-TEMPLATE-COLUMNS**, podemos escribir:

```css
.grid {
    display: grid;
    grid-template-columns: repeat(7, 1fr);
    grid-template-rows: repeat(4, 1fr);
    gap: 5px;
}
```

No obstante, la potencia de esta función reside en las palabras clave que puede utilizar. Entre sus posibles palabras clave hay que destacar **AUTO-FILL**, que indica que se ajusten tantas columnas como sea posible en una fila, incluso si, éstas, están vacías, **AUTO-FIT**, que indica que las columnas se coloquen según el espacio disponible y **MINMAX**, que indica o establece el ancho mínimo y máximo para cada cuadrícula o celda.

Por ejemplo, en el caso anterior que teníamos un grid con 28 celdas, y que respondería perfectamente con el código mostrado en la parte superior de este mismo apartado, podríamos haber definido un ajuste automático con unos valores de máximo y mínimo predefinidos:

```css
.grid {
    display: grid;
    grid-template-columns: repeat(auto-fill, minmax(150px, 1fr));
    grid-template-rows: minmax(max-content, 1fr);
    gap: 5px;
}
```

Sin embargo, esta regla CSS tiene un gran problema y es que sólo nos resultará válida cuando el ancho del contenedor o elemento padre sea múltiplo entero del número de columnas, en este caso 7. La razón de por qué no sería válido es porque, en cuanto el ancho del contenedor o padre sea 8 o más, las celdas que deberían formar una columna se mostrarán en diagonal.

En realidad, este es un problema que hemos causado a propósito para ver una casuística específica, pero, al definir **GRID-TEMPLATE-COLUMNS** como un **REPEAT** sencillo y poner el **GRID-TEMPLATE-ROWS** como se indica en este último ejemplo, se consigue un comportamiento bastante similar al de las tablas de HTML, todo ello, con considerable menos código CSS.

7.1.3.2 CREACIÓN DE GRID RESPONSIVE

La creación de una estructura tipo tabla a través de grids puede llegar a ser una tarea algo confusa si no se sabe muy bien lo que hacer, pero, al final resulta un método más que sencillo para formatear datos en dos dimensiones y responden muy bien a todo tipo de resoluciones.

Dicho esto, si nos fijamos en el resultado podremos ver que, siendo los mismos datos que hemos ido mostrando a lo largo de este capítulo, el modo de presentarlos en pantalla puede llegar a ser muy diferente a uno u otro modelo. Esto es, básicamente, porque las cuadrículas están pensadas para establecer contenidos adaptables en función del ancho y presentarlos como si fuesen tablas.

EJEMEPLO DE TABLA CON GRID CSS						
ID	Empresa	F. Movimiento	Tipo	Concepto	Importe	Estado
1	Consultores SA	30-12-2019	Ingreso	Nómina	+1268.00 €	Efectuado
2	Carrefour	01-01-2020	Recibo	Supermercado	-128.56 €	Efectuado
3	El Corte Inglés	03-01-2020	Recibo	Chaqueta hombre L-XL	-99.99 €	Efectuado
4	El Corte Inglés	03-01-2020	Recibo	Pantalón hombre M-L	-48.50 €	Efectuado

Para hacer esto basta con crear una estructura de datos a modo de un DIV contenedor que dentro posea dos DIV, uno para el título y otro para los datos. Dentro de este último DIV, deberemos establecer tantos DIV como filas y columnas se dispongan, es decir, deberemos establecer tantos DIV como celdas tenga el grid. Algo como:

```
<div class="grid">
    <div class="caption">EJEMEPLO DE TABLA CON FLEXBOX CSS</div>

    <div class="row">
        <div class="col">ID</div>
        <div class="col">Empresa</div>
        <div class="col">F. Movimiento</div>
        <div class="col">Tipo</div>
        <div class="col">Concepto</div>
        <div class="col">Importe</div>
        <div class="col">Estado</div>

        <div class="col">1</div>
        <div class="col">Consultores SA</div>
```

```
        <div class="col">30-12-2019</div>
        <div class="col">Ingreso</div>
        <div class="col">Nómina</div>
        <div class="col">+1268.00 €</div>
        <div class="col">Efectuado</div>

        <div class="col">2</div>
        ...
    </div>
</div>
```

Después, sólo necesitaremos definir el sistema de grid a la clase **.ROW** y unos cuantos estilos adicionales:

Código CSS

```
.grid .row    { display: grid; grid-template-columns: repeat(7, 1fr);
                grid-template-rows: minmax(max-content, 1fr);
                padding: 1px 1px; border: 1px solid #ccc; }
.grid .caption { display: block; text-align: center; font-weight: 600;
                background: #000; color: #fff; }
.grid .col    { border: 1px solid #ccc; margin: 1px; padding: 0 5px; }
.grid .row .col:nth-child(-n+7) { font-weight: 600; }
```

7.2 INSERCIÓN DE UN BACKGROUND

La inserción de backgrounds se suele hacer a través de CSS, un lenguaje que posee una gran variedad de propiedades para el manejo y manipulación de imágenes. A continuación, se muestran la mayor parte de ellas, si no todas.

7.2.1 Propiedades CSS disponibles

7.2.1.1 PROPIEDAD BACKGROUND-ATTACHMENT

Especifica si la imagen establecida por BACKGROUND-IMAGE debe desplazarse con el resto del documento o debe quedarse fija. Entre sus posibles valores podemos encontrar **SCROLL**, que indica cómo se desplazará la imagen con el documento y es el valor por defecto, **FIXED**, que especifica que la imagen debe mantenerse fija, es decir, sin responder al desplazamiento de la página o documento y **LOCAL**, que indica que la imagen debe desplazarse con el contenido del elemento al que está asociada.

7.2.1.2 PROPIEDAD BACKGROUND-CLIP

Especifica cómo debe extenderse el fondo, gradiente o imagen dentro del elemento actual.

Entre sus posibles valores podemos encontrar **BORDER-BOX**, que indica que el fondo debe extenderse incluyendo el borde del elemento y es el valor por defecto, **PADDING-BOX**, que indica que el fondo debe extenderse sin incluir el borde del elemento y **CONTENT-BOX**, que indica que el fondo debe extenderse hasta donde empieza el espacio útil para el contenido del elemento sin incluir el margen interno.

7.2.1.3 PROPIEDAD BACKGROUND-IMAGE

Especifica una o varias imágenes o gradientes para un elemento. Entre sus posibles valores podemos encontrar **[URL]**, que indica la dirección de la imagen que se establecerá como fondo, **NONE**, que es el valor por defecto e indica que no se aplique fondo alguno y los posibles valores de **LINEAR-GRADIENT, RADIAL-GRADIENT, REPEATING-LINEAR-GRADIENT** y **REPEATING-RADIAL-GRADIENT**, comentados anteriormente en el apartado de funciones gráficas del capítulo de Introducción al CSS.

7.2.1.4 PROPIEDAD BACKGROUND-ORIGIN

La propiedad BACKGROUND-ORIGIN funciona de forma similar a la propiedad BACKGROUND-CLIP y especifica la posición de origen de una imagen de fondo.

Entre sus posibles valores podemos encontrar **BORDER-BOX**, que indica que la imagen empezará en la esquina superior izquierda del borde, **PADDING-BOX**, que es el valor por defecto e indica que la imagen empezará en la esquina superior izquierda del límite del margen interno y **CONTENT-BOX**, que indica que la imagen empezará en la esquina superior izquierda del límite del contenido.

7.2.1.5 PROPIEDAD BACKGROUND-POSITION

Especifica la posición inicial del fondo. Entre sus posibles valores podemos encontrar **[POSICIÓN]**, que indica un valor de posicionamiento. Puede ser una combinación de palabras clave como son LEFT TOP, LEFT CENTER, LEFT BOTTOM, CENTER TOP, CENTER CENTER, CENTER BOTTOM, RIGHT TOP, RIGHT CENTER, RIGHT BOTTOM, o un valor establecido en una de las medidas permitidas de CSS.

A continuación, se muestra una ilustración con cada uno de los significados:

LEFT TOP	CENTER TOP	RIGHT TOP
LEFT CENTER	CENTER CENTER	RIGHT CENTER
LEFT BOTTOM	CENTER BOTTOM	RIGHT BOTTOM

7.2.1.6 PROPIEDAD BACKGROUND-REPEAT

Especifica si la imagen establecida como fondo debe repetirse y cómo debe hacerlo. Entre sus posibles valores podemos encontrar **REPEAT**, que es el valor por defecto e indica que la imagen debe repetirse tanto horizontal, como verticalmente, **REPEAT-X**, que indica que la imagen debe repetirse sólo horizontalmente, **REPEAT-Y**, que indica que la imagen debe repetirse sólo verticalmente, **NO-REPEAT**, que indica que la imagen NO debe repetirse, **SPACE**, que indica que la imagen debe repetirse tanto como sea posible, siempre y cuando, no se deforme ni se corte y **ROUND**, que indica que la imagen debe repetirse para llenar el espacio del elemento, aunque eso implique que sea deformada.

7.2.1.7 PROPIEDAD BACKGROUND-SIZE

Especifica el tamaño del fondo.

Entre sus posibles valores podemos encontrar **AUTO**, que es el valor por defecto e indica que el tamaño de la imagen debe ser igual al tamaño original, **COVER**, que indica que el tamaño de la imagen debe ajustarse para cubrir todo el contenedor o elemento, aunque eso implique que la imagen se corte por los extremos, **CONTAIN**, que indica que el tamaño de la imagen debe ajustarse para asegurarse de que sea totalmente visible. Cuando este valor se utiliza, lo normal es que se generen espacios en blanco en alguno de los extremos del elemento y **[VALOR]**, que indica un valor establecido en una de las medidas permitidas de CSS.

7.2.1.8 PROPIEDAD OBJECT-POSITION

Especifica dónde se debe colocar el elemento con respecto a su elemento padre o contenedor. Entre sus posibles valores podemos encontrar:

- ▶ **FILL**: indica que el elemento se ajustará al tamaño del contenedor, aunque este deba ser deformado, si así se requiere. Es el valor por defecto.

- ▶ **CONTAIN**: indica que el elemento se ajustará con respecto al tamaño del contenedor, pero guardando la relación de aspecto para que entre todo su contenido en el espacio disponible.

▼ **COVER**: indica que el elemento se ajustará con respecto al tamaño del contenedor, pero guardando la relación de aspecto para llenar el espacio disponible. Este valor puede hacer que se corte información por los extremos.

▼ **NONE**: indica que el elemento NO se ajustará ni deformado.

▼ **[POSICIÓN]**: indica un valor de posicionamiento. Puede ser una combinación de palabras clave como son LEFT TOP, LEFT CENTER, LEFT BOTTOM, CENTER TOP, CENTER CENTER, CENTER BOTTOM, RIGHT TOP, RIGHT CENTER, RIGHT BOTTOM, o un valor establecido en una de las medidas permitidas de CSS.

ⓘ **NOTA**

Esta propiedad sólo es aplicable a los elementos IMG y VÍDEO.

7.2.2 Adaptación receptiva y adaptativa

Cada vez más, accedemos a los contenidos web desde muy diferentes dispositivos con distintos tamaños y resoluciones. Esto provoca que los diseñadores y desarrolladores tengan que ingeniárselas para mostrar los contenidos de forma que no pierdan información, calidad o relación de aspecto.

Hasta no hace tanto, era habitual ver las imágenes deformadas o con espacios en "blanco" alrededor, lo que provocaba sensación de mala calidad, mal gusto o una imagen corporativa descuidada. Pero entonces, apareció el concepto de diseño receptivo o adaptativo y, con él, varias técnicas de adaptación de contenidos que trataban de conseguir que las imágenes se viesen de forma adecuada.

Aunque, a primera vista, no es la misma la información dependiendo del dispositivo en el que se muestra la imagen, toda la información está disponible. Esto es posible gracias a la implementación de funcionalidades adicionales que permiten, entre otras cosas, agrandar o empequeñecer la imagen o captar cualquier punto de esta a través de un desplazamiento.

Dicho esto, las imágenes receptivas o adaptativas pueden conseguirse, fundamentalmente, a través de varios métodos o técnicas, que suelen implementarse de forma combinada. En nuestro caso, si lo que se desea es hacer que se cargue una u otra imagen a través de CSS como fondo o background y en función de la resolución, la manera más sencilla de conseguir esto es utilizar las variaciones de la propiedad BACKGROUND, en combinación con la regla @MEDIA.

Supongamos una situación en la que tenemos cuatro versiones de una misma imagen y, lo que se desea hacer es presentar la imagen como fondo de un elemento DIV, pero con la condición de que se cargue una u otra versión en función de la resolución.

Una posibilidad podría ser el siguiente código:

```
<style>
    .banner {
        background-image: url(imagen-640x360.jpg);
        border-bottom: 1px solid rgba(0,0,0,0.1);
        color: #fff;
        display: block;
        height: 100vh;
        position: relative;
        text-align: center;
        width: 100%;
    }

    @media (min-width: 800px) {
        .banner { background-image: url(imagen-1280x720.jpg); }
    }

    @media (min-width: 1400px) {
        .banner { background-image: url(imagen-1920x1080.jpg); }
    }

    @media (min-width: 2000px) {
        .banner { background-image: url(imagen-2560x1440.jpg); }
    }
</style>

<div class="banner"><div>
```

Basándonos en disciplina de Mobile First, lo que se conseguirá con esta solución es definir la imagen de menor resolución que se desea cargar y, según se vaya detectando que el dispositivo admite una mayor resolución, se irá sobrescribiendo la propiedad BACKGROUND-IMAGE para seleccionar la imagen que más se ajusta al escenario actual.

7.3 CREACIÓN DE HIPERVÍNCULOS EN REGIONES DE LA PANTALLA

La creación de hipervínculos en diferentes regiones de la pantalla es una técnica común en el diseño web para facilitar la navegación del usuario y mejorar la experiencia general. A continuación, se muestran algunas formas de crear hipervínculos en diferentes regiones de la pantalla:

7.3.1 Texto con hipervínculos

Una forma básica de crear hipervínculos es mediante texto enlazado. Puedes utilizar la etiqueta <a> de HTML para crear enlaces a otras páginas web, secciones de la misma página o recursos externos. Por ejemplo:

```
<a href="pagina.html">Enlace a otra página</a>
```

7.3.2 Imágenes con hipervínculos

Otra opción es utilizar imágenes como enlaces. Simplemente envuelve la etiqueta <img> con la etiqueta <a> y especifica la URL a la que deseas que se dirija el enlace cuando se haga clic en la imagen. Por ejemplo:

```
<a href="pagina.html">
        <img src="imagen.jpg" alt="Descripción de la imagen">
</a>
```

7.3.3 Mapas de imagen

Un enfoque más avanzado es utilizar mapas de imagen HTML, que, como hemos visto anteriormente, permiten definir áreas específicas de una imagen como enlaces separados. Para ello, deberemos crear un mapa de imagen con la etiqueta <map> y definir áreas de enlace con la etiqueta <area>. Un ejemplo podría ser:

```
<img src="plano.png" alt="Plano de la casa" usemap="#planomap">
<map name="planomap">
        <area shape="rect"
                coords="0,0,100,100"
                href="pagina1.html"
                alt="Área 1">
        <area shape="rect"
                coords="100,0,200,100"
                href="pagina2.html"
                alt="Área 2">
</map>
```

7.3.4 CSS para estilizar hipervínculos

También es posible usar CSS para estilizar los hipervínculos y hacer que destaquen en la página. Para ello, podemos cambiar el color, la fuente, el tamaño y otros atributos de estilo y conseguir que los enlaces sean más visibles y atractivos. Por ejemplo, una posible aplicación de esto podría ser:

```css
a {
        color: blue;
        text-decoration: underline;
}

a:hover {
        color: red;
}
```

Al utilizar estas técnicas, puedes crear hipervínculos en diferentes regiones de la pantalla de manera efectiva y mejorar la navegación y la usabilidad de tu sitio web.

7.4 LIMITACIONES DEL TAMAÑO DE LAS PÁGINAS

Las limitaciones del tamaño de las páginas web pueden afectar la experiencia del usuario y la eficiencia del sitio. Algunas de las limitaciones comunes incluyen:

▶ **Velocidad de carga**: las páginas web demasiado grandes pueden tardar mucho tiempo en cargarse, especialmente en conexiones a Internet lentas o dispositivos móviles. Si esto se produce, puede provocar una mala experiencia del usuario y a una alta tasa de abandono del sitio.

▶ **Consumo de ancho de banda**: las páginas web grandes consumen más ancho de banda, lo que puede aumentar los costos de alojamiento web y afectar el rendimiento del servidor. Por ello, es especialmente importante que las páginas estén optimizadas en lo que a tamaño en bytes se refiere y que los contenidos se transfieran minimizados y comprimidos.

▶ **Compatibilidad del navegador**: algunos navegadores pueden tener dificultades para renderizar páginas web muy grandes, lo que puede provocar problemas de rendimiento o errores de visualización. Por ello, es importante probar el sitio en una variedad de navegadores y dispositivos para garantizar una experiencia consistente.

▸ **SEO**: las páginas web demasiado grandes pueden afectar negativamente el rendimiento del sitio en los motores de búsqueda. De hecho, los motores de búsqueda suelen penalizar los sitios con tiempos de carga lentos o contenido excesivo, lo que puede afectar el ranking en los resultados de búsqueda.

▸ **Experiencia del usuario**: las páginas web grandes pueden ser abrumadoras para los usuarios y dificultar la legibilidad, navegación y búsqueda de información. Por ello, es importante mantener el contenido relevante y organizado y facilitar su legibilidad, usabilidad y accesibilidad.

Cabe destacar que, para evitar estas limitaciones, es importante optimizar el tamaño de las páginas web mediante técnicas como la compresión de imágenes, la minificación de archivos CSS y JavaScript, el uso de la paginación para dividir el contenido en páginas más pequeñas, y el uso de CDN (Content Delivery Network) para mejorar la velocidad de carga del sitio.

7.5 OPTIMIZACIÓN DEL TAMAÑO DE LOS GRÁFICOS PARA UNA MAYOR RAPIDEZ

La optimización del tamaño de los gráficos es fundamental para garantizar una mayor velocidad de carga de las páginas web. A continuación, se muestran algunas técnicas que se pueden utilizar para optimizar el tamaño de los gráficos:

▸ **Uso el formato de archivo adecuado**: se debe seleccionar el formato de archivo más adecuado para los gráficos. Esto es, puede que una imagen en JPEG ocupe más que en PNG o WEBP o que la imagen deba ser transparente, lo que requerirá casi seguir que sea un PNG o SVG.

▸ **Compresión de las imágenes**: comprimir y optimizar las imágenes permite reducir el tamaño de los archivos y mejorar los tiempos de carga de las páginas. Puede utilizar herramientas online como TinyPNG (*https://tinypng.com/*) u otros servicios de optimización de imágenes online.

▸ **Reduce la resolución**: otra técnica que se puede utilizar es reducir la resolución de las imágenes a la resolución necesaria para su visualización en pantalla. Recordemos que no es necesario utilizar una resolución muy elevada para las imágenes web, ya que esto aumentará innecesariamente el tamaño del archivo.

▸ **Eliminar metadatos y datos EXIF**: algunas imágenes pueden contener metadatos y datos EXIF que no son necesarios para su visualización en la web. Por ello, puede ser una buena idea eliminar estos datos antes de subir las imágenes a los sitios web y, así, reducir el tamaño de los archivos.

▶ **Uso sprites CSS**: los sprites CSS son una técnica que consiste en combinar múltiples imágenes en una sola imagen y utilizar CSS para mostrar partes específicas de la imagen en diferentes partes de la página. Esto reduce el número de solicitudes de servidor y mejora el rendimiento del sitio.

▶ **Optimiza la carga de imágenes bajo demanda**: una de las técnicas más utilizadas hoy en día es la carga "lazy", la cual permite cargar las imágenes sólo cuando sean necesarias. Esto evitará que se carguen todas las imágenes al mismo tiempo y mejorará significativamente los tiempos de carga de la página.

7.6 LIMITACIONES DE LA POSICIÓN DE LOS ELEMENTOS

Las limitaciones de la posición de los elementos en una página web pueden afectar la disposición y el diseño del sitio. Algunas de estas limitaciones son:

▶ **Flujo normal del documento**: los elementos en una página web siguen el flujo normal del documento a menos que se les apliquen estilos específicos. Esto significa que los elementos se apilan uno encima del otro en el orden en que aparecen en el HTML, a menos que se especifique lo contrario con CSS a través de la propiedad "z-index".

▶ **Posicionamiento relativo**: el posicionamiento relativo permite desplazar un elemento de su posición normal sin afectar el diseño de otros elementos. Sin embargo, los elementos con posicionamiento relativo aún ocupan espacio en el flujo normal del documento, por lo que pueden afectar el diseño de otros elementos circundantes.

▶ **Posicionamiento absoluto**: el posicionamiento absoluto elimina un elemento del flujo normal del documento y lo coloca en una ubicación específica en relación con su contenedor más cercano o con el cuerpo del documento. Esto puede ser beneficioso en algunos casos, sobre todo cuando su elemento padre tiene posicionamiento relativo, pero puede causar superposiciones y problemas de diseño si no se gestiona correctamente.

- **Limitaciones de espacio**: el tamaño de la ventana del navegador y la resolución de la pantalla pueden imponer limitaciones al diseño y la disposición de los elementos en una página web. Por ello, es importante tener en cuenta estas limitaciones al diseñar un sitio web de forma que se garantice que sea accesible y se renderice correctamente en todos los dispositivos y tamaños de pantalla.

- **Compatibilidad del navegador**: algunos navegadores pueden interpretar el posicionamiento de los elementos de manera diferente, lo que puede llevar a discrepancias en la apariencia y el diseño del sitio. Por ello, es importante realizar pruebas en diferentes navegadores para garantizar una experiencia consistente para todos los usuarios.

- **Tamaño del contenido**: el contenido dinámico, como imágenes o texto generado por el usuario, puede cambiar el tamaño y la posición de los elementos en una página web. Por esta razón, es importante tener en cuenta estos cambios potenciales al diseñar el sitio.

7.7 FORMATOS DE GRÁFICOS ADMITIDOS

Los navegadores web admiten una variedad de formatos de gráficos para mostrar imágenes y otros elementos visuales en las páginas web. Sin embargo, no todos son compatibles con todos los navegadores.

Algunos de los formatos de gráficos más comunes admitidos por los navegadores web incluyen:

- **JPEG (Joint Photographic Experts Group)**: JPEG es un formato de compresión de imágenes que es adecuado para fotografías y otras imágenes con gradientes de color suaves. Proporciona una buena calidad de imagen con tamaños de archivo relativamente pequeños.

- **PNG (Portable Network Graphics)**: PNG es un formato de imagen sin pérdida que admite transparencia alfa, lo que lo hace ideal para imágenes con partes transparentes o totalmente transparentes. Es ampliamente utilizado para logotipos, gráficos y otras imágenes con áreas transparentes.

- **GIF (Graphics Interchange Format)**: GIF es un formato de imagen que admite animaciones simples y transparencia. Aunque tiene una paleta de colores limitada y no es adecuado para fotografías de alta calidad, es popular para imágenes animadas y gráficos simples en la web. No obstante, es un formato en desuso ya que las animaciones se suelen hacer por CSS y la compresión de las imágenes no es muy efectiva.

▶ **SVG (Scalable Vector Graphics)**: SVG es un formato de gráfico vectorial basado en XML que es escalable y puede manipularse con CSS y JavaScript. Es ideal para gráficos e iconos que necesitan escalarse sin pérdida de calidad.

▶ **WEBP**: WEBP es un formato de imagen desarrollado por Google que ofrece una compresión más eficiente que JPEG y PNG. Proporciona una alta calidad de imagen con tamaños de archivo más pequeños, lo que puede ayudar a mejorar los tiempos de carga de la página.

Estos son sólo algunos de los formatos de gráficos admitidos por los navegadores web. La elección del formato adecuado depende del tipo de imagen, los requisitos de calidad y tamaño de archivo, y las capacidades de compresión necesarias para una experiencia web óptima.

8

PRUEBAS Y VERIFICACIÓN DE PÁGINAS WEB

Todo sitio, sistema, aplicación o página web debe pasar unos tests mínimos de funcionamiento y unas pruebas de verificación. Esto es necesario porque nos ayudan a extraer, solucionar y mejorar todos los posibles problemas o carencias que puedan darse durante el proceso de diseño y desarrollo.

Para llevar a cabo esta tarea de revisión normalmente recurrimos a herramientas externas que pueden ser automáticas o manuales.

Las herramientas de **revisión automática** son aquellas que analizan los posibles problemas y carencias sin intervención del ser humano y nos devuelven todos los posibles fallos encontrados.

Las herramientas de **revisión manual** son aquellas que necesitan la intervención humana y verifican el funcionamiento en función de un contexto o circunstancia.

No obstante, y aunque en algunos casos la intervención humana no sea un requisito, es interesante contar con la experiencia de los usuarios para obtener un "informe" más fidedigno y detallado, si cabe.

Las técnicas de verificación pueden establecerse en función de unos criterios de calidad, de usabilidad y de accesibilidad.

8.1 VERIFICACIÓN EN BASE A CRITERIOS DE CALIDAD

La definición de los criterios de calidad es algo que no está demasiado consensuado ya que la calidad de un software o producto final depende en gran medida de su objetivo, proceso de creación y contexto de operación.

Por ejemplo, hay quien afirma que la inclusión de publicidad puede influenciar negativamente en la calidad del producto final, sin embargo, esto no tiene por qué ser así. También hay quien afirma que el exceso de enlaces o acciones en una misma ventana, pantalla o diálogo puede resultar frustrante y bloqueante para los usuarios, por lo que podrían abandonar y no llegar a finalizar las tareas esperadas.

Dicho esto, a continuación, se muestran los criterios de calidad que creo son más decisivos e importantes a la hora de realizar productos web, aunque no están todos.

8.1.1 Integridad y eficiencia

La integridad del código es una medida de calidad que se utiliza en las pruebas de software con el objetivo de conocer qué tan bueno es cuando se ve afectado por la alteración de este o ataques malintencionados.

No obstante, es importante conseguir que el producto o servicio esté equilibrado en cuanto a la cantidad de recursos que usa y el tamaño de su código ya que existe una relación que demuestra que cuanto mayor es la integridad de un producto o servicio, menor suele ser su eficiencia.

Para verificar la integridad de un código habitualmente se recurre a los test unitarios, que son una forma de comprobar el correcto funcionamiento de una unidad de código y asegurar que funciona de forma eficiente tanto en conjunto como por separado.

Básicamente, lo que hace es verificar que el código fuente hace lo que debe hacer, que los nombres y tipos de parámetros son los adecuados y que el tipo de valor devuelto es correcto.

8.1.2 Usabilidad, seguridad y funcionalidad

La usabilidad es un término que no forma parte del diccionario de la Real Academia Española (RAE), aunque es bastante habitual en el ámbito de la informática y la tecnología.

Según la Wikipedia, el término Usabilidad se refiere a la facilidad con que las personas pueden utilizar una herramienta particular o cualquier otro objeto fabricado por humanos con el fin de alcanzar un objetivo concreto. La usabilidad también puede referirse al estudio de los principios que hay tras la eficacia percibida de un objeto.

En interacción persona-ordenador, la usabilidad se refiere a la claridad y la elegancia con que se diseña la interacción con un programa de ordenador o un sitio web. El término también se usa a menudo en el contexto de productos como la electrónica de consumo o en áreas de comunicación, y en objetos que transmiten conocimiento (libro de recetas) o al diseño eficiente de objetos mecánicos (un martillo).

El grado de usabilidad de un sistema es, por su parte, una medida empírica y relativa de la usabilidad de este. Se mide a partir de pruebas empíricas y relativas.

- **Empírica** porque no se basa en opiniones o sensaciones, sino en pruebas de usabilidad realizadas en laboratorio u observadas mediante trabajo de campo.

- **Relativa** porque el resultado no es ni bueno ni malo, sino que depende de las metas planteadas (por lo menos el 80% de los usuarios de un determinado grupo o tipo definido deben poder instalar con éxito el producto X en N minutos sin más ayuda que la guía rápida) o de una comparación con otros sistemas similares.

El concepto de usabilidad se refiere a una aplicación (informática) de (software) o un aparato (hardware), aunque también puede aplicarse a cualquier sistema hecho con algún objetivo particular.

El modelo conceptual de la usabilidad, proveniente del diseño centrado en el usuario, no está completo sin la idea utilidad. En inglés, utilidad + usabilidad es lo que se conoce como usefulness.

Jakob Nielsen definió la usabilidad como el atributo de calidad que mide lo fáciles que son de usar una interfaz o sistema.

Según la ISO/IEC 9126 y la ISO/IEC 9241 la usabilidad es una medida de efectividad, eficiencia y satisfacción referida a la capacidad que posee un software para ser comprendido, aprendido, utilizado y seductor para el usuario dentro de un contexto de uso específico.

Pero el problema aquí no es sólo definir la usabilidad, sino cómo conseguirla sin que afecte a la seguridad ni la funcionalidad. Para ello, los diseñadores y desarrolladores se suelen apoyar en el triángulo FSU, un gráfico que viene a decir que, si algo es muy usable, seguramente sea muy poco funcional y seguro o que, si algo es muy seguro, muy posiblemente sea nada usable y muy poco funcional.

¿Entonces, cómo conseguimos un software seguro y utilizable? Pues de primeras, podríamos decir que un software es usable y seguro cuando minimiza los errores involuntarios o inconscientes y evita o controla todas las acciones no deseables en cualesquiera de sus capas.

Según el HCISec, una disciplina emergente que se debe considerar en las primeras etapas del proyecto, un software es seguro y usable si los usuarios que van a utilizar el sistema o interfaz son conscientes de las tareas de seguridad que tienen que llevar a cabo, son capaces de finalizar con éxito las tareas, no cometen errores peligrosos y se sienten tan satisfechos con el resultado que volverían a utilizarlo. Un ejemplo para entender esto podría ser el proceso de definición de una contraseña. Si los usuarios saben qué características debe tener, cómo definirla, la entrada de datos impide que cometan errores y, al final, quedan satisfechos con su contraseña, se puede afirmar que es seguro y usable.

El problema es que, para conseguirlo, hay que aplicar políticas de seguridad que la mayoría de los usuarios no comprenden y, a consecuencia de esto, se hace muy difícil adquirir abstracciones fáciles de implementar. Eso sin contar que, además, es muy complicado conseguir la retroalimentación adecuada para que todos los usuarios puedan avanzar sin provocarles frustración o desesperación.

En resumen, para que una interfaz sea usable debe presentar únicamente la funcionalidad que se va a usar (no más) y resultar atractiva y ofrecer a los usuarios una interacción sencilla, cómoda, evidente y segura posible. Un sistema o interfaz usable denota calidad, genera confianza y se posiciona positivamente sobre otras alternativas.

A modo de información adicional añadiré que la usabilidad tiene como factores clave aumentar la eficacia, la eficiencia y la satisfacción. Estos factores clave se pueden desglosar en:

8.1.2.1 USABILIDAD OBJETIVA O INHERENTE

Aquella que puede ser evaluada por observación del usuario mientras realiza tareas de interacción u otros métodos tradicionales. La usabilidad objetiva o inherente mide la eficacia (facilidad con la que los usuarios encuentran lo que buscan) y la eficiencia (tiempo que tardan en encontrar lo que están buscando).

8.1.2.2 USABILIDAD SUBJETIVA O APARENTE

Indica la usabilidad percibida o la satisfacción de uso y es difícil de entender y evaluar. La usabilidad subjetiva o aparente trata de medir la satisfacción que el usuario obtiene tras realizar una tarea por la interfaz o sistema.

8.1.2.3 CÓMO SE PUEDE ASEGURAR LA USABILIDAD

La usabilidad es una labor que está asociada a la calidad de los productos o sistemas, incluyendo las interfaces. La usabilidad no debe ser algo adicional o complementario a los diseños o desarrollos. Mejora la imagen que tienen los usuarios de la marca puesto que aumenta su satisfacción y, por lo general, esto se traduce en un incremento de los beneficios de la organización.

La usabilidad se asegura si el producto empatiza con los usuarios finales en todo momento, tiene un desarrollo iterativo e incremental y se realizan test de usabilidad con las métricas cuantitativas y cualitativas definidas desde que se inicia el proyecto.

8.1.3 Mantenibilidad, flexibilidad y reutilización

Cuando hablamos de flexibilidad estamos haciendo referencia directa a la generación de códigos bien estructurados y legibles. En cuanto al mantenimiento, el objetivo suele ser poder corregir los fallos o defectos de forma fácil, rápida y precisa.

Por eso se dice siempre que, si un código de software es flexible, su mantenimiento será más sencillo, lo que también podrá acabar convirtiéndose en reutilizable.

> ### ⓘ NOTA
>
> No olvidemos nunca aquella frase de Ralph Johnson que dice "Antes de que un software sea reutilizable primero debe ser utilizable".

Esto último es aplicable, por ejemplo, a los módulos, los cuales tienen la capacidad de operar de forma libre fuera de las especificaciones del ambiente predefinidas.

8.1.4 Errores y comunicación

Los sitios y páginas web deben estar preparados para las necesidades particulares de cada usuario y presentar una comunicación bidireccional clara y legible. Por ejemplo, cuando ocurre un error, se debe de informar al usuario de forma precisa para que tome la acción pertinente más adecuada.

Si el error requiere de corrección, la facilidad y velocidad con la que se realice también podrá determinar la calidad de un producto o servicio.

8.2 VERIFICACIÓN EN BASE A CRITERIOS DE USABILIDAD

Como bien afirmó Francis Glassborow "Los buenos programadores utilizan su cerebro, pero unas buenas directrices nos ahorran tener que hacerlo para cada caso".

Estas directrices de las que hablaba Francis Glassborow son los principios de usabilidad, que no son más que unos objetivos concretos que permiten evaluar un producto, interfaz o sistema, esté o no en proceso de construcción.

8.2.1 Principios básicos

A partir de la conceptualización llevada a cabo por la ISO, se infieren los principios básicos en los que se basa la usabilidad:

8.2.1.1 FACILIDAD DE APRENDIZAJE

Facilidad con la que nuevos usuarios desarrollan una interacción efectiva con el sistema o producto. Está relacionada con la predictibilidad, sintetización, familiaridad, la generalización de los conocimientos previos y la consistencia.

8.2.1.2 FACILIDAD DE USO

Facilidad con la que el usuario hace uso de la herramienta, con menos pasos o más naturales a su formación específica. Tiene que ver con la eficacia y eficiencia de la herramienta.

8.2.1.3 FLEXIBILIDAD

Relativa a la variedad de posibilidades con las que el usuario y el sistema pueden intercambiar información. También abarca la posibilidad de diálogo, la multiplicidad de vías para realizar la tarea, similitud con tareas anteriores y la optimización entre el usuario y el sistema.

8.2.1.4 ROBUSTEZ

Es el nivel de apoyo al usuario que facilita el cumplimiento de sus objetivos. Está relacionada con la capacidad de observación del usuario, de recuperación de información y de ajuste de la tarea al usuario.

8.2.2 Principios generales

8.2.2.1 EMPATÍA CON LOS USUARIOS

Lo primero que se debe hacer a la hora de ponerse a crear un nuevo sistema o interfaz es saber quiénes son los usuarios, qué necesitan, qué es lo que tienen que hacer, qué puede hacer el sistema por ellos y cómo conseguir que realicen sus tareas de forma sencilla y eficiente.

Durante el proceso de diseño del nuevo interfaz o sistema, los desarrolladores y diseñadores se deben poner en el lugar de los usuarios para conseguir que las cosas funcionen como ellos esperan. Si no se tienen los conocimientos previos y no se realiza un proceso de empatía, puede que el diseño no funcione sólo porque no se creó pensando como un usuario.

8.2.2.2 DOCUMENTACIÓN Y MATERIAL DE APOYO

Para conseguir que los usuarios realicen sus tareas de forma simple y eficiente, es necesario conocer la preparación que tienen, el alcance de sus conocimientos y si van a ser capaces de aprender el nuevo sistema o interfaz. Para asegurar que los usuarios sean capaces de aprender se debe poner a su disposición una buena documentación u otro material de apoyo que responda todas las preguntas que puedan hacerse.

Una de las opciones para proporcionar ayuda es mediante enlaces en las pantallas de la interfaz o sistema, forma muy frecuente hoy día.

Otra opción para dar asistencia a los usuarios y que yo mismo he implantado antes, es crear un sistema de apoyo automático que muestre la información de ayuda al usuario pulsando la tecla de ayuda F1 o cuando se pulsa en un icono asociado a un elemento concreto. Cuando esta solicitud de asistencia se reclama, el sistema o interfaz muestra la ayuda contextual sobre el punto donde se encuentre el foco. Si por ejemplo un usuario está rellenando un formulario, con el foco dentro de un campo que solicita el CVV o CVC, y se pulsa la tecla F1, inmediatamente le aparecería una pantalla flotante a modo de popup que muestra la ayuda del CVV o CVC. Además esta pantalla tendría un buscador predictivo que guiaría al usuario en nuevas búsquedas o, simplemente, si el sistema de apoyo automático no ha encontrado suficientes datos para proporcionarle la información solicitada.

8.2.2.3 PREVENCIÓN DE ERRORES Y RETROALIMENTACIÓN

Como se comentaba con anterioridad, el éxito de una interfaz viene predefinido por su facilidad de utilización. Si el sistema o interfaz prevé todos los errores que cometen los usuarios, les ayuda a recuperarse de esos errores y proporciona toda la información con mensajes claros no amenazantes ni desconcertantes, posiblemente, el éxito esté un paso más cerca.

8.2.2.4 FACILIDAD DE APRENDIZAJE Y USO

Los sistemas deben ser fáciles de manejar y utilizar. En parte, esta afirmación se consigue respondiendo a algunas de las preguntas del principio de contextualización ya que, si se conocen las necesidades de los usuarios y sus experiencias de usuario previas, se pueden realizar diseños más específicos y fáciles de utilizar para ellos.

Como no puede ser de otra manera, una de las premisas para garantizar la facilidad de aprendizaje es que los usuarios sean capaces de entender lo que pasa a su alrededor y de evaluar el efecto que sus acciones anteriores han tenido en el estado actual.

La comunicación entre sistema y usuarios debe utilizar una terminología y simbología familiar. Esta comunicación debe basarse más en reconocimiento de los elementos que en recuerdos de acciones o hechos anteriores.

En adición, el sistema debe proporcionar una documentación y/o material didáctico adecuado que les proporcione un nivel de conocimiento óptimo para sacar el máximo partido al sistema sin esfuerzo.

8.2.2.5 FLEXIBILIDAD

Los sistemas o interfaces deben permitir la comunicación a través del mayor número de vías disponibles.

Los usuarios no deben perder el control de la interfaz. Si en algún momento piensan que no tienen ese control, esa sensación, puede convertirse en frustración y provocar el abandono. Para que los usuarios tengan la sensación de que controlan el sistema, deben conocer su situación dentro de un entorno finito.

El sistema debe ser personalizable, cómodo y transferible. La posibilidad de automatizar una tarea, cambiar los valores por defecto y/o personalización de las acciones más frecuentes son parámetros que permiten evaluar la flexibilidad.

8.2.2.6 CONSISTENCIA

El principal obstáculo para una interacción efectiva con una interfaz es la falta de familiaridad o costumbre basada en conocimiento del sistema. Cuanto mayor sea el tiempo necesario para adquirir esta familiaridad, más difícil es para el usuario interactuar con la interfaz de manera efectiva.

Que un sistema sea o no consistente depende, sobre todo, de que las funcionalidades que se realizan los usuarios les resulten cómodas, familiares y que siempre se hagan de la misma forma, para todos los usuarios y en cualquier momento dado.

El sistema o interfaz debe empatizar con los usuarios, ser coherente con lo que se está haciendo, adecuarse a la forma de pensar de los usuarios y, si se puede utilizar desde varios dispositivos, debe tener un comportamiento análogo o similar independientemente del mismo.

8.2.2.7 ROBUSTEZ

La robustez es el grado de apoyo que facilita a los usuarios para el cumplimiento de sus objetivos. Efectivamente, la capacidad de observación del usuario puede ser determinante para conseguir sus objetivos. Si la información puede ser fácilmente asumida por el usuario y la tarea sigue un rumbo que no le provoque desconcierto o frustración, el objetivo se verá cumplido.

8.2.2.8 ADECUACIÓN

Los usuarios deben poder hacer todas las tareas en la forma que deseen hacerlas. No importa que tengan más o menos pasos, ni que sean más o menos complejas, importa que las puedan hacer y que sea de la forma más rápida posible para ellos.

Aquí es donde suelen encontrarse los comportamientos inesperados o lo que denominan "slips". Los slips (resbalones o deslices en español) ocurren cuando el usuario tiene la intención de realizar una acción, y termina haciendo otra. Un slip podría ser los errores que se producen cuando los usuarios tienen objetivos que no son adecuados para sus tareas.

8.2.2.9 TIEMPOS DE RESPUESTA

Los tiempos de respuesta deben ser lo suficientemente pequeños para que el usuario no pierda la noción de lo que estaba haciendo y tenga una sensación de fluidez sin pausas largas.

Las recomendaciones de Google para conseguir unos tiempos de respuesta bajos son, entre otros:

- Reducir el tiempo de respuesta del servidor hasta un máximo de 200ms.
- Aprovechar el almacenamiento en caché del navegador.
- Evitar redirecciones a páginas de destino.
- Habilitar compresión.
- Minificar las hojas de estilo, JavaScript y HTML.
- Optimizar imágenes.
- Priorizar el contenido visible

8.2.2.10 DISMINUCIÓN DE LA CARGA COGNITIVA Y ACCESIBILIDAD

Por último, pero no menos importante, debe prevalecer el reconocimiento sobre el recuerdo, es decir, no se debe tener que recordar abreviaturas, estructuras, opciones, códigos o acciones. Tampoco se debe olvidar cubrir todas las necesidades especiales de los usuarios con discapacidad.

8.2.3 Heurísticas de Nielsen y Molich

Más información en

https://www.nngroup.com/articles/ten-usability-heuristics/

Introducción

Jakob Nielsen, autoridad reconocida en el campo de la usabilidad propone, entre otros, diez principios básicos que una web debería cumplir.

8.2.3.1 VISIBILIDAD DEL ESTADO DEL SISTEMA

El sistema debe informar a los usuarios del estado del sistema, dando una retroalimentación apropiada en un tiempo razonable.

Para cumplir este principio se debe informar al usuario a través de barras de progreso o mensajes informativos durante la ejecución de procesos no inmediatos (envío de correos, carga de archivos o imágenes, conexiones remotas, …) y al finalizar los mismos. Asimismo, se debe proporcionar migas de pan y diferenciar las diferentes partes de los procesos, por ejemplo, el "Proceso de compra".

8.2.3.2 RELACIÓN ENTRE EL SISTEMA Y LOS USUARIOS

El sistema debe utilizar un lenguaje al que los usuarios estén habituados, con una jerga o terminología que les sea conocida y legible, en lugar de términos o mensajes genéricos que se utilizan en el sistema, para que al usuario se sienta cómodo al utilizar el sistema.

Para cumplir este principio la información debe aparecer en un orden lógico y natural y utilizar iconos o imágenes claras que no dejen lugar a dudas (la papelera como símbolo de eliminar).

8.2.3.3 CONTROL Y LIBERTAD PARA EL USUARIO

En casos en los que los usuarios puedan seleccionar una opción del sistema por error, se debe contar con las opciones de deshacer y rehacer para proveer al usuario de una salida fácil que no le provoque frustración.

Para cumplir este principio se deben proporcionar botones o acciones que le permitan al usuario volver al estado anterior y, si la situación lo requiere, disponer de una "salida de emergencia". Los botones de volver o cancelar para regresar a la página anterior, "rehacer" o "deshacer" de los editores de textos, el botón de eliminar del "carrito de la compra", editar la información de nuestro perfil o habilitar la tecla "escape" para volver atrás son buena prueba de ello.

8.2.3.4 CONSISTENCIA Y ESTÁNDARES

El usuario debe seguir las normas y convenios de la plataforma sobre la que está implementando el sistema, para que no se generen dudas y tenga que preguntar el significado de las palabras, situaciones o acciones del sistema.

Para cumplir este principio se debe asegurar que los nombres de las acciones se corresponden con lo que hacen, no existen enlaces rotos, que los títulos son representativos del contenido y que cada enlace o botón lleva a un único destino. Si, además, la web debe ser accesible se deben cumplir los niveles de adecuación adecuados.

8.2.3.5 PREVENCIÓN DE ERRORES

Es importante que el usuario entienda lo que sucede en el sistema para poder prevenir las situaciones que puedan provocar frustración.

Para cumplir este principio se deben proporcionar métodos para salvar los errores más frecuentes, utilizar mensajes claros y eliminar las acciones predispuestas al error. Utilizar buscadores predictivos o autocompletes para que los usuarios no tengan que escribir toda la palabra, proporcionar una confirmación de contraseña con doble campo de entrada en los formularios, impedir que se puedan introducir letras en un campo dónde sólo se admiten números (como un campo edad o campo fecha) o validar los campos de un formulario en tiempo real son un claro ejemplo de ello.

8.2.3.6 RECONOCER ANTES QUE RECORDAR

El sistema debe minimizar la información que el usuario debe recordar mostrándosela a través de objetos, acciones u opciones. El usuario puede que no recuerde toda la información que recibió con anterioridad ya sea un momento cercano o no.

Para cumplir este principio se deben proporcionar instrucciones para el uso del sistema en todo momento y estar en un lugar visible. Es muy efectivo que una acción sea referida a través de colores, tamaños y/o posiciones distintas.

Ejemplos de este principio son que los botones de "cancelar" sean claramente diferenciables mediante una forma o color, que el menú de navegación esté arriba a la derecha, utilizar vistas previas en la selección de fuentes en los editores de texto, diferenciar bien los títulos de lo que es contenido, mostrar la lista de artículos y su número dentro del "carrito de la compra", mostrar los artículos que ha visitado con anterioridad.

8.2.3.7 FLEXIBILIDAD Y EFICIENCIA DE USO

Se deben proporcionar métodos abreviados o atajos de teclado para que tanto los usuarios novatos como los expertos aprovechen la capacidad del sistema y se puedan adaptar sin importar el nivel de conocimiento de la plataforma.

Para cumplir este principio se debe proporcionar una forma para personalizar las acciones más frecuentes en el sistema. Utilizar enlaces personalizados por nombre de usuario en el menú de navegación, proporcionar un buscador avanzado con valores parametrizables además del buscador normal o utilizar atajos de teclado programables o personalizables y utilizar los ya estandarizados como F5 para recargar la página son ejemplo de ello.

8.2.3.8 DISEÑO ESTÉTICO Y MINIMALISTA

La interfaz no debe contener información que no sea relevante o innecesaria. Cada información extra que se introduzca competirá con la información relevante y disminuirá su visibilidad.

Para cumplir este principio se debe evitar los diseños recargados, que carguen rápido, con contenidos bien estructurados, colores equilibrados bien seleccionados y con, únicamente, las acciones necesarias.

En Internet existen multitud de ejemplos con diseño estéticamente simple y minimalista, sin embargo, hay que aclarar que algo minimalista puede no ser estético o viceversa. Por ejemplo, si se desea combinar los típicos colores asociados a algunas acciones como el rojo para eliminar o el verde para enviar o guardar con los colores corporativos de una empresa u organización, debe hacerse con cuidado porque algunas combinaciones pueden resultar cargantes o inesperadas y eso puede también frustrar a los usuarios.

8.2.3.9 RECONOCIMIENTO, DIAGNÓSTICO Y RECUPERACIÓN DE ERRORES

Los mensajes de error deben expresarse en un lenguaje claro, indicar exactamente el problema y ser constructivos.

Para cumplir este principio se deben evitar mensajes de error como "Error 34-x1" o "Error 404" que no indican nada al usuario de cómo recuperarse cuando se produce dicho error. Los mensajes deben proporcionen alternativas para que el usuario pueda continuar realizando la tarea. Por ejemplo, un mensaje de "página no encontrada" debe tener una descripción más larga y que le permita al usuario saber qué hacer, tanto si el error es por una inexistencia de coincidencia en una búsqueda o por un error del sistema.

8.2.3.10 AYUDA Y DOCUMENTACIÓN

Aunque es mejor que el sitio web o aplicación pueda usarse sin ayuda, puede ser necesario proveer cierto tipo de ayuda.

Si este requerimiento se vuelve necesario, la ayuda debe ser fácil de localizar, se deben especificar los pasos necesarios y no ser muy extensa.

Cuando se trata de aplicaciones móviles, hoy en día, es frecuente utilizar un minitutorial o tour en donde, de manera sencilla, se exponen las funcionalidades principales que evitan tener que leer documentos extensos de ayuda y que pueden resultar aburridos o agotadores.

8.2.4 Estándares a tener en cuenta

8.2.4.1 NORMA ISO 9241-110:2020

Más información en

https://www.iso.org/standard/75258.html
Descargable también desde la web de AENOR.

La norma ISO/IEC 9126-1:2004, titulada, Ergonomía de la interacción Sistema- Humano: Principios de interacción, describe los principios que se deben cubrir para que una interacción entre un usuario y un sistema se formule correctamente en términos generales. Asimismo, se proporciona un marco para aplicar esos principios de interacción y las recomendaciones generales de diseño para sistemas interactivos.

8.2.4.2 NORMA ISO/IEC 14598

Más información en

https://www.iso.org/search.html?q=iso%2014598
Descargable también desde la web de AENOR.

La norma ISO/IEC 14598 titulada, Tecnología de la información: Evaluación del producto software, establece un modelo de trabajo que permite evaluar la calidad un producto de software en 6 etapas. Estas etapas están divididas en los siguientes documentos:
- ISO/IEC 14598-1: Visión general.
- ISO/IEC 14598-2: Planificación y gestión.
- ISO/IEC 14598-3: Procedimiento para desarrolladores.
- ISO/IEC 14598-4: Procedimiento para compradores.
- ISO/IEC 14598-5: Procedimiento para evaluadores.
- ISO/IEC 14598-6: Documentación de los módulos.

8.2.4.3 ESTÁNDAR ISO TR 16982:2002

Más información en

https://www.iso.org/standard/31176.html
Descargable también desde la web de AENOR.

La norma ISO/IEC 25000 titulada, Ergonomía de la interacción humano-sistema: métodos de usabilidad que apoyan el diseño centrado en el ser humano, proporciona información sobre métodos de usabilidad centrados en el usuario que se pueden utilizar para el diseño y la evaluación. Entre otros detalles, se muestran las ventajas, inconvenientes y demás factores relevantes para utilizar cada uno de los métodos de usabilidad.

8.2.4.4 ESTÁNDAR ISO 25000:2014

Más información en

https://www.iso.org/standard/64764.html
Descargable también desde la web de AENOR.

La norma ISO/IEC 25000 titulada, Requisitos de Calidad y Evaluación de Sistemas y Software (SQuaRE): Guía de SQuaRE, permite organizar, enriquecer y unificar las series que cubren los procesos de especificación y evaluación de la calidad del software.

8.3 VERIFICAR EN BASE A CRITERIOS DE ACCESIBILIDAD

La accesibilidad es la cualidad de accesible, un adjetivo que se refiere a aquello que es de fácil acceso, trato o comprensión. El concepto se utiliza para nombrar al grado en el que todas las personas, más allá de sus capacidades físicas o técnicas, pueden utilizar un cierto objeto o acceder a un servicio.

Existen diversas ayudas técnicas para promover la accesibilidad y equiparar las posibilidades de todas las personas. Esto supone que un lugar que presenta buenas condiciones de accesibilidad puede recibir a toda clase de gente sin que exista un perjuicio o una dificultad para nadie.

Una de estas ayudas técnicas más comunes es lo que se denomina tecnología asistiva. **Una tecnología asistiva** (TA) es una herramienta utilizada para permitir que personas o usuarios con discapacidad puedan beneficiarse de las mismas ventajas que sus pares sin discapacidad.

Cuando se habla accesibilidad Web, en realidad, se hace referencia a una serie de normas de diseño que van a permitir a todo tipo de usuarios (con o sin discapacidad) percibir, entender, navegar e interactuar con una interfaz o sistema.

Un grupo de estas normas se conocen como **Pautas de Accesibilidad para Agentes de Usuario** (UAAG) y muestran cómo hacer que las herramientas formadas por navegadores, reproductores multimedia y tecnologías asistivas, entre otras, sean accesibles para personas con discapacidad.

Otro grupo de normas son las denominadas **Pautas de Accesibilidad para Herramientas de Autor** (ATAG) y tienen como objetivo definir la forma en la que las herramientas ayudan a los desarrolladores o diseñadores a producir un contenido que cumpla todas las Pautas de Accesibilidad al Contenido en la Web (WCAG).

Las ATAG están pensadas principalmente para desarrolladores entre las que se incluyen:

- Editores de HTML y XML de WYSIWYG (What You See Is What You Get).

- Procesadores de texto o paquetes de publicación.

- Herramientas de conversión que transforman formatos de publicación a HTML.

- Edición y producción de vídeo, paquetes de autor de SMIL.

- Gestores de contenido (CMS), herramientas de conversión instantánea o de publicación de sitios Web.

- Herramientas de diseño (SASS, SVG o gráficos vectoriales, minificadores, etc.).

8.3.1 Tipos de discapacidad

Actualmente, muchos de los sistemas, por no decir la mayoría, son inaccesibles (en mayor o menor media) lo que dificulta o imposibilita la utilización de Internet para muchos usuarios con discapacidad.

La accesibilidad Web engloba los tipos de discapacidades en cuatro grandes grupos:

- La **discapacidad visual** es una anomalía parcial o total del sentido de la vista y que puede referirse desde una pérdida de visión hasta a una sensibilidad especial a la fotografía o a la luz.

- La **discapacidad física** es un tipo de anomalía que imposibilita o dificulta, a quien la padece, el control de las funciones motoras o de su cuerpo.

- La **discapacidad auditiva** es una anomalía parcial o total del sentido del oído y que puede referirse desde una pérdida de audición parcial, lo que se denomina hipoacusia, hasta a una pérdida total, lo que se conoce como cofosis.

- La **discapacidad intelectual** es una anomalía que imposibilita o dificulta realizar funciones de tipo mental como es el habla, el cuidado personal o la integración social y no tiene por qué estar asociada a ninguna enfermedad o trastorno ya que, mucha de la población mundial, tiene algún tipo de discapacidad intelectual. También se la suele denominar **discapacidad cognitiva** si va referida al desarrollo intelectual y/o la adaptación social de algunas personas.

Viendo la cantidad de discapacidades que existen y la cantidad de usuarios que poseen una o varias de ellas, se hace imperiosa la necesidad de suministrar accesibilidad a las interfaces o sistema. No sólo porque aumente su usabilidad, ni porque pueda tener mejor indexación con los motores de búsqueda, sino porque lo importante son los usuarios.

8.3.2 Tecnologías donde la accesibilidad web es aplicable

8.3.2.1 HTML (HYPERTEXT MARKUP LANGUAGE) Y XHTML (EXTENSIBLE HTML)

Los lenguajes de marcado HTML y XHTML pueden ser buenos recursos a la hora de hacer una web accesible.

Mientras que HTML está basado en la tecnología denominada Standard Generalized Markup Language (SGML; ISO 8879: 1986), XHTML está basado en Extensible Markup Language, también conocido como XML. La principal diferencia es que XHTML es mucho más estricto y, por ello, algunos métodos pueden ser mucho más difíciles de conseguir, sin contar que, XHTML, no es semántico.

Realizar una web semántica no implica más tiempo de desarrollo, ni más coste que una web no semántica. De hecho, cuando se aplican estructuras semánticas, el desarrollo se vuelve más fácil con el tiempo, se mejora el Posicionamiento SEO y los diseños receptivos se vuelven más sólidos. Además, puede disminuir el tamaño de los archivos y aumentar el rendimiento en general.

No obstante, una web no se vuelve accesible sólo por estar construida bajo una estructura semántica, también necesita de, atributos, propiedades y/o metadatos que mejoren el acceso a los contenidos.

Los datos personalizados son un tipo de atributos que suelen utilizarse para guardar datos privados en las páginas, no obstante, también sirven para asignar descriptores como es el caso de la WAI-ARIA.

Los metadatos y los elementos de cabecera, como puedan ser H1...H6 pueden ser también de gran ayuda en lo referente a mejorar la accesibilidad web, así como la integración con otras tecnologías como JavaScript, CSS o SMIL.

8.3.2.2 CSS (CASCADING STYLE SHEETS)

El lenguaje CSS es un lenguaje de diseño que permite la personalización de documentos estructurados escritos con otro lenguaje de marcado, como pueda ser HTML o XHTML.

El uso de CSS debe intentar utilizarse para contenidos que no sean relevantes, ni tampoco como elemento diferenciador de accesibilidad. Lo que sí se puede hacer es apoyarse en él para aumentar y ayudar o aumentar la accesibilidad. Por ejemplo, un contenido no textual decorativo, como pueda ser una imagen de fondo, debe exponerse a través de CSS.

No obstante, también tiene otras cosas interesantes, como es el módulo de discurso o *CSS Speech Module*. Este complemento de CSS permite definir cómo se hablan o pronuncian los elementos de un documento.

Entre otras cosas, permite definir el volumen y distribución espacial de la voz, cómo se debe realizar la descripción auditiva del contenido de voz, dónde, cuándo y de cuanto deben ser los silencios o las pausas antes o después de los elementos, dónde, cuándo y qué sonidos se deben reproducir antes o después de lo elementos, el énfasis, velocidad, tipo y género de la voz y los estilos en elementos de tipo lista y contador.

8.3.2.3 JAVASCRIPT

Cuando se desea realizar una web accesible se debe tratar de no abusar del JavaScript porque puede bajar el rendimiento del sistema o interfaz. Además, no debe ser intrusivo, es decir, las funcionalidades de la página deben seguir funcionando, aunque el usuario decida desactivar la interpretación del código JavaScript.

También es importante que las acciones y eventos no se ejecuten por sí solas, es decir, no se deben mostrar diálogos emergentes, anuncios, llamadas a servidor, etc., si no el usuario no lo ha solicitado de manera expresa.

Si la ejecución de una acción implica la apertura de una ventana emergente o nueva, se debe informar previamente al usuario.

Y, cómo no, al igual que sucede con otros lenguajes como HTML y CSS, debe estar separado del resto, es decir, el CSS debe estar en un archivo diferente a los de HTML y JavaScript.

8.3.2.4 PDF (PORTABLE DOCUMENT FORMAT)

Un PDF es accesible si el contenido puede ser utilizado por usuarios con o sin discapacidad e independientemente del contexto de uso.

Básicamente, para que un PDF sea accesible, se debe indicar el idioma del archivo, incluir textos alternativos a las imágenes informativas, proporcionar un etiquetado de todos los elementos del documento y asignarle todos los metadatos necesarios para que las tecnologías de asistencia puedan describirlo adecuadamente.

Además, es importante revisar el orden de lectura y la paginación, incluir textos alternativos a todos los enlaces describiendo su objetivo y contexto, asegurarse de que la secuencia de tabulación tiene el orden correcto y que los ajustes de seguridad no interfieran el acceso a la información que debe poder acceder el lector de pantalla o tecnología de asistencia.

8.3.2.5 XSL (EXTENSIBLE STYLESHEET LANGUAGE)

XSL es un conjunto de recomendaciones que se utilizan para definir y mantener la transformación, presentación e interacción de información estructurada, sobre todo, en documentos XML.

Desde que se estandarizó HTML5 y se abandonaron los desarrollos en HTML estricto y transicional, cada vez menos se recurre a este tipo de tecnologías, a no ser que se esté trabajando en arquitecturas requerimientos muy específicos porque JSON es más ligero, rápido y personalizable.

Para mejorar la accesibilidad XSL permite presentar información visual y no visual con pretensiones de ayudar a CSS posibilitando funcionalidades no definidas a través de CSS, como pueda ser la reordenación de elementos.

8.3.2.6 REPRODUCCIÓN MULTIMEDIA

Uno de los problemas que tienen los vídeos y el multimedia es que no todos los navegadores soportan la reproducción a pantalla completa y, además, tener que personalizarlos de forma corporativa o sofisticada puede volverse una tarea muy ardua y tediosa.

Históricamente, los desarrolladores sólo podían incrustar un archivo que no tenía la posibilidad de reproducirse sin descargarlo por completo, adquirir un desarrollo de terceros (que normalmente no era compatible con todos los navegadores) o utilizar un servidor de medios dedicado (lo que suponía un incremento muy alto de mantenimiento).

Actualmente hay varias opciones para poder realizar streaming desde las interfaces, aunque según qué navegador vaya a reproducir el contenido multimedia, requerirá utilizar uno u otro tipo de codificación diferente.

En lo referente al tema que nos ocupa, al igual que pasa con las animaciones, sliders u otros componentes como son los banners, todos ellos pueden implementar a través de HTML5 y CSS. Eso sí, su implementación debe cumplir con todos los requerimientos descritos en la recomendación WCAG 2.1 comentada anteriormente.

8.3.2.7 SVG (SCALABLE VECTOR GRAPHICS)

Los Gráficos Vectoriales Escalables o SVG son una forma de crear gráficos más accesibles, rápidos y efectivos. Se podría decir que los principales usuarios que se benefician son sólo los que presentan algún tipo de discapacidad o incapacidad, o aquellos usuarios que disponen de dispositivos y conexiones lentas, sin embargo, nada más lejos.

Por supuesto que beneficia, y mucho, a aquellas personas que presentan una discapacidad visual total o parcial o a los usuarios que usan tecnologías asistivas, pero también los demás usuarios se benefician porque reducen de manera considerable el tamaño de las páginas y transferencias, requieren menos recursos de memoria y CPU y permiten mostrarse en cualquier resolución sin perder calidad.

La forma de hacer que un gráfico vectorial sea más accesible es proporcionar textos descriptivos en los objetos que indiquen su función, proveer a los controles de cualidades únicas que no se basen únicamente en el color, no incluir texto como paths o imágenes y no utilizar el elemento "g" o descripciones lógicas para cosas que no sean estructurar los documentos.

Además, es recomendable que se utilicen altos contrastes, medidas relativas y, si procede, se representen las relaciones matemáticas con algún lenguaje de marcado matemático como es *MathML*.

8.3.3 Legislación y estándares

El Portal de la Administración Pública (PAe) pone a disposición de todos los ciudadanos, organismos, empresas y organizaciones el acceso y descarga de todas las normativas y legislación aplicables a la geografía española. La presente redacción es está extraída a febrero de 2020.

8.3.3.1 NORMA EN 301 549:2018

Más información en

https://www.etsi.org/deliver/etsi_en/301500_301599/301549/02.01.02_60/en_301549v020102p.pdf

La norma EN 301 549:2018, titulada Requisitos de accesibilidad para productos y servicios TIC, actualmente en la versión 2.1.2 especifica los requisitos funcionales de accesibilidad aplicables a los productos y servicios que incluyan TIC (sitios web, software, apps nativas, documentos, hardware, etcétera). Además de describir los procedimientos de prueba y la metodología de evaluación a seguir para cada requisito de accesibilidad.

En esta nueva versión, declarada por la Comisión Europea como estándar armonizado para la aplicación de la Directiva de Accesibilidad Web en la Decisión de Ejecución (UE) 2018/2048 de la Comisión, debe aplicarse desde el 21 de diciembre de 2018, para todas las Administraciones Públicas españolas.

8.3.3.2 NORMA UNE 139803:2012

Más información en

https://administracionelectronica.gob.es/PAe/accesibilidad/UNE139803=2012.pdf

La UNE 139803:2012, titulada, Requisitos de Accesibilidad para contenidos en la web, es una norma que establece los requisitos referentes a las Pautas de Accesibilidad para el Contenido Web (WCAG), de la Iniciativa de Accesibilidad Web (WAI) y del Consorcio de la World Wide Web (W3C). Es equivalente a la WCAG 2.0 AA.

8.3.3.3 ESTÁNDAR ISO/IEC 40500:2012

Más información en

*https://www.iso.org/iso/iso_catalogue/catalogue_tc/catalogue_
detail.htm?csnumber=58625*

El estándar ISO/IEC 40500:2012, titulada, Pautas de Accesibilidad para el Contenido Web
(WCAG) 2.0, cubre una amplia gama de recomendaciones para hacer que el contenido web
sea más accesible haciendo que personas con discapacidad auditiva, visual, física, intelectual
o cognitiva puedan beneficiarse de Internet.

8.3.4 La iniciativa WAI ARIA

Más información en

https://www.w3.org/WAI/standards-guidelines/aria/

La WAI ARIA (Web Accessibility Initiative Accessible Rich Internet Applications) es una
iniciativa del W3C que define o describe una forma de realizar contenidos accesibles. Es muy
eficiente con contenidos dinámicos y desarrollos creados bajo los lenguajes HTML, Ajax o
JavaScript.

El objetivo principal de este estándar es proporcionar información adicional
y útil en las diferentes partes del contenido, sirviendo de ayuda para los usuarios
finales que utilizan tecnologías asistivas tales como un lector de pantalla.

La WAI ARIA proporciona una serie de atributos que funcionan como
identificadores de las diferentes partes de la aplicación que interactúa con el usuario.
También se incluyen mapeo de controles, roles y eventos para la accesibilidad de las
APIs (Application Programming Interfaces).

8.3.4.1 PARTES DE LA WAI ARIA

WAI ARIA propone a los desarrolladores una serie de soluciones destinadas
a *hacer accesibles widgets, áreas activas y demás componentes enriquecidos* que se
encuentran en la mayoría de las aplicaciones web en la actualidad.

Para ello se describen unos *roles y propiedades* con la finalidad de otorgar de información a los productos de apoyo y para que interactúen adecuadamente con los componentes más normales de las aplicaciones web.

8.3.4.1.1 Roles

Los roles de WAI ARIA proporcionan un nombre que identifica la funcionalidad de la estructura o contenido. A continuación, se muestra el ejemplo de un widget sencillo en el que se ha querido representar una barra de herramientas con las tres funcionalidades propias del portapapeles.

```
<ul role="toolbar" tabindex="0" aria-activedescendant="copy">
    <li id="copy">Copiar</li>
    <li id="cut">Cortar</li>
    <li id="paste">Pegar</li>
</ul>
```

Código de ejemplo de barra de navegación para gestión del portapapeles.

Otro ejemplo de muestra sobre el atributo role es el utilizado en HTML5 para formar estructuras usables y accesibles:

```
<nav id="nav" role="navigation">
    <!-- contenido de navegacion -->
</nav>
<section id="main" role="main">
    <!-- contenido principal -->
</section>
<div id="banner" role="banner">
    <!-- contenido anuncios -->
</div>
```

Código de ejemplo de descripción de estructura.

8.3.4.1.2 Estados y propiedades

Las propiedades pueden establecer diferentes estados en los componentes, definir regiones donde actualizar contenidos o describir las funciones de arrastrar y soltar.

A diferencia de los roles que sólo disponen de un atributo para definir los valores, los atributos de estados y propiedades son muchos y cada uno de ellos puede tomar uno o varios valores. Además, algunos de los estados y propiedades son aplicables de manera global a todos los elementos independientemente de si se aplica un rol o no.

```
<h1 id="title1">Vista de la Vía Láctea desde Ávila</h1>
<p id="description">
    <!-- contenido de la descripción -->
</p>
<picture>
    <img src="allocate1.png"
        alt="descripción corta"
        aria-labelledby="title1"
        aria-describedby="descripction" />
</picture>
```

Código de ejemplo de descripción de una imagen accesible.

Atributos de componente

Estos están pensados para apoyar a los roles y para definir elementos de E/S. A continuación, se muestra un ejemplo típico de definición de atributos WAI ARIA para un campo de entrada de tipo texto.

```
<label for="name">Nombre
    <input type="text"
        id="name"
        name="name"
        required="required"
        aria-required="true" />
</label>
```

Código de ejemplo de descripción de campo de texto accesible.

También se pueden establecer atributos que definan las regiones activas que pueden actualizarse aun sin hacerse a petición del usuario.

```
<p aria-live="polite">Nombre
    <!-- contenido del párrafo -->
</p>
```

Código de ejemplo de definición de región activa.

Si observamos el código anterior, al elemento **de párrafo** se le ha añadido un atributo de región activa ARIA-LIVE con el valor POLITE. Una tecnología asistiva que reconozca el estándar WAI ARIA sabrá qué párrafo será un área activa que podrá actualizarse, en un futuro, con otro contenido.

Si el valor del atributo es POLITE, el contenido podrá actualizarse una vez haya acabado las tareas que esté haciendo en ese momento el usuario. Si el valor del atributo es ASSERTIVE, el contenido podrá actualizarse, aunque el usuario no haya terminado las tareas en ese momento.

8.3.4.1.3 Atributos de arrastrar y soltar

Los atributos de arrastrar y soltar (drag & drop) permiten proporcionar información de cómo se realiza la funcionalidad.

```
<div role="menuitem" aria-dropeffect="copy move">
    <!-- contenido del párrafo -->
</div>
```

Código de ejemplo de descripción de efecto drag & drop.

En el ejemplo anterior, el rol con valor MENUITEM permite establecer la propiedad ARIA-DROPEFFECT para indicar qué tipo de acción acepta el elemento.

8.3.4.1.4 Atributos de relaciones

En ocasiones no se pueden establecer, a partir de las estructuras del documento, las relaciones o pertenencias de los elementos que lo forman. Para estas situaciones, el estándar WAI ARIA permite definir las dependencias a través de atributos relacionales. A continuación, se muestra un ejemplo:

Como se ha visto en el código 11.4, se ha descrito un contenido visual a través de los atributos ARIA-DESCRIBEDBY y ARIA-LABELLEDBY del elemento que contiene la imagen. El atributo ARIA-LABELLEDBY ayuda a identificar el contexto y el atributo ARIA-DESCRIBEDBY proporciona la descripción asociada a ese contexto.

8.3.4.1.5 Acceso mediante teclado

Cuando se habla de accesibilidad es muy frecuente sacar el tema de los atajos de teclado. Siempre que sea posible se deben establecer atajos de teclado. De esta manera, se podrá dar soporte a las personas que no dispongan de ratón, por ejemplo.

En HTML 4, sólo los enlaces, campos de formulario, objetos, áreas y botones podían tomar el foco. En HTML5, todos los elementos pueden adquirir el foco gestionando el atributo TABINDEX **que** permite establecer un orden específico de navegación. Su valor por defecto u omisión es 0 y significa que la navegación se realizará en el orden de aparición en el documento. Si el valor se establece a -1, el elemento no podrá ser objeto del foco y, por lo tanto, se saltará.

La WAI ARIA, además, permite especificar otros comportamientos asociados a los hijos de los componentes que enriquecen el documento.

8.3.4.2 SOPORTE EN NAVEGADORES Y PRODUCTOS DE APOYO

El **DOM** (Document Object Model) contiene la estructura jerárquica y semántica del documento y, uno de sus usos, es para generar componentes propios de las aplicaciones enriquecidas.

Las tecnologías asistivas pueden utilizar el DOM para identificar los objetos, sin embargo, cuanta más información se proporcione a estas aplicaciones, mejor experiencia de usuario tendrá.

Las API de accesibilidad proporcionan los roles, estados, atributos, etcétera para que puedan ser utilizadas por las tecnologías asistidas, como lectores de pantalla. Cuando se utiliza WAI ARIA, la semántica proporcionada debe estar acorde a los valores que se establecen en estas API para obtener un funcionamiento óptimo de las tecnologías asistivas.

La W3C proporciona un documento técnico dónde explica con detalle la asignación de las diferentes características de WAI ARIA con las Accessibility API más comunes.

http://www.w3.org/tr/wai-aria-implementation/.

Hoy en día, prácticamente existen muchos productos que soportan la implementación de WAI ARIA, incluyendo navegadores, productos de apoyo y otras herramientas de desarrollo.

8.3.4.3 PRINCIPALES ATRIBUTOS DE LA WAI-ARIA

La accesibilidad web es algo sumamente importante y difícil de aplicar si no se entiende bien lo que se desea hacer. Por ello, antes de nada, vamos a precisar las principales propiedades con las que se puede conseguir proporcionar accesibilidad en los sitios y páginas web.

8.3.4.3.1 Atributo role

Los roles son unos atributos que se establecen para indicar la función u objetivo del elemento. Esto se vuelve necesario porque, en ocasiones, no es fácil discernir la diferencia u objeto del elemento mostrado. Por ejemplo, no es lo mismo un elemento que representa a una barra de progreso, que un elemento que representa a una barra de carga en proceso.

Los roles pueden ser de dos tipos. De tipo interfaz, que son los que representan a elementos como árboles, listas, sliders, diálogos emergentes, etcétera y, de tipo estructural, que son los que representan o definen una estructura como pueda ser un menú de navegación o una cabecera o pie de página.

Aunque hemos dicho que existen dos tipos de roles, cabe destacar que, dentro de los roles estructurales, podemos encontrar un tercer tipo que se utiliza para diferenciar las diferentes secciones dentro de la estructura. Este tipo de roles, se suelen denominar LANDMARK ROLES y son los siguientes:

- **APPLICATION**: indica que la región es una aplicación web, en vez de un documento web.

- **BANNER**: indica que la región o sección contiene el título principal o el título interno de la página. Este rol suele estar asociado al elemento HEADER que contiene la cabecera de página.

- **COMPLEMENTARY**: indica que es una sección que tiene contenido principal, pero es independiente y significativa por sí sola. Este rol suele estar asociado al elemento ASIDE que contiene la zona lateral o anexa al contenido principal.

- **CONTENTINFO**: indica que la sección contiene información relevante sobre el documento principal, como derechos de autor o enlaces a declaraciones de privacidad. Este rol suele estar asociado al elemento FOOTER que contiene el pie de página.

- **FORM**: indica que la sección representa una colección de elementos de formulario, sean editables o no.

- **MAIN**: indica la sección de contenido principal en un documento. Aunque puede darse el caso de que no, por norma general, una página tendrá una única región establecida a este valor. Este rol suele estar asociado al elemento MAIN que contiene el contenido principal del documento.

▶ **NAVIGATION**: indica que la sección contiene una colección de enlaces o acciones pensados para navegar por el sitio web. Este rol suele estar asociado al elemento NAV que contiene el menú principal de navegación y/o menús secundarios de navegación o enlaces.

▶ **SEARCH**: indica que la sección o elemento tiene la función de buscador para el sitio web. Este rol suele estar asociado a elementos de bloque, como pueda ser un DIV y que suelen contener un elemento INPUT de tipo SEARCH.

Ejemplos:

```
<header id="header" role="banner">...</header>
<div id="sitelookup" role="search">...</div>
<nav id="nav" role="navigation">...</nav>
<main id="content" role="main">...</main>
<aside id="rightsideadvert" role="complementary">...</aside>
<footer id="footer" role="contentinfo">...</footer>
```

No obstante, como decíamos, existen otros roles que no son especiales y que suelen y deben asignarse a los botones, enlaces, elementos de formulario, iconos y regiones de manera que proporcionen una cantidad de información suficiente sobre lo que representa el elemento.

Entre ellos podemos encontrar:

▶ **ALERT**: indica que el elemento representa un mensaje que contiene información importante que, por lo general, es urgente. Cabe destacar que, cuando este rol se establece, también suele requerir la especificación de los atributos ARIA-LIVE y ARIA-ATOMIC.

▶ **ALERTDIALOG**: indica que el elemento representa un diálogo que contiene información, pero no requiere de una interacción con el usuario.

▶ **ARTICLE**: indica que el elemento representa una acción que se activa por pulsación o activación del usuario.

▶ **BUTTON**: indica que el elemento representa un contenido independiente de un documento, página o sitio web. Cabe destacar que, cuando este rol se establece, también suele requerir la especificación de los atributos ARIA-HASPOPUP, ARIA-PRESSED y ARIA-DISABLED.

▶ **CHECKED**: indica que el elemento lleva implícito un estado de verificación que puede ser verdadero, falso o mixto. Cabe destacar que, cuando este rol se establece, también suele requerir la especificación del atributo ARIA-CHECKED.

▶ **COLUMNHEADER**: indica que el elemento contiene información de encabezado de una columna.

▶ **COMBOBOX**: indica que el elemento representa un desplegable, cuadro de texto donde los usuarios pueden escribir con anticipación para seleccionar una opción, o escribir un texto cualquiera que se toma como elemento nuevo de lista. Cabe destacar que, cuando este rol se establece, también suele requerir la especificación de los atributos ARIA-HASPOPUP y ARIA-EXPANDED.

▶ **COMMAND**: indica que el elemento representa una acción, pero no recibe datos de entrada.

▶ **COMPOSITE**: indica que el elemento puede contener descendientes navegables o propios.

▶ **DEFINITION**: indica que el elemento es una definición o concepto.

▶ **DIALOG**: indica que el elemento representa un cuadro de diálogo que lleva asociada una interacción que solicita información o una respuesta. Cabe destacar que, cuando este rol se establece, también suele requerir la especificación del atributo ARIA-HASPOPUP.

▶ **DIRECTORY**: indica que el elemento contiene una tabla o listado. Es decir, que representa una lista de referencias a miembros de un grupo, como una tabla de contenido estática.

▶ **DOCUMENT**: indica que el elemento contiene información relacionada que se declara contenido de documento y no como una aplicación web.

▶ **GRID**: indica que el elemento representa una colección de elementos (o celdas) que están organizados a modo de filas y columnas, como si de una tabla se tratase.

▶ **GRIDCELL**: indica que el elemento es uno de los elementos o celda que contiene el elemento padre que tiene el ROLE de GRID.

▶ **GROUP**: indica que el elemento representa una colección de elementos de interfaz de usuario que no están incluidos en el resumen de la página o tabla de contenido por las herramientas de asistencia.

▶ **INPUT**: indica que el elemento funciona como un componente de entrada de datos del usuario.

▶ **LINK**: indica que el elemento es un enlace o vínculo a un recurso, externo o interno, que provoca la navegación hasta ese destino.

▶ **LIST**: indica que el elemento representa una lista de elementos que permiten la interacción con el usuario.

▶ **LISTBOX**: indica que el elemento representa una lista de elementos que sólo permite la selección de uno de sus elementos.

▶ **LISTITEM**: indica que el elemento es uno de los elementos contenidos por el elemento padre que tiene el ROLE de LIST o LISTBOX. Cabe destacar que, cuando este rol se establece, también suele requerir la especificación del atributo ARIA-LEVEL.

▶ **MENU**: indica que la sección es un widget que contiene una lista de opciones para el usuario.

▶ **MENUBAR**: indica que el elemento es un hijo del elemento padre que tiene el ROLE de MENU. Habitualmente se identifica con una barra horizontal que, además, suele estar visible.

▶ **MENUITEM**: indica que el elemento es una de las opciones ofrecidas por el elemento padre que tiene el ROLE de MENU o MENUBAR.

▶ **MENUITEMCHECKBOX**: indica que el elemento es una de las opciones ofrecidas por el elemento padre que tiene el ROLE de MENU o MENUBAR. No obstante, este elemento lleva implícito un estado de verificación que puede ser falso, verdadero o mixto. Cabe destacar que, cuando este rol se establece, también suele requerir la especificación del atributo ARIA-CHECKED.

▶ **MENUITEMRADIO**: indica que el elemento es una de las opciones ofrecidas por el elemento padre que tiene el ROLE de MENU o MENUBAR. No obstante, este elemento lleva implícito un estado de selección que puede ser verdadero o falso, pero con la diferencia de que, solamente, permite un único elemento seleccionado por grupo. Cabe destacar que, cuando este rol se establece, se debe comprobar que no existan más dentro de la misma subsección o del mismo grupo. Si fuese necesario, los diferentes elementos de MENUITEMRADIO pueden separarse a través de subelementos padre con el ROLE establecido a GROUP. Si existen varios hijos o subelementos con el ROLE establecido a GROUP, se deben separar mediante elementos que tengan el ROLE establecido a SEPARATOR.

- ▶ **PROGRESSBAR**: indica que el elemento muestra el estado de progreso de una tarea o acción que consta de varios pasos o tiene predefinido que va a tardar bastante tiempo en completarse. Cabe destacar que, cuando este rol se establece, también suele requerir la especificación de los atributos ARIA-VALUEMIN, ARIA-VALUEMAX y ARIA-VALUENOW.

- ▶ **ROW**: indica que el elemento representa a una de las filas de una colección de elementos en forma de cuadrícula, como pueda ser una tabla.

- ▶ **ROWGROUP**: indica que el elemento contiene un grupo de elementos de fila de una colección de elementos en forma de cuadrícula, como pueda ser una tabla.

- ▶ **ROWHEADER**: indica que el elemento contiene información de encabezado de una fila asociada con una colección de elementos en modo tabla o cuadrícula.

- ▶ **SEPARATOR**: indica que el elemento funciona como separador o divisor de regiones de acciones agrupadas por el rol GROUP.

- ▶ **TAB**: indica que el elemento es una de las pestañas ofrecidas por el elemento padre que tiene el ROLE de TABLIST.

- ▶ **TABLIST**: indica que el elemento es un widget que representa una funcionalidad por pestañas.

- ▶ **TABPANEL**: indica que el elemento contiene los recursos y elementos asociados a una pestaña y, por tanto, a uno de los elementos que tiene el rol establecido a TAB.

- ▶ **TOOLTIP**: indica que el elemento es un widget que representa una funcionalidad de árbol.

- ▶ **TREE**: indica que el elemento es un widget que representa una funcionalidad de árbol.

- ▶ **TREEITEM**: indica que el elemento es una de las ramas ofrecidas o listadas por el elemento padre que tiene el ROLE de TREE. Cabe destacar que, cuando este rol se establece, también suele requerir la especificación del atributo ARIA-LEVEL.

Ejemplos:

```
<ul role="tablist">
   <li role="tab">Pestaña 1</li>
   <li role="tab">Pestaña 2</li>
</ul>
<div role="progressbar">
<select role="listbox">
   <option role="listitem" aria-level="1">Opción 1</option>
   <option role="listitem" aria-level="1">Opción 2</option>
</select>
```

Cabe destacar que, existen muchos más roles que los aquí presentados, aunque sí se podría decir que están los más utilizados. Si se desean ver todos los roles o, simplemente, se desea más información sobre uno de ellos, se puede visitar la URL o dirección web *https://www.w3.org/WAI/PF/aria-1.1/roles*.

8.3.4.3.2　Atributos aria-autocomplete y aria-activedescendant

El atributo ARIA-AUTOCOMPLETE permite indicar, a las herramientas de asistencia, que el elemento conlleva una búsqueda predictiva con una posterior visualización de resultados total o parcial. Además, permite establecer el tipo de interacción que está asociado al elemento de formulario.

Los posibles valores que puede tomar el atributo ARIA-AUTOCOMPLETE son el valor INLINE, para indicar que el valor resultante de la búsqueda predictiva se mostrará dentro del elemento de formulario al que está asociado, LIST, para indicar que el resultado de la búsqueda predictiva se mostrará en un elemento de lista a parte o BOTH, para indicar que el elemento de formulario ofrece ambos modelos al mismo tiempo.

Ejemplo:

```
<input id="cb1-edit"
       type="text"
       aria-activedescendant="opt04"
       aria-owns="resultados-busqueda"
       aria-autocomplete="list"
       role="combobox" />

<ul aria-expanded="true" role="listbox" id="resultados-busqueda">
    <li role="option" id="opt01">HTML para todos</li>
    <li role="option" id="opt02">La guía oficial de HTML5</li>
    <li role="option" id="opt03">Creación de páginas con HTML5</li>
```

```
    <li role="option" id="opt04">Accesibilidad Web y HTML5</li>
    <li role="option" id="opt05">La usabilidad de HTML5</li>
</ul>
```

Como puede apreciarse, el atributo ARIA-ACTIVEDESCENDANT permite establecer el elemento de la lista que, actualmente, está seleccionado.

8.3.4.3.3 Atributo aria-atomic

El atributo ARIA-ATOMIC permite establecer si la actualización de un contenedor afecta a todas o sólo a algunas partes. Esta actualización será revelada en función de las notificaciones de cambio definidas por el atributo ARIA-RELEVANT.

Ejemplo:

```
<h3>Contenido del carrito</h3>

<div aria-live="polite" aria-atomic="true">
    <div>Su cesta de la compra contiene
        <span id="nArt">0</span>
        Artículos
    </div>
</div>
```

8.3.4.3.4 Atributo aria-checked

El atributo ARIA-CHECKED permite establecer el estado de aquellos elementos de formulario que resultan ser de tipo casilla de verificación o de tipo radio. Básicamente, el atributo ARIA-CHECKED es idéntico al atributo CHECKED de HTML, salvo por la diferencia de que ARIA-CHECKED permite establecer un estado adicional que indica no es ni activado, ni desactivado.

Los posibles valores que puede tomar el atributo ARIA-CHECKED son FALSE, para indicar que no está verificado o seleccionado, TRUE, para indicar que está verificado o seleccionado y MIXED, para indicar que la verificación o selección es sólo parcial.

Al margen de los valores de estado TRUE y FALSE, el valor de estado MIXED puede ser útil cuando el estado de la casilla de verificación hace referencia a un conjunto de elementos de su mismo tipo en donde hay algunos seleccionados y otros que no.

Ejemplo:

```
<table>
    <thead>
        <tr>
            <th>
                <input type="checkbox" id="checkAll" aria-checked="mixed"/>
            </th>
            <!-- ... otros elementos TH -->
        </tr>
    </thead>
    <tbody>
        <tr>
            <td>
                <input type="checkbox" id="chk01" aria-checked="true"/>
            </td>
            <!-- ... otros elementos TD -->
        </tr>
        <tr>
            <td>
                <input type="checkbox" id="chk02" aria-checked="false"/>
            </td>
            <!-- ... otros elementos TD -->
        </tr>
        <!-- ... otros elementos TR -->
    </tbody>
```

8.3.4.3.5 Atributo aria-controls

El atributo ARIA-CONTROLS permite establecer una relación de pertenencia que indica qué elementos puede controlar. Esto se hace necesario cuando esa relación no viene expresada o no está representada en el DOM.

Por ejemplo, un botón que abre una serie de opciones a modo de menú podría definirse de la siguiente manera:

Ejemplo:

```
<div class="menu-layer">
    <button id="menuBtn" aria-haspopup="true" aria-controls="submenu">
        Ver opciones
    </button>
    <ul id="submenu" role="menu" aria-labelledby="menuBtn">
        <li role="none">
            <a role="menuitem" href="#">
                Opción 1
```

```
            </a>
        </li>
        <li role="none">
            <a role="menuitem" href="#">
                Opción 2
            </a>
        </li>
    </ul>
```

Como se puede apreciar en el código anterior, el botón establece una relación con el elemento de lista a través de su atributo ID. La lista, a su vez, establece una relación con el elemento botón a través del atributo ARIA-LABELLEDBY.

Al pulsar en el botón, el sistema podría realizar la actualización del atributo ARIA-EXPANDED en el elemento a través de JavaScript y, estableciéndolo a TRUE si está mostrando el elemento UL, o a FALSE si está oculto.

8.3.4.3.6 Atributo aria-describedby

El atributo ARIA-DESCRIBEDBY permite establecer una descripción larga o detallada para todos aquellos elementos mediante el establecimiento del valor de un ID válido. Este identificador debe ser un valor válido definidos por un atributo ID alcanzables en el mismo contexto. Es decir, no se pueden utilizar valores de ID que estén ubicados o definidos en otra ventana o frame diferente a la actual.

Esto suele ser útil en situaciones donde el contenido a mostrar es un enlace a un archivo descargable (como un PDF o Excel) o cuando el elemento al que hace referencia no está dentro del mismo contenedor.

Ejemplo:

```
<form role="form"
    <label for="username">Nombre de Usuario</label>
    <input type="text" id=" usr " name="usr" required />

    <label for="username">Contraseña</label>
    <input type="password" id="pwd" name="pwd" required
            aria-describedby="pwdDesc" />

    <p id="pwdDesc">La contraseña debe tener, cómo mínimo, una mayúscula, una
minúscula, un número y un caracter especial. Además, no puede tener una longitud
menor a 6 caracteres.</p>

    <button type="submit" class="accept rounded">Acceder</button>
</form>
```

8.3.4.3.7 Atributo aria-describedat

El atributo ARIA-DESCRIBEDAT tiene un comportamiento idéntico al atributo ARIA-DESCRIBEDBY, si exceptuamos que lo que se establece es una URL, en vez de un ID.

Esto suele ser útil cuando la descripción no es una frase, sino una descripción larga o representa una explicación que conlleva varios párrafos.

Ejemplo:

```
<a href="#"
   aria-describedat="https://es.wikipedia.org/wiki/Magnitud_aparente">
      Magnitud aparente
</a>
```

8.3.4.3.8 Atributo aria-disabled

El atributo ARIA-DISABLED permite indicar, a las herramientas de asistencia, que el elemento está desactivado o deshabilitado. Básicamente, es lo mismo que el atributo DISABLED de HTML, sin embargo, ARIA-DISABLED puede ser útil cuando no se desea realizar la validación nativa del navegador o herramienta de asistencia.

En general, se suele establecer en tiempo de ejecución, tras un proceso de validación en JavaScript.

Ejemplo:

```
<label for="nombre">Nombre:</label>
<input id="nombre" type="text" disabled aria-disabled="true" />
```

8.3.4.3.9 Atributo aria-expanded

El atributo ARIA-EXPANDED permite establecer si el elemento que representa a un contenido plegable o colapsable como pueda ser un menú desplegable de navegación, está expandido o contraído.

Por ejemplo, un menú lateral deslizante, también conocido como Off-Screen Menu, con un botón tipo hamburguesa podría definirse de la siguiente manera:

Ejemplo:

```
<button class="menu-toggle"
        aria-label="Menú principal"
        aria-expanded="false">
```

```
    <i class="icon bars">≡</i>
</button>

<aside class="hidden" role="navigation">
    Ejemplo de menú
    <ul>
        <li><a href="./home.html">Home / Inicio</a></li>
        <li><a href="./quienes-somos.html">Quienes Somos</a></li>
        <li><a href="./servicios.html">Servicios</a></li>
        <li><a href="./donde-estamos.html">Dónde estamos</a></li>
    </ul>
</aside>
```

Al pulsar en el botón, el sistema podría realizar la actualización del atributo ARIA-EXPANDED en el elemento a través de JavaScript y, estableciéndolo a TRUE si está mostrando el ASIDE, o a FALSE si está oculto.

8.3.4.3.10 Atributo aria-flowto

El atributo ARIA-FLOWTO permite cambiar o alterar el orden normal de lectura proporcionado por el documento y pasar al elemento cuyo identificador es el valor indicado. No obstante, cuando este atributo presenta múltiples valores, se tomarán como opciones o alternativas para el siguiente contenido en el orden de lectura.

Aunque parezca algo evidente de mencionar, todas las propiedades de ARIA, incluyendo la propiedad ARIA-FLOWTO, serán ignoradas por el navegador. Recordemos que el navegador no enriende de lecturas alternativas e implementa el orden de tabulación a través de métodos como el atributo TABINDEX.

Por ejemplo, cambiar el orden de lectura en las herramientas de asistencia, para que lean primero la noticia de en medio, luego la primera y, por último, la tercera, podría definirse de la siguiente manera:

Ejemplo:

```
<h1 aria-flowto="no1">Noticias</h1>

<h2>Tiempo</h2>
<div id="no2" title="Tiempo en Madrid" aria-flowto="no3">
    <p>El tiempo será estable durante las próximas horas, ...</p>
</div>

<h2>Covid-19</h2>
<div id="no1" title="Actualidad sobre el Covid-19" aria-flowto="no2">
    <p>Se proporcionan las primeras vacunas a los españoles</p>
```

```
</div>

<h2>Presupuestos Generales del Estado (PGE)</h2>
<div id="no3" title="Ultimas novedades sobre los PGE">
    <p> Los PGE para 2021 presentan algunos cambios de ... </p>
</div>
```

8.3.4.3.11 Atributo aria-haspopup

El atributo ARIA-HASPOPUP permite establecer si el elemento abre un menú o un desplegable de acciones.

Por ejemplo, un botón que abre una serie de opciones a modo de menú podría definirse de la siguiente manera:

Ejemplo:

```
<div class="menu-layer">
  <button id="menuBtn" aria-haspopup="true" aria-controls="submenu">
    Ver opciones
  </button>
  <ul id="submenu" role="menu" aria-labelledby="menuBtn">
    <li role="none">
      <a role="menuitem" href="#">
        Opción 1
      </a>
    </li>
    <li role="none">
      <a role="menuitem" href="#">
        Opción 2
      </a>
    </li>
  </ul>
```

Al pulsar en el botón, el sistema podría realizar la actualización del atributo ARIA-EXPANDED en el elemento a través de JavaScript y, estableciéndolo a TRUE si está mostrando el elemento UL, o a FALSE si está oculto.

8.3.4.3.12 Atributo aria-hidden

El atributo ARIA-HIDDEN permite establecer si el elemento está oculto, o por el contrario, esta visible. Si el atributo no está presente, o el valor de ARIA-HIDDEN está establecido a FALSE, se entenderá como que está visible.

Por ejemplo, un botón que abre una serie de opciones a modo de menú podría definirse de la siguiente manera:

Ejemplo:

```
<div class="menu-layer">
  <button id="menuBtn" aria-haspopup="true" aria-controls="submenu">
     Ver opciones
  </button>
  <ul id="submenu" role="menu" aria-labelledby="menuBtn" aria-hidden="true">
    <li role="none">
       <a role="menuitem" href="#">
          Opción 1
       </a>
    </li>
    <li role="none">
       <a role="menuitem" href="#">
          Opción 2
       </a>
    </li>
  </ul>
```

Al pulsar en el botón, el sistema podría realizar la actualización de los atributos ARIA-HIDDEN y ARIA-EXPANDED en el elemento a través de JavaScript. Si el elemento se encuentra expandido, es decir, visible, podría establecerse el atributo ARIA-EXPANDED a TRUE y el atributo ARIA-HIDDEN a FALSE. En cualquier otro caso, se podría establecer el atributo ARIA-EXPANDED a FALSE y el atributo ARIA-HIDDEN a TRUE.

8.3.4.3.13 Atributo aria-invalid

El atributo ARIA-INVALID permite indicar, a las herramientas de asistencia, que el elemento de formulario es un campo de entrada y no cumple con las expectativas o formato indicados.

Esto es útil cuando se están solicitando datos preformateados como puedan ser los correos electrónicos, teléfonos o cualquier otro tipo de entrada que pueda responder a una posible máscara de entrada, pero también es útil para indicar que no está relleno y que, por tanto, es obligatorio.

Los posibles valores que puede tomar el atributo ARIA-INVALID son FALSE, para indicar que no se detectaron errores, GRAMMAR, para indicar que se detectó un error gramatical, SPELLING, para indicar que se detectó un error ortográfico o, simplemente, TRUE, para indicar que el proceso de validación no se superó.

En general, se suele establecer en tiempo de ejecución, tras un proceso de validación.

Ejemplo:

```
<label for="nombre">Nombre completo:</label>
<input id="nombre" type="text"
        aria-required="true"
        aria-invalid="false"
        oninput="checkValidity(this)" />


<script>
    function checkValidity(el){
        var invalid = (el.value.trim().length == 0);
        if (invalid) {
            el.setAttribute("aria-invalid", "true");
        } else {
            el.setAttribute("aria-invalid", "false");
        }
    }
</script>
```

8.3.4.3.14 Atributo aria-label

El atributo ARIA-LABEL permite establecer un nombre accesible a aquellos elementos que no poseen una descripción textual en su contenido.

Como se vio en la práctica del capítulo de Usabilidad Web, es frecuente utilizarlo cuando los elementos representan una imagen o icono, pero también es usable en cualquier elemento que requiera una descripción adicional que permita contextualizar y dar un significado inequívoco.

Ejemplo:

```
<a href="#" aria-label="Cerrar">X</a>
```

8.3.4.3.15 Atributo aria-labelledby

El atributo ARIA-LABELLEDBY permite establecer unos identificadores que se utilizarán para generar una descripción accesible. Estos identificadores deben ser valores válidos definidos por atributos ID alcanzables en el mimo contexto. Es decir, no se pueden utilizar valores de ID que estén ubicados o definidos en otra ventana o frame diferente a la actual.

Esto suele ser útil en situaciones donde el contenido a mostrar es un enlace a un archivo descargable (como un PDF o Excel) o cuando el elemento al que hace referencia no está dentro del mismo contenedor.

Ejemplo:

```
<p id="tInforme">Exportar informe en:</p>
<div class="export">
    <a href="./mayo.pdf" id="pdf" aria-labelledby="tInforme pdf">PDF</a>
    <a href="./mayo.xls" id="xls" aria-labelledby="tInforme xls">Excel</a>
</div>
```

8.3.4.3.16 Atributo aria-level

El atributo ARIA-LEVEL permite establecer el nivel jerárquico dentro de una determinada estructura.

Por ejemplo, una lista de opciones de menú con varios niveles de interacción podría definirse de la siguiente manera:

Ejemplo:

```
<ul role="list">
    <li role="listitem" aria-level="1">Opción 1</li>
    <li role="listitem" aria-level="1">Opción 2</li>
    <li>
        <span>Opción 3</span>
        <ul role="list">
            <li role="listitem" aria-level="2">Opción 3.1</li>
        </ul>
    </li>
</ul>
```

8.3.4.3.17 Atributo aria-live

El atributo ARIA-LIVE permite identificar aquellas zonas del documento que pueden actualizarse de forma dinámica o automática. Esto, hace posible que se les notifique a las herramientas de asistencia situaciones en las que se inyectan contenidos dinámicamente a un contenedor actualizable. Las herramientas de asistencia leen automáticamente el contenido de este contenedor (denominado región activa o "Live Region") y evitan tener que centrarse en dónde se producen los cambios.

Recordemos que, si el valor del atributo ARIA-LIVE es POLITE, el contenido podrá actualizarse una vez haya acabado las tareas que esté haciendo en ese momento el usuario, pero, si el valor del atributo es ASSERTIVE, el contenido podrá ser actualizado, aunque el usuario no haya terminado las tareas en ese momento.

Este atributo suele combinarse con el atributo ARIA-ATOMIC para indicar si la actualización implica a toda la región o sólo a partes concretas. También, suele combinarse con el atributo ARIA-RELEVANT, el cual, indica qué tipo de actualización debe realizarse o se espera.

8.3.4.3.18 Atributo aria-orientation

El atributo ARIA-ORIENTATION permite indicar, a las herramientas de asistencia, que si el elemento y su orientación son vertical u horizontal. Sus posibles valores son HORIZONTAL y VERTICAL.

Ejemplo:

```
<label for="temperature" id="tempLabel" class="label">Temperatura</label>
<div id="temperature"
     role="slider"
     aria-labelledby="tempLabel"
     aria-orientation="vertical"
     aria-valuenow="25"
     aria-valuetext="25"
     aria-valuemin="-20"
     aria-valuemax="60">
</div>
```

8.3.4.3.19 Atributo aria-modal

El atributo ARIA-MODAL permite indicar, a las herramientas de asistencia, que la acción de pulsar en el elemento conllevará la apertura de una estructura que interrumpirá el flujo de trabajo actual. Es decir, conllevará la apertura de un diálogo modal.

En general, este atributo suele estar asociado al rol DIALOG o ALERTDIALOG, lo que significa, entre otras cosas, que se debe colocar el foco en el primer elemento del diálogo en el momento de visualizarse, a menos, eso sí, de que el foco se haya establecido explícitamente en otro lugar.

Ejemplo:

```
<h3>Newsletter</h3>
<div role="dialog" aria-modal="true" id="newsletter">
    <form action="post">
        <label for="estado">Email:</label>
        <input type="email" id="email" />

        <input type="submit" value="Enviar" />
    </form>
</div>
```

8.3.4.3.20 Atributo aria-multiselectable

El atributo ARIA-MULTISELECTABLE permite indicar, a las herramientas de asistencia, que el usuario puede seleccionar más de un elemento de las opciones ofrecidas a continuación. Como norma, este atributo va asociado con el atributo ARIA-SELECTED.

En general, se suele establecer en desplegables, listas y árboles, pero se puede utilizar en cualquier elemento de interacción que permita múltiples valores.

Ejemplo:

```
<label for="estado">Aficiones/Hobbies:</label>
<select id="estado" aria-multiselectable="true">
    <option value="0">Fútbol</option>
    <option value="1" selected aria-selected="1,2">Música</option>
    <option value="2" selected aria-selected="1,2">Cine</option>
    <option value="3">Teatro</option>
</select>
```

8.3.4.3.21 Atributo aria-multiline

El atributo ARIA-MULTILINE permite indicar, a las herramientas de asistencia, que el control de entrada permite varias líneas. Esto es aplicable tanto para elementos TEXTAREA, como para elementos con el atributo CONTENTEDITABLE establecido a TRUE.

Ejemplo:

```
<div contenteditable="true" aria-multiline="true"></div>
```

8.3.4.3.22 Atributo aria-owns

El atributo ARIA-OWNS permite indicar, a las herramientas de asistencia, que el elemento está vinculado o asociado con otro elemento que se encuentra fuera de la estructura actual o separado en otra zona del documento. Esto es útil, por ejemplo, cuando se están definiendo menús de navegación que poseen varios niveles.

Ejemplo:

```
<nav role="navigation">
    <ul role="menu">
        <li role="menuitem" aria-owns="submenu-new">Nuevo</li>
        <li role="menuitem">Abrir</li>
        <li role="menuitem">Guardar</li>
        <li role="menuitem">Guardar como ...</li>
        <li role="menuitem">Información del documento</li>
    </ul>
    <ul id="submenu-new" role="menu">
        <li role="menuitem">Archivo</li>
        <li role="menuitem">Carpeta</li>
        <li role="menuitem">Proyecto</li>
    </ul>
</nav>
```

8.3.4.3.23 Atributo aria-pressed

El atributo ARIA-PRESSED permite indicar, a las herramientas de asistencia, que el elemento está presionado. Esto puede ser interesante cuando se establecen elementos de verificación con aspecto de botones, cuando se requiere conocer el estado del botón, como en un proceso de arrastrar y soltar un elemento, cuando se desea trasmitir a la herramienta de asistencia, o situaciones similares.

Por ejemplo, cuando se están definiendo menús de navegación que poseen varios niveles.

Ejemplo:

```
<button aria-pressed="false">
    En pausa
</button>
```

Al pulsar en el botón, el sistema podría realizar la actualización de los atributos ARIA-PRESSED en el elemento a través de JavaScript. Dicho de otra forma, si el usuario pulsase una vez sobre el botón, se podría establecer el atributo ARIA-PRESSED a TRUE, lo que significaría, en nuestro ejemplo, que está reproduciendo, pero, si el usuario pulsase una segunda vez, el atributo ARIA-PRESSED volvería a establecerse como FALSE, que indicaría que ha vuelto a ponerse en pausa.

8.3.4.3.24   Atributo aria-readonly

El atributo ARIA-READONLY permite indicar, a las herramientas de asistencia, que el elemento no es editable, aunque sí operable. Básicamente, es lo mismo que el atributo READONLY de HTML, sin embargo, ARIA-READONLY puede ser útil cuando no se desea realizar la validación nativa del navegador o herramienta de asistencia.

En general, se suele establecer en tiempo de ejecución, tras un proceso de validación en JavaScript.

Ejemplo:

```
<label for="nombre">Nombre completo:</label>
<input id="nombre" type="text" aria-readonly="true" />
```

8.3.4.3.25   Atributo aria-relevant

El atributo ARIA-RELEVANT permite establecer qué tipo de cambios se va a realizar en un contenedor que posee el atributo ARIA-LIVE establecida a un valor diferente a OFF.

El atributo ARIA-RELEVANT admite una lista de valores prefijados separados por espacios, la cual se muestra a continuación:

- ▶ **ADDITIONS**: indica que sólo es relevante los nodos que sean agregados a la región activa.

- ▶ **REMOVALS**: indica que sólo es relevante los nodos que sean eliminados a la región activa.

- ▶ **TEXT**: indica que sólo es relevante aquellos cambios que afecten a los contenidos textuales dentro de la región activa.

- ▶ **ALL**: indica que es relevante cualquier cambio, sea aditivo, de eliminación o textual.

Ejemplo:

```
<h3>Contenido del carrito</h3>
<div aria-live="polite" aria-atomic="true" aria-relevant="all">
    <div>Su cesta de la compra contiene
```

```
            <span id="nArt">0</span>
            Artículos
        </div>
    </div>
```

8.3.4.3.26 Atributo aria-required

El atributo ARIA-REQUIRED permite indicar, a las herramientas de asistencia, que el elemento conlleva una entrada de datos que es obligatoria para continuar o finalizar la tarea actual. Básicamente, es lo mismo que el atributo REQUIRED de HTML, sin embargo, ARIA-REQUIRED puede ser útil cuando no se desea realizar la validación nativa del navegador o herramienta de asistencia.

En general, se suele establecer en tiempo de ejecución, tras un proceso de validación en JavaScript.

Ejemplo:

```
<label for="nombre">Nombre completo:</label>
<input id="nombre" type="text" aria-required="true" />
```

8.3.4.3.27 Atributo aria-selected

El atributo ARIA-SELECTED permite indicar, a las herramientas de asistencia, que el elemento es seleccionable, pero puede ser distinto al elemento enfocado en ese momento. Básicamente, es lo mismo que el atributo SELECTED de HTML, sin embargo, ARIA-SELECTED puede ser útil cuando no se desea realizar la validación nativa del navegador o herramienta de asistencia.

En general, se suele establecer en tiempo de ejecución, tras un proceso de validación en JavaScript.

Ejemplo:

```
<label for="estado">Estado civil:</label>
<select id="estado">
    <option value="0">Soltero</option>
    <option value="1" selected aria-selected="1">Casado</option>
    <option value="2">Divorciado</option>
    <option value="3">Viudo</option>
</select>
```

8.3.4.3.28 Atributo aria-sort

El atributo ARIA-SORT permite indicar, a las herramientas de asistencia, si los elementos de una tabla o estructura de cuadrícula están ordenados de algún modo.

Si el atributo ARIA-SORT no está definido, se tomará como que no hay un orden de clasificación preestablecido. Sus posibles valores son ADSCENDING, DESCENDING, NONE y OTHER.

Ejemplo:

```
<table role="grid">
    <thead>
        <tr role="row">
            <th scope="col"
                role="columnheader"
                aria-label="Pulsar para ordenar por nombre ascendentemente"
                aria-sort="none"
                tabindex="0">
                    <a href="...">
                        Nombre
                        <span title="Sort">≡</span>
                    </a>
            </th>
            <th scope="col"
                role="columnheader"
                aria-label="Pulsar para ordenar por valor descendentemente"
                aria-sort="ascending"
                tabindex="0">
                    <a href="...">
                        Valor
                        <span title="Ascending">≡</span>
                    </a>
            </th>
        </tr>
    </thead>
    <tbody>
        <tr>
            <td>Pablo</td>
            <td>1</td>
        </tr>
        <tr>
            <td>Elena</td>
            <td>5</td>
```

```
        </tr>
        <tr>
            <td>Yuri</td>
            <td>9</td>
        </tr>
    </tbody>
</table>
```

Cabe destacar que, este atributo sólo se debe especificar en los elementos de encabezado.

8.3.4.3.29 Atributos aria-valuemin, aria-valuemax, aria-valuenow y aria-valuetext

Los atributos ARIA-VALUEMIN, ARIA-VALUEMAX, ARIA-VALUENOW y ARIA-VALUETEXT permiten indicar, a las herramientas de asistencia, los diferentes valores que tiene establecido el elemento o control de tipo rango.

▸ **VALUEMIN**: indica el valor máximo aceptado por el control de tipo rango.

▸ **VALUEMAX**: indica el valor mínimo aceptado por el control de tipo rango.

▸ **VALUENOW**: indica el valor actual del control de tipo rango.

▸ **VALUETEXT**: indica la alternativa de texto legible para los humanos. Este valor debe estar en concordancia con el valor de VALUENOW.

Ejemplo:

```
<div role="slider"
    aria-valuenow="1"
    aria-valuetext="Lunes"
    aria-valuemin="1"
    aria-valuemax="7">
</div>
```

8.3.4.3.30 Atributo tabindex de HTML

El atributo TABINDEX de HTML es fundamental para poder gestionar con eficiencia el foco del teclado en elementos como enlaces o elementos de formulario.

Cierto es que es posible establecerla en todo tipo de elementos, no obstante, no suele ser una buena opción utilizarlo en elementos que, por definición, no pueden tomar el foco si lo que se desea es que la página sea totalmente accesible.

Aun así, recordemos que el atributo TABINDEX puede tener tres posibles valores. Cuando es "0" toma el elemento puede tomar el foco en el orden de definición o aparición de los elementos. Cuando es "-1" el elemento no puede tomar el foco de ninguna de las maneras y, cuando es otro valor, define un orden de tabulación explícito que será efectivo en función de su cuantía, es decir, a menor valor será enfocado antes, a mayor valor será enfocado después y, a igual valor, será enfocado por orden de aparición.

Ejemplo:

```
<i class="icon menu" tabindex="0" onclick="menuToggle(this)">≡</i >
```

8.3.5 Recomendación WCAG 2.2

La recomendación WCAG (Web Content Accessibility Guidelines o Pautas de Accesibilidad para el Contenido Web en español) ha pasado por varias revisiones. En su versión 1.0, se establecieron una lista de pautas aplicables en el ámbito internacional sobre cómo hacer accesibles los contenidos de la Web a las personas con discapacidad.

Más tarde, en diciembre de 2008 evolucionaron hasta la versión 2.0, donde se contemplaban nuevas funcionalidades y se sugerían nuevos requerimientos debidos, fundamentalmente, a los nuevos factores tecnológicos y la experiencia ya adquirida sobre del uso de las WCAG 1.0.

Luego llegó la recomendación WCAG 2.1, que es básicamente una revisión que está pensada para mejorar el acceso a los contenidos para personas con discapacidad cognitiva o del aprendizaje, con baja visión o a cualquier otra persona que tenga discapacidad y acceda desde un dispositivo móvil.

La WCAG 2.1 surgió con el objetivo de mejorar la accesibilidad para aquellas personas que tienen una discapacidad cognitiva, que presentan una baja visión y para aquellas personas discapacitadas que acceden desde dispositivos móviles.

La razón de esta mejora fue porque se consideraba que, la versión anterior, no cubría este tipo de necesidades como cabía de esperar, sin contar que, la forma de acceder a la información y las tecnologías habían cambiado de manera muy significativa.

Aunque la WCAG 2.1 fue, por decirlo así, un anexo de su versión predecesora, lo que pretendía era cubrir unos vacíos que existían y hacían que, la web fuese menos accesible de lo que debiera, tanto en sistemas e interfaces de escritorio, como en tabletas o móviles o cualquier otro sistema web. Además, agregó 17 nuevos criterios de conformidad y añadió nuevos términos al glosario.

Actualmente, la WCAG 2.2 es la última versión de las pautas de accesibilidad del contenido en la Web del World Wide Web Consortium (W3C) y cumple con un conjunto de requisitos para WCAG 2.2 que, a su vez, heredan requisitos de versiones anteriores de WCAG 2. Los requisitos estructuran el marco general de las directrices y garantizan la compatibilidad con versiones anteriores.

El grupo de trabajo también utilizó un conjunto menos formal de criterios de aceptación para los criterios de éxito, para ayudar a garantizar que los criterios de éxito sean similares en estilo y calidad a los de las WCAG 2.0. Estos requisitos restringieron lo que podría incluirse en WCAG 2.2. Esta restricción fue importante para preservar su naturaleza como punto de liberación de WCAG 2.

Todas y cada una de las pautas están descritas en el siguiente enlace:

https://www.w3.org/WAI/WCAG22/quickref/

8.3.6 Proporcionando una declaración de accesibilidad

Una declaración de accesibilidad es un documento o apartado que provee información acerca del nivel de accesibilidad de un sitio web, entre otros datos.

Mostrar una declaración de accesibilidad es importante porque ayuda a los usuarios a conocer y comprender la accesibilidad de su contenido y demuestra que a la empresa u organización les preocupan sus usuarios estableciendo un compromiso con la accesibilidad y la responsabilidad social.

Lo que se debe incluir en este apartado o documento, es la descripción del compromiso de accesibilidad con las personas discapacitadas, una descripción del estándar aplicado, habitualmente el WCAG 2.1 e información de contacto por si los usuarios desean realizar alguna pregunta o encuentran algún problema específico.

No obstante, también es recomendable introducir las medidas propuestas que garantizan esa accesibilidad, los requisitos técnicos y de compatibilidad, los entornos en los que se ha diseñado y testado, las leyes políticas que se están aplicando en la actualidad y, si las hay, las limitaciones conocidas que puedan producirse.

Aunque es posible realizar una declaración de accesibilidad a través de varios métodos o técnicas, la W3c dispone de una herramienta online que ayuda a generar de una forma muy sencilla. La dirección se muestra a continuación:

https://www.w3.org/WAI/planning/statements/generator/#create

Un ejemplo de declaración de accesibilidad podría ser la siguiente:

Declaración de Accesibilidad para el comercio online Ejemplo.com

Ejemplo.com se compromete a hacer accesible todos sus sistemas y aplicaciones de acuerdo con el compromiso de accesibilidad web contemplado en el Real Decreto 1112/2018 del 7 de septiembre. La presente declaración de accesibilidad únicamente se aplica a ejemplo.com y a todos sus subdominios, incluida su api.

ESTADO DE CONFORMIDAD

La recomendación WCAG 2.1 define los requerimientos necesarios para que los diseñadores y desarrolladores mejoren la accesibilidad de aquellas personas que presenta discapacidad y, además, define tres niveles de conformidad (Nivel A, Nivel AA y Nivel AAA).

Ejemplo.com es parcialmente compatible con el nivel de adecuación AA de la WCAG 2.1, por lo que algunas partes del contenido no se ajustan completamente a la recomendación de accesibilidad.

OBSERVACIONES Y DATOS DE CONTACTO

Si lo desea, puede realizar cualquier pregunta o comentario a través de las vías siguientes:
Correo electrónico: **accesibilidadweb@ejemplo.com**
Teléfono: (+34) 000 000 000

8.4 HERRAMIENTAS PARA LA VALIDACIÓN DE LA ACCESIBILIDAD WEB

En este ámbito, muchos de los complementos para ayudar a validar la accesibilidad de los sitios web son extensiones de navegador, aunque algunas herramientas son de escritorio para Windows o Linux.

No obstante, el gran problema que presentan estas utilidades o herramientas es que, en muchas ocasiones, no son compatibles con todos los navegadores o sistemas y tampoco llegan a cumplir con todas las recomendaciones o estándares, lo que hace difícil la elección y la verificación de la accesibilidad.

8.4.1 Wave Accesibility Evaluation Tool

WAVE® es un conjunto de herramientas de evaluación que ayuda a los desarrolladores y diseñadores a hacer que su contenido web sea más accesible para personas con discapacidades. Puede identificar muchos errores de accesibilidad y de las Directrices de Accesibilidad al Contenido Web (WCAG) y, cómo no, facilita la evaluación humana del contenido web. Su filosofía se centra en los problemas que, se sabe, afectan a los usuarios finales, facilitar la evaluación humana y educar sobre la accesibilidad web.

Puede usarse mediante su herramienta online ingresando la dirección de página web o a través de las extensiones de navegador compatibles, que en este caso son Chrome, Firefox y Edge, lo que puede ser útil para verificar las páginas protegidas con contraseña o las diseñadas en entornos locales, entre otras posibilidades.

Además, presenta una API de suscripción que permite recopilar fácilmente datos de prueba de accesibilidad en las páginas. Esta API y su motor de prueba pueden integrarse en cualquier infraestructura para probar páginas de intranet, no públicas y seguras, incluyendo los procesos de integración continua.

Más información:
https://wave.webaim.org/

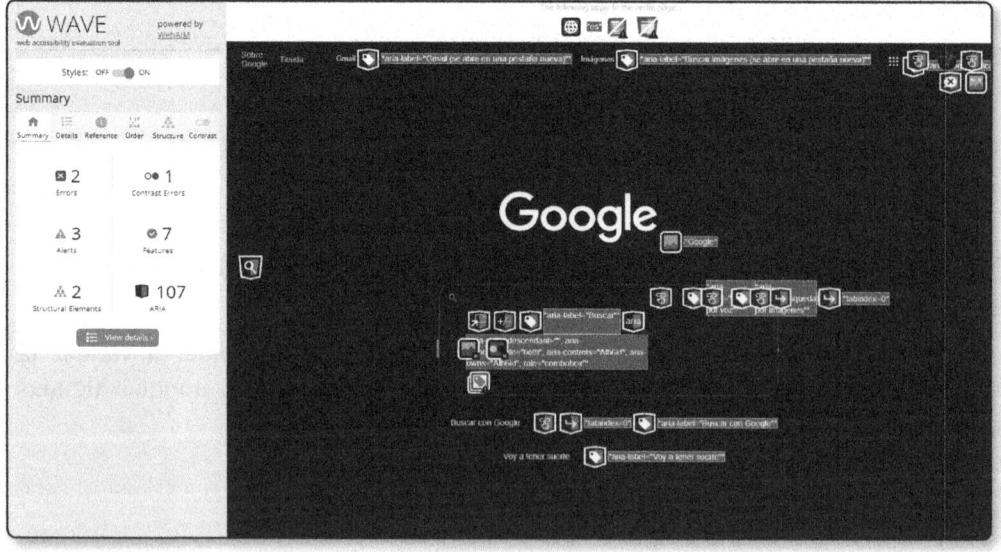

8.4.2 Axe DevTools - Web Accessibility Testing

Axe DevTools - Web Accessibility Testing es una extensión de navegador que permite verificar la accesibilidad para WCAG y Sección 508, aunque sólo prueba los problemas de accesibilidad que pueden detectarse con precisión a través de la automatización, y solo prueba los componentes que realmente existen en la página o aplicación que está probando.

Entre sus principales ventajas podemos destacar que ayuda a evitar falsos positivos, presenta una buena interfaz gráfica que permite encontrar y solucionar de manera proactiva los posibles problemas de accesibilidad, permite realizar pruebas a nivel de componente y ofrece la posibilidad de exportar, guardar y compartir los resultados.

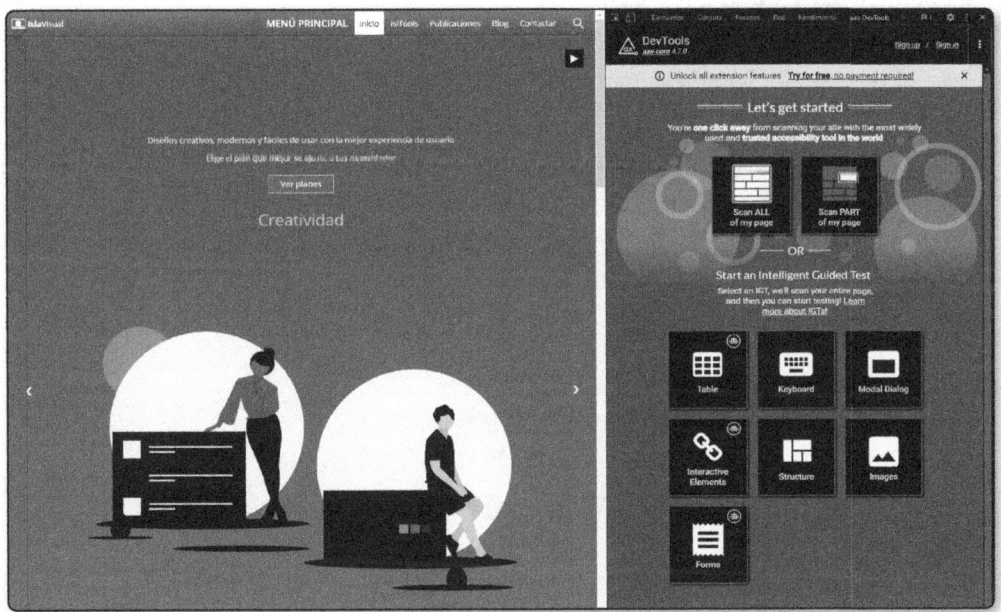

8.4.3 ARC Toolkit

ARC Toolkit es un conjunto de herramientas de accesibilidad que ayuda a los desarrolladores a identificar problemas de accesibilidad y características para las recomendaciones y normativas WCAG 2.0, WCAG 2.1, EN 301 549 y Sección 508.

Está diseñado para integrarse en pruebas de accesibilidad automáticas y manuales y funciona junto con el auditor o el desarrollador para simplificar las tareas repetitivas y explorar de forma interactiva las características y los problemas de accesibilidad. El kit de herramientas ARC está estrechamente integrado con las herramientas para desarrolladores de Chrome y utiliza el conjunto de reglas ARC, las mismas reglas que se usan de forma predeterminada en la plataforma ARC. Esto permite a los desarrolladores y evaluadores de control de calidad llevar sus pruebas ARC a sus entornos de desarrollo e investigar a fondo los problemas que surjan en los escaneos ARC.

En principio sólo es compatible con Chrome y funciona incluso dentro de iframes, por lo que permite evaluar cualquier página que se desee independientemente de su estructura. Además, presenta actualizaciones bastante frecuentes para contemplar todas las posibilidades y refinar las reglas y características.

8.4.4 TAW

TAW es una herramienta on-line que permite analizar la accesibilidad de sitios y páginas web. Está diseñada teniendo como referencia la recomendación de las Pautas de Accesibilidad al Contenido Web (WCAG 2.1) del W3C y cuenta con más de 15 años de experiencia, siendo la herramienta de referencia en habla hispana.

El objetivo de TAW es comprobar el nivel de accesibilidad alcanzado en el diseño y desarrollo de páginas web con el fin de permitir el acceso a todas las personas independientemente de sus características diferenciadoras. Está destinada tanto a usuarios sin experiencia que quieren conocer el grado de accesibilidad de su sitio web como para profesionales de campo como webmasters, desarrolladores, diseñadores de páginas web etc.

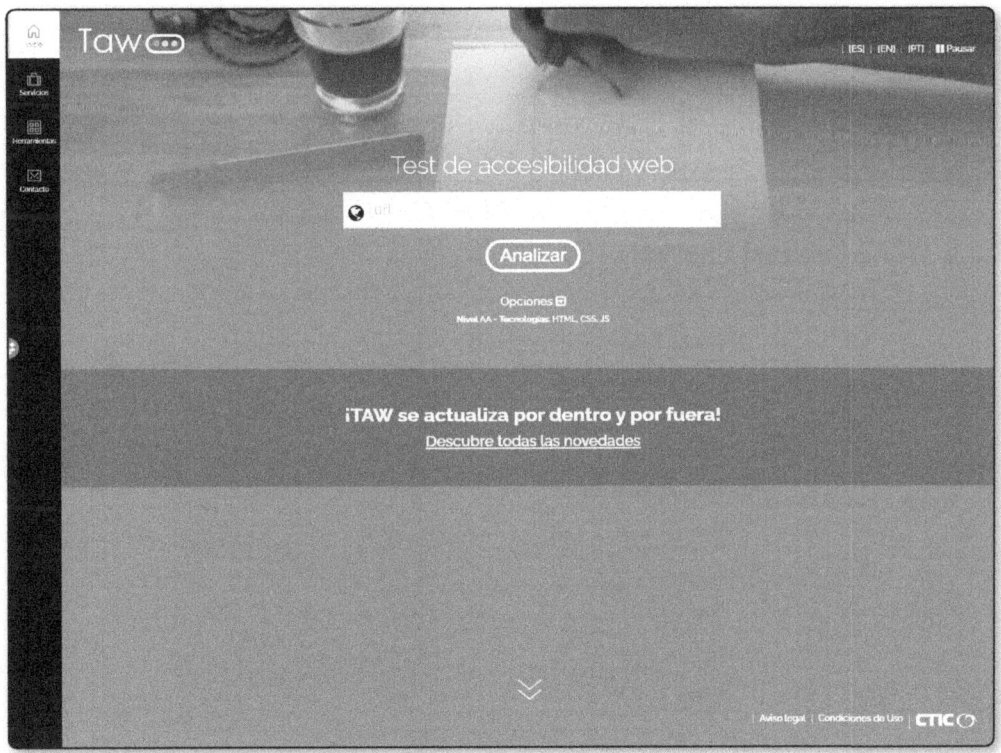

URL de uso y más información:
https://www.tawdis.net/

8.4.5 A11Y - Color blindness empathy test

A11Y – Color blindness empthy test es una extensión de navegador que permite realizar pruebas de empatía para personas con daltonismo y/o con discapacidad o incapacidad visual mediante la emulación de 8 tipos de daltonismo, además de la agregación de una escala de grises para comprobar el contraste de su sitio web.

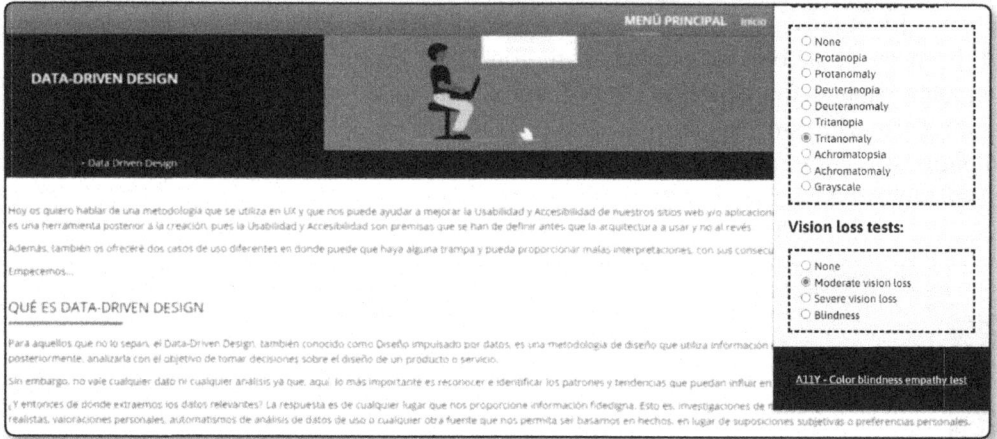

8.4.6 WCAG Contrast Checker

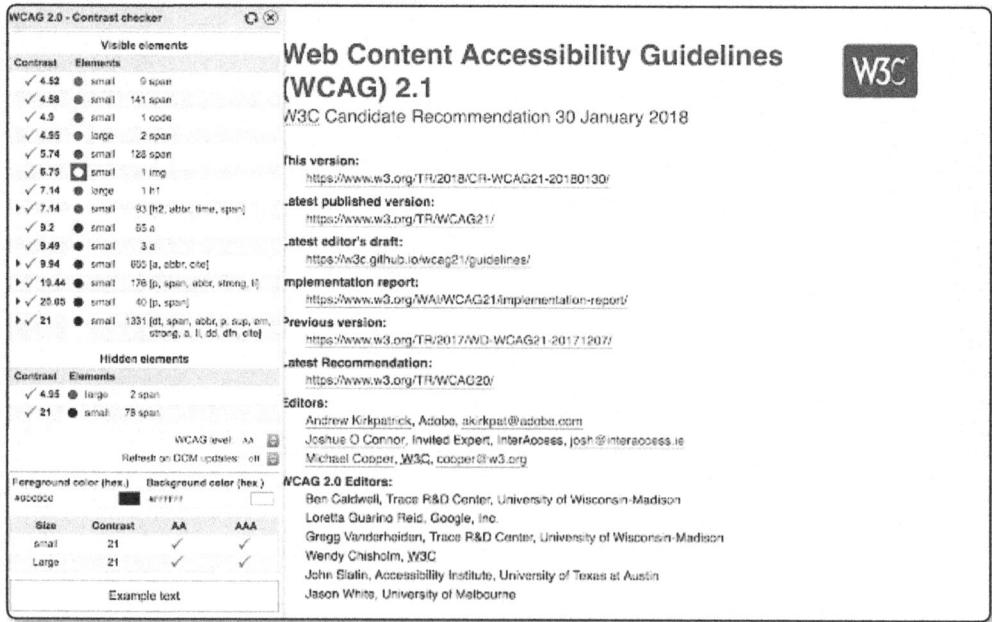

WCAG Contrast Checker es una extensión de navegador que permite evaluar el contraste en todos los elementos de la página considerando su estilo calculado para las propiedades CSS de color y color de fondo. En el caso de que estos colores se definan con valores RGBA, también considera la opacidad para deducir el color real que finalmente se muestra.

8.4.7 Contrast Checker

Constrast Checker es una herramienta online que nos permite comprobar si una posible combinación de color de texto y fondo cumple la recomendación y nivel de conformidad que se desea cubrir.

La herramienta se basa en la premisa de que, para el nivel AA de WCAG 2.0, se requiere una relación de contraste de al menos 4,5:1 para texto normal y 3:1 para texto grande y, para el nivel AAA de WCAG requiere una relación de contraste de al menos 7:1 para texto normal y 4,5:1 para texto grande.

Además, según la recomendación WCAG 2.1, se requiere una relación de contraste de al menos 3:1 para los gráficos y los componentes de la interfaz de usuario, como los bordes de entrada de formulario.

8.4.8 Visual Aria

Visual Aria es una extensión de navegador que permite a los ingenieros, probadores, educadores y estudiantes observar físicamente el uso de ARIA dentro de las tecnologías web, incluidos los roles estructurales, de regiones activas y de widgets de ARIA 1.1, el anidamiento adecuado y la gestión del enfoque, además de los atributos de soporte necesarios y opcionales para ayudar en el desarrollo.

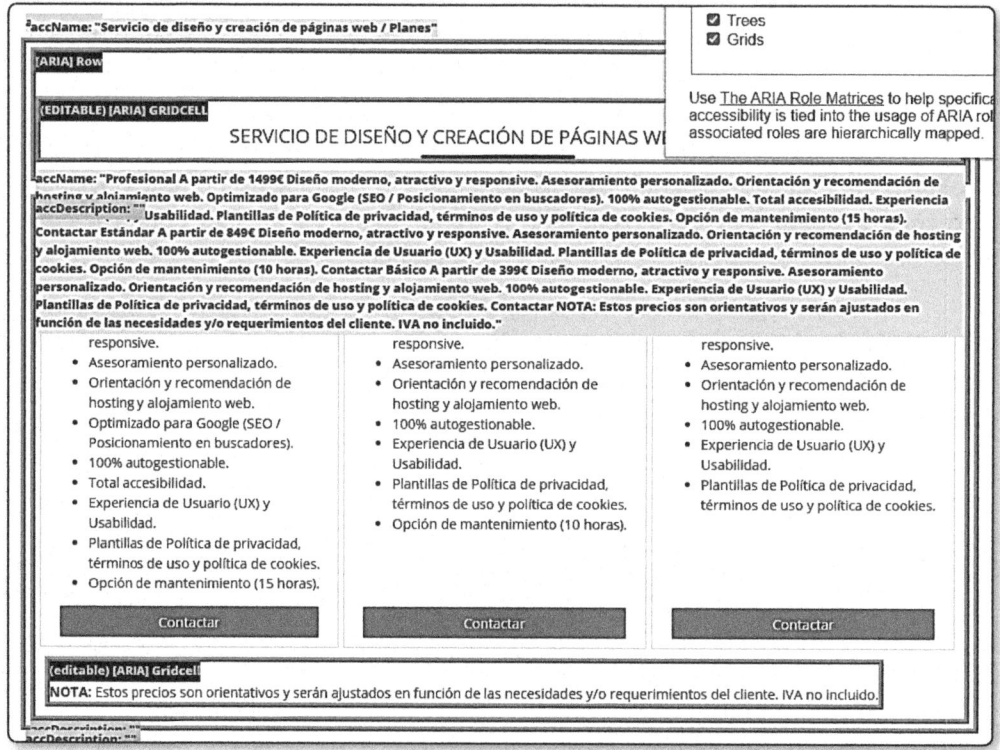

8.4.9 Photosensitive Epilepsy Analysis Tool / PEAT

Photosensitive Epilepsy Analysis Tool, también conocida como PEAT, es una herramienta de Windows que permite determinar si las animaciones o vídeos que se presentan o descargan en los sitios web y/o aplicaciones pueden causar convulsiones fotosensibles, es decir, si contiene parpadeos o transiciones rápidas entre los colores de fondo claros y oscuros.

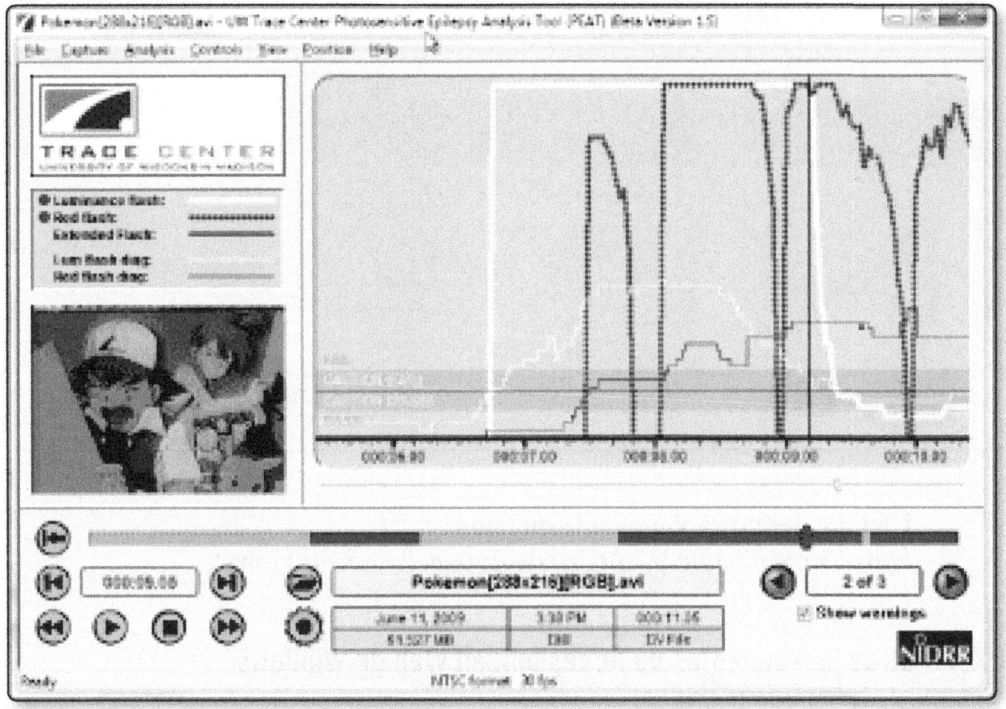

URL de descarga y más información:
https://trace.umd.edu/peat

8.4.10 Job Access With Speech / JAWS

JAWS, Job Access With Speech, es uno de los lectores de pantalla más popular del mundo, desarrollado para usuarios de computadoras cuya pérdida de visión les impide ver el contenido de la pantalla o navegar con un mouse.

Uno de sus puntos fuertes es que proporciona salida de voz y Braille para múltiples aplicaciones informáticas y permite la navegación por Internet, escribir documentos, leer correos electrónicos y crear presentaciones desde cualquier lugar, ya sea de forma física o remota.

URL de descarga y más información:
https://www.freedomscientific.com/products/software/jaws/

8.4.11 Otras herramientas de Accesibilidad Web de Windows

Windows dispone de múltiples herramientas que pueden ayudar a las personas con discapacidad y mejorar un poco la accesibilidad web. En esta sección sólo presentaremos las "más conocidas", aunque hay bastantes más, todas ellas explicadas en la URL *https://www.microsoft.com/es-es/accessibility/windows*.

8.4.11.1 MAGNIFICADOR PANTALLA DE WINDOWS

Windows dispone de un magnificador de pantalla denominado LUPA. Esta herramienta puede aumentar distintas partes de la pantalla y dispone de tres modos diferentes (a pantalla completa, modo lente y modo acoplado).

8.4.11.2 TECLADO EN PANTALLA DE WINDOWS

El teclado visual de Windows es una aplicación independiente que contiene todas las teclas estándar que, un teclado físico puede utilizar.

Sólo se necesita escribir "teclado en pantalla" en el menú de inicio y mostrará la aplicación para su utilización. Esta aplicación permite, además, su manejo a través de un ratón o dispositivo señalizador.

8.4.11.3 NARRADOR

Lee en voz alta el texto de la pantalla y describe algunos eventos y mensajes de error que se producen mientras se utiliza el sistema.

Para poder utilizarlo se debe configurar una voz y realizar algunos ajustes adicionales.

8.4.11.4 RECONOCIMIENTO DE VOZ

Permite interactuar con el sistema utilizando únicamente la voz.

Para poder utilizarlo se deben realizar algunos ajustes como seleccionar el tipo de micrófono que se va a usar y pruebas de voz.

8.4.11.5 MÉTODOS ABREVIADOS DE TECLADO

Los métodos abreviados o atajos de teclado son combinaciones de dos o más teclas del teclado que, cuando se presionan, realizan una tarea que normalmente requiere un ratón u otro dispositivo señalador.

En Internet existen gran cantidad de fuentes donde se describen, uno a uno, todos los atajos más recurrentes e, incluso, algunos desconocidos bastante útiles.

8.5 HERRAMIENTAS PARA LA VALIDACIÓN DE LA USABILIDAD WEB

En este ámbito, muchos de los complementos para ayudar a validar la usabilidad de los sitios web son extensiones de navegador, aunque algunas herramientas son de escritorio para Windows o Linux. No obstante, y al igual que pasa con la accesibilidad, el gran problema que presentan estas utilidades o herramientas es que, en muchas ocasiones, no son compatibles con todos los navegadores o sistemas y tampoco llegan a cumplir con todas las recomendaciones o estándares, lo que hace difícil la elección y la verificación de la accesibilidad.

8.5.1 Wappalyzer

Wappalyzer es una extensión de código abierto pensada para diseñadores y desarrolladores que permite recopilar información acerca de las tecnologías que se está utilizando en las páginas. Entre los detalles que muestra, se pueden dar a conocer el servidor que se está utilizando, los frameworks de JavaScript, las integraciones con terceros como Google Analytics o Google Tag Manager, etcétera. Está disponible para Chrome y Firefox.

8.5.2 Icomoon

Icomoon es una librería web que nos permite crear fuentes vectoriales de iconos personalizadas. Por defecto, nos ofrece sus propios iconos, pero permite la adición de otras librerías como LineAwesome o FontAwsome.

Además, entre otras facilidades, permite añadir iconos SVG de manera independiente o a través de fuentes SVG. Es intuitiva, fácil de utilizar, tiene la opción de manejar diferentes proyectos, añadir librerías desde la propia web con diversas licencias y buena documentación.

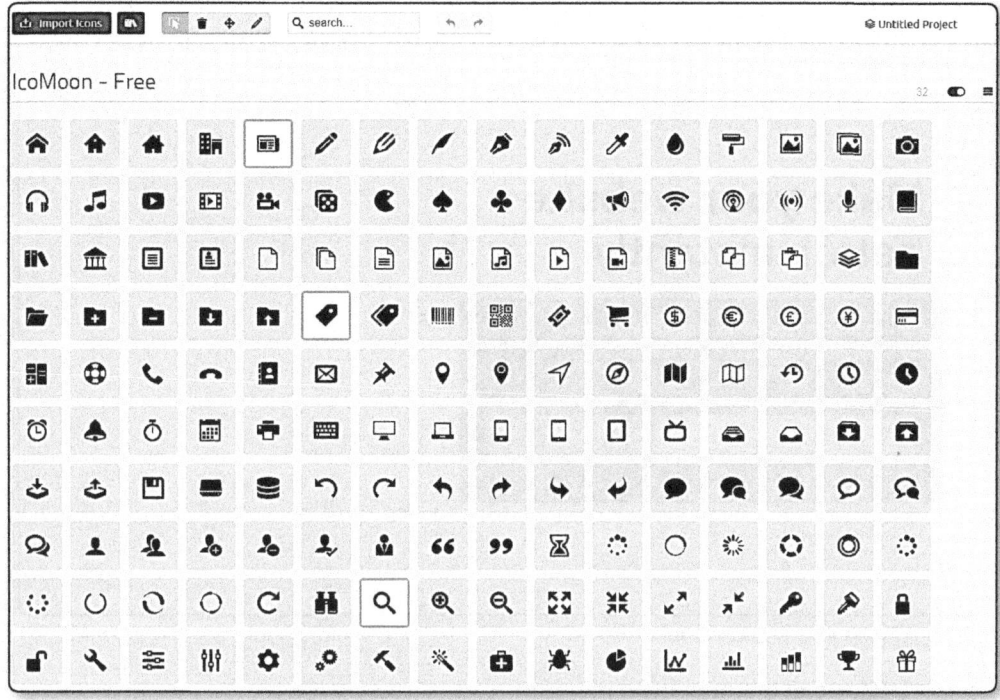

URL de uso y más información:
https://icomoon.io/

8.5.3 CrazyEgg

CrazyEgg es una herramienta de análisis que sirve para mejorar lo que funciona, arreglar lo que no funciona, probar nuevas ideas a través de la monitorización de la actividad de los usuarios.

Entre otras cosas permite extraer información útil acerca de la navegación de las páginas, si utilizan mucho el scroll o dónde hacen clic, todo ello, a través de sus principales opciones de mapas de calor, mapas de desplazamiento, mapas de clics y herramienta de porcentaje de clics.

Es intuitiva, fácil de utilizar, tiene la opción de histórico y su coste no es muy alto si se compara con otros productos similares.

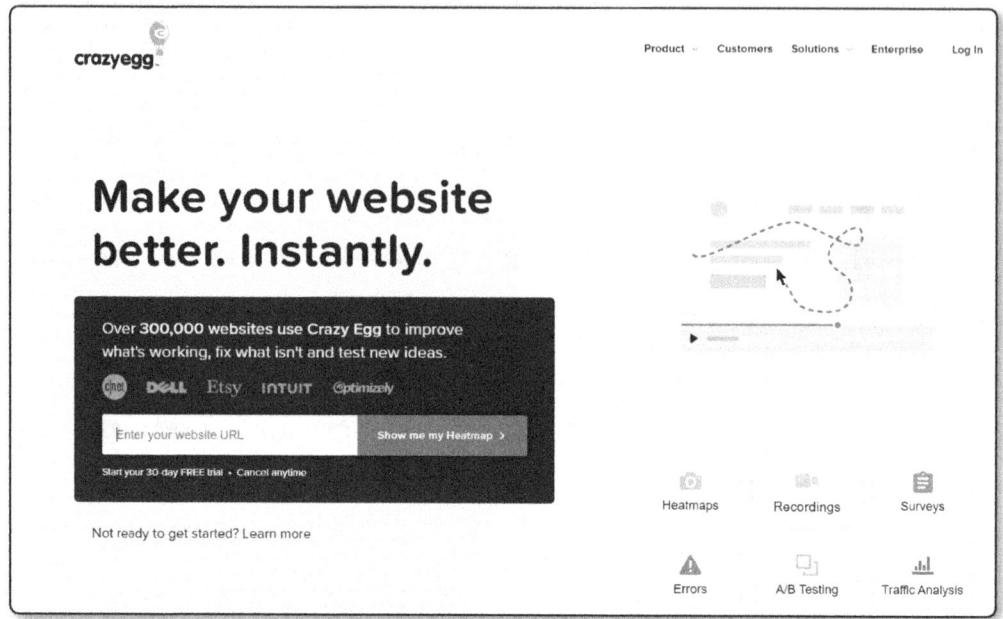

URL de uso y más información:
https://www.crazyegg.com/

8.5.4 Google Analytics

Google Analytics es una herramienta de analítica web para realizar seguimientos en sitios web, y redes sociales. Además, puede ayudar a solucionar determinados errores de marketing digital gracias a la recopilación de datos de comportamiento, audiencia, adquisición y conversiones que ofrece.

Entre otras cosas, informa sobre la cantidad de visitas por página, la media de páginas que visitan los usuarios, el tiempo que están en cada una de ellas, la tasa de rebote y la distribución horaria y en tiempo real de las visitas. Además, también es posible crear alertas personalizadas, segmentos personalizados, paneles y métricas calculadas y/o personalizadas.

Es fácil de usar, no tanto de configurar y es totalmente gratuito.

URL de uso y más información:
https://analytics.google.com/analytics/web/

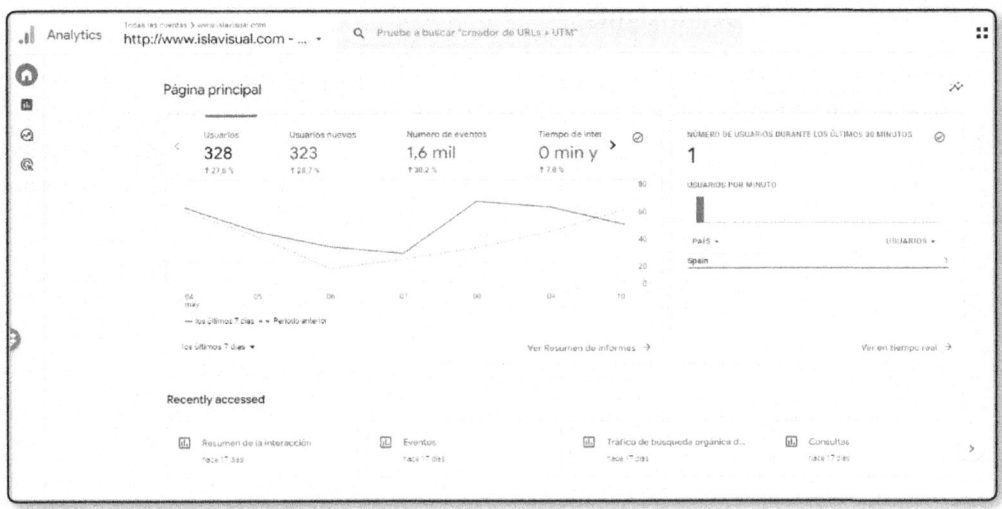

8.5.5 Google Search Console

Google Search Console es un servicio gratuito para webmasters de Google que permite a los desarrolladores, diseñadores y creadores de páginas web comprobar el estado de la indexación que tiene el buscador de Google para sus sitios o páginas web en Internet, lo que permite optimizar varias su visibilidad, entre otras cosas.

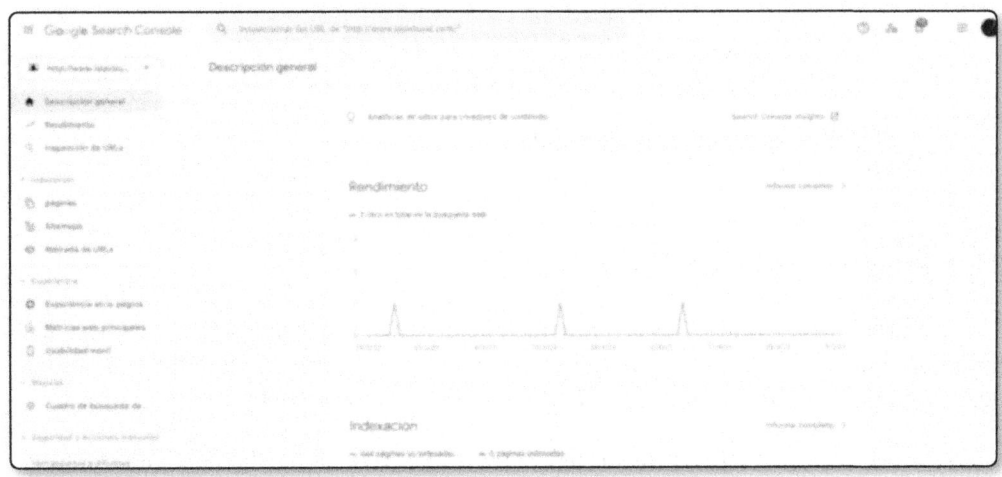

URL de uso y más información:
https://search.google.com/search-console/

8.5.6 Google PageSpeed Insights

Google PageSpeed Insights es una herramienta que analiza el rendimiento de las páginas con objetivo de sugerir mejoras. Entre otras cosas, comprueba el índice de velocidad y el primer renderizado con contenido (FCP), que las imágenes tengan un tamaño y compresión adecuados, que los archivos estén bien minimizados y que los JavaScript no sean bloqueantes durante el proceso de carga.

Es una muy buena opción para optimizar las páginas en varios aspectos, incluida la Usabilidad y el Posicionamiento SEO.

URL de uso y más información:
https://pagespeed.web.dev/

8.5.7 Prueba de optimización para móviles

Prueba de optimización para móviles, o Mobile Friendly, es un servicio online que nos permite comprobar si un visitante puede usar fácilmente una página determinada en un dispositivo móvil con sólo introducir la URL.

El proceso puede tardar un poco, pero puede resultar una herramienta muy útil si desea afirmar que la página debería funcionar correctamente en dispositivos móviles. Además, también nos permite ver un resumen del rastreo con la respuesta HTTP y una captura de la pantalla.

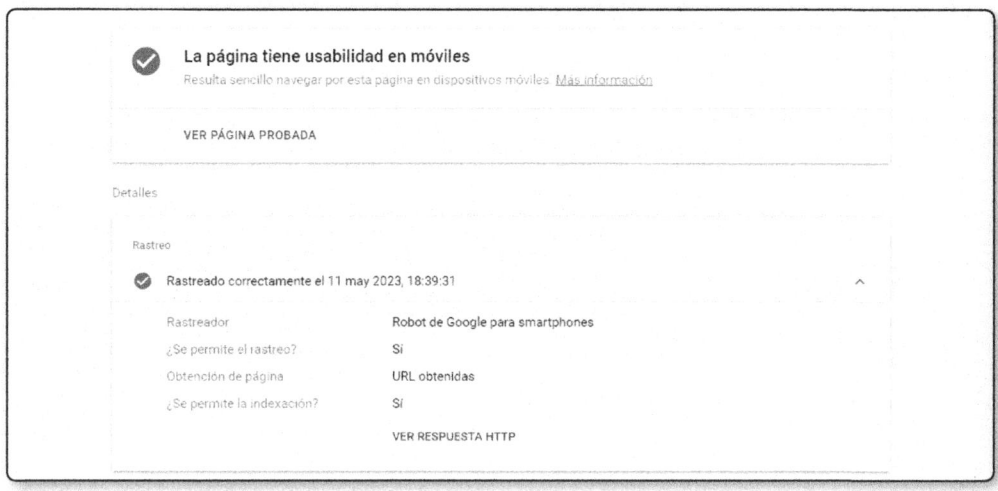

URL de uso y más información:
https://search.google.com/test/mobile-friendly

8.5.8 Prueba de resultados enriquecidos

Prueba de resultados enriquecidos, o Rich Results, es un servicio online que nos permite averiguar y comprobar si los datos estructurados de una página están bien definidos.

URL de uso y más información:
https://search.google.com/test/rich-results

8.5.9 Validador de marcado de Schema

Validador de marcado de Schema es un servicio online que nos permite comprobar y validar todos los datos estructurados proporcionados por la tecnología JSON-LD de una página web, además de poder modificarlos en caliente.

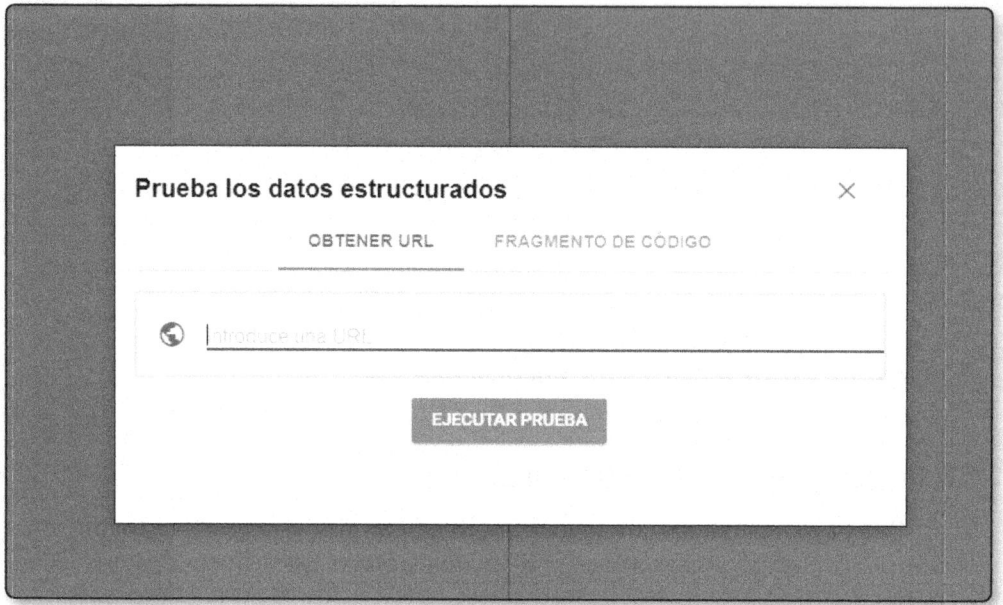

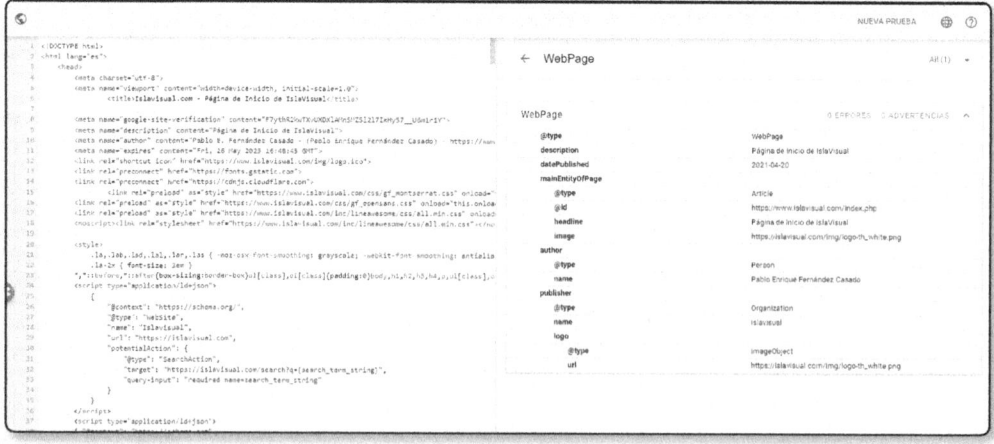

URL de uso y más información:
https://validator.schema.org/

8.5.10 Technical SEO Tools

Technical SEO Tools es un servicio online que ofrece una gran variedad de herramientas gratuitas entre las que podemos encontrar validadores para los archivos robots.txt y .htaccess, un generador de sitemaps, un analizador de fuentes RSS, un probador de etiquetas hreflang o un probador de renderizado previo, entre otras cosas.

URL de uso y más información:
https://technicalseo.com/tools/

REFERENCIAS

▼ Casado, P. E. (2020). *Diseño y Construcción de Páginas Web*. RA-Ma.

▼ Casado, P. E. (2020). *Domine JavaScript 4ª Edición*. RA-MA.

▼ Casado, P. E. (2021). *UX Design - Hazlo fácil pensando en el usuario*. Madrid: RA-MA.

▼ World Wide Web Consortium. (2023, Febrero). *W3C*. Retrieved from https://www.w3.org

SÍGUENOS EN INSTAGRAM Y ACCEDE GRATIS A NUESTRA BIBLIOTECA DIGITAL DURANTE 30 DÍAS.

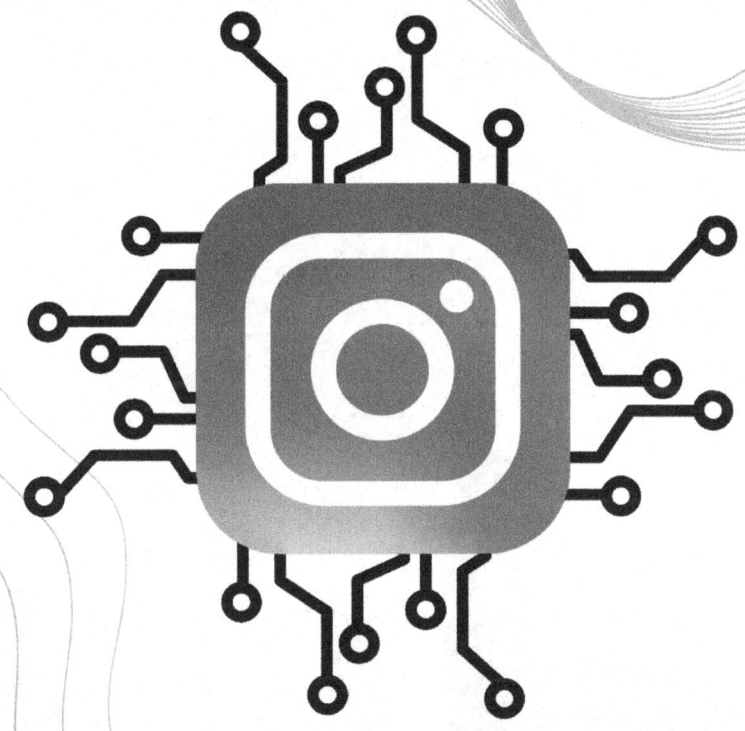

@grupoeditorialrama

¡ENVIANOS TU MAIL POR PRIVADO!

Grupo Editorial
ra-ma

40 ANIVERSARIO